大津代官所同心記録

渡邊忠司　編著

清文堂史料叢書
第132刊

清　文　堂

図1　『仲ヶ間申合條目此外預り畑一件覚』

（表紙）

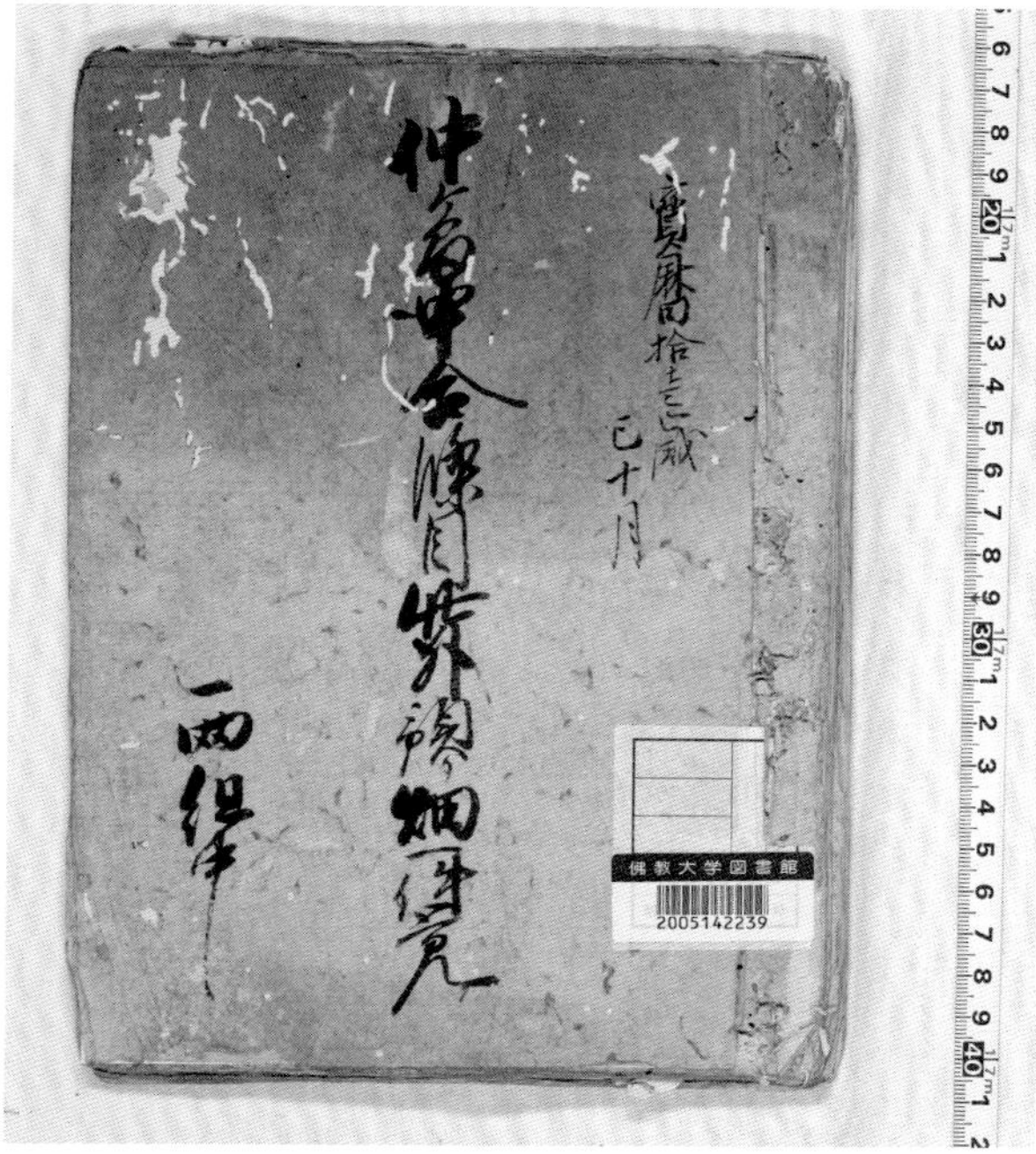

（本文）

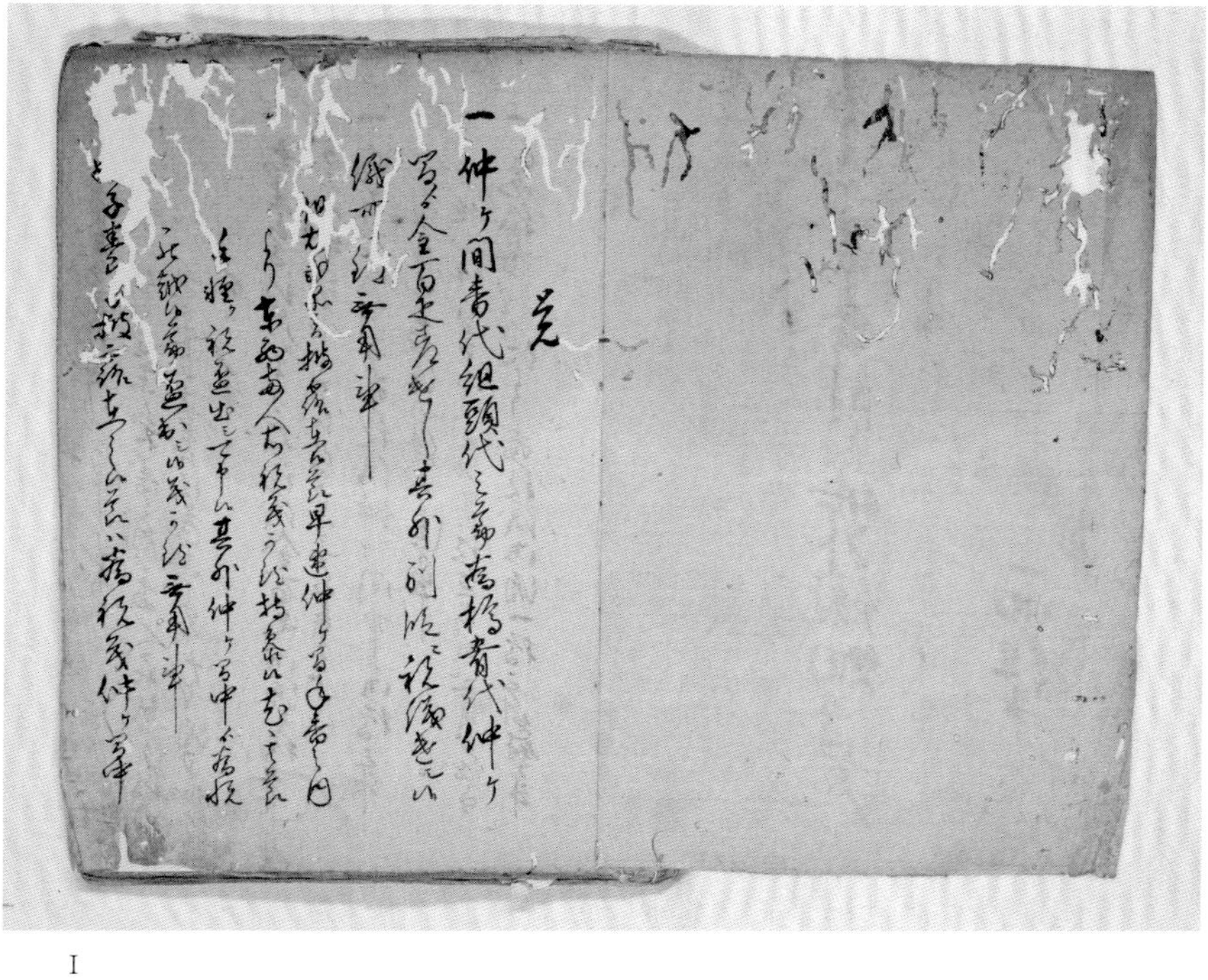

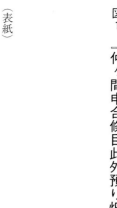

図2　『御組出役定書』

（表紙）

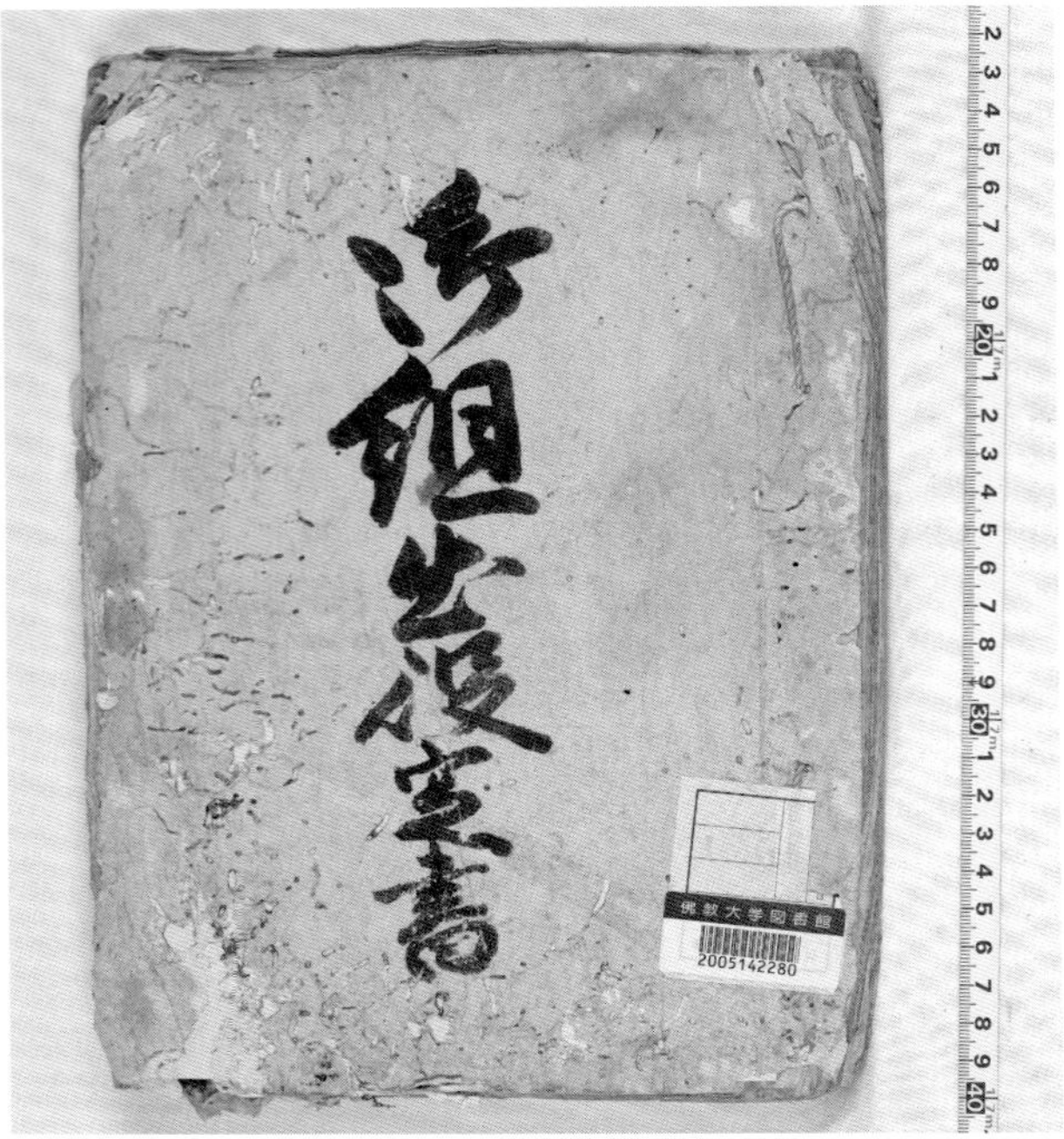

（本文）

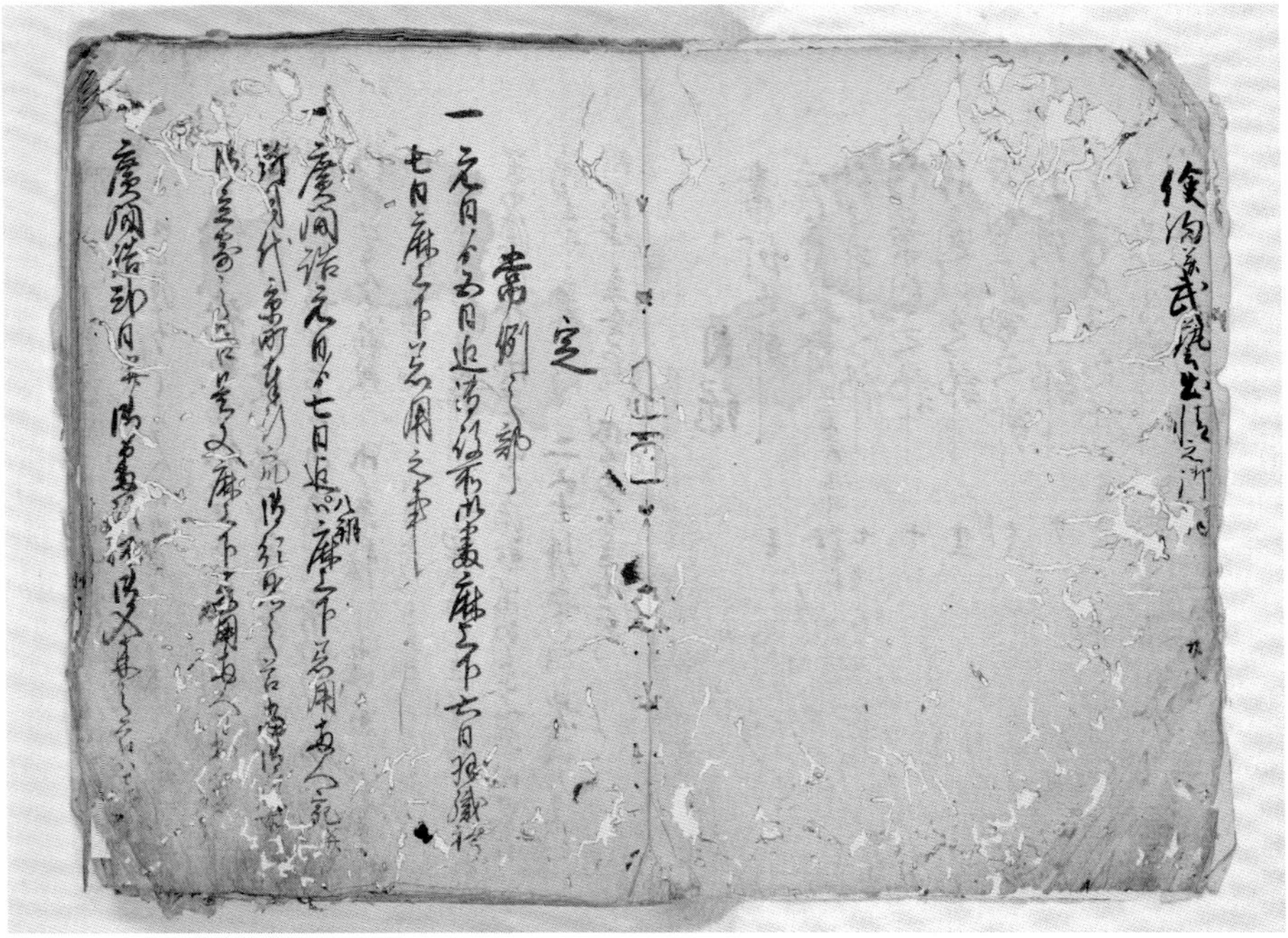

図3『鞫問帳』

(表紙)

(本文)

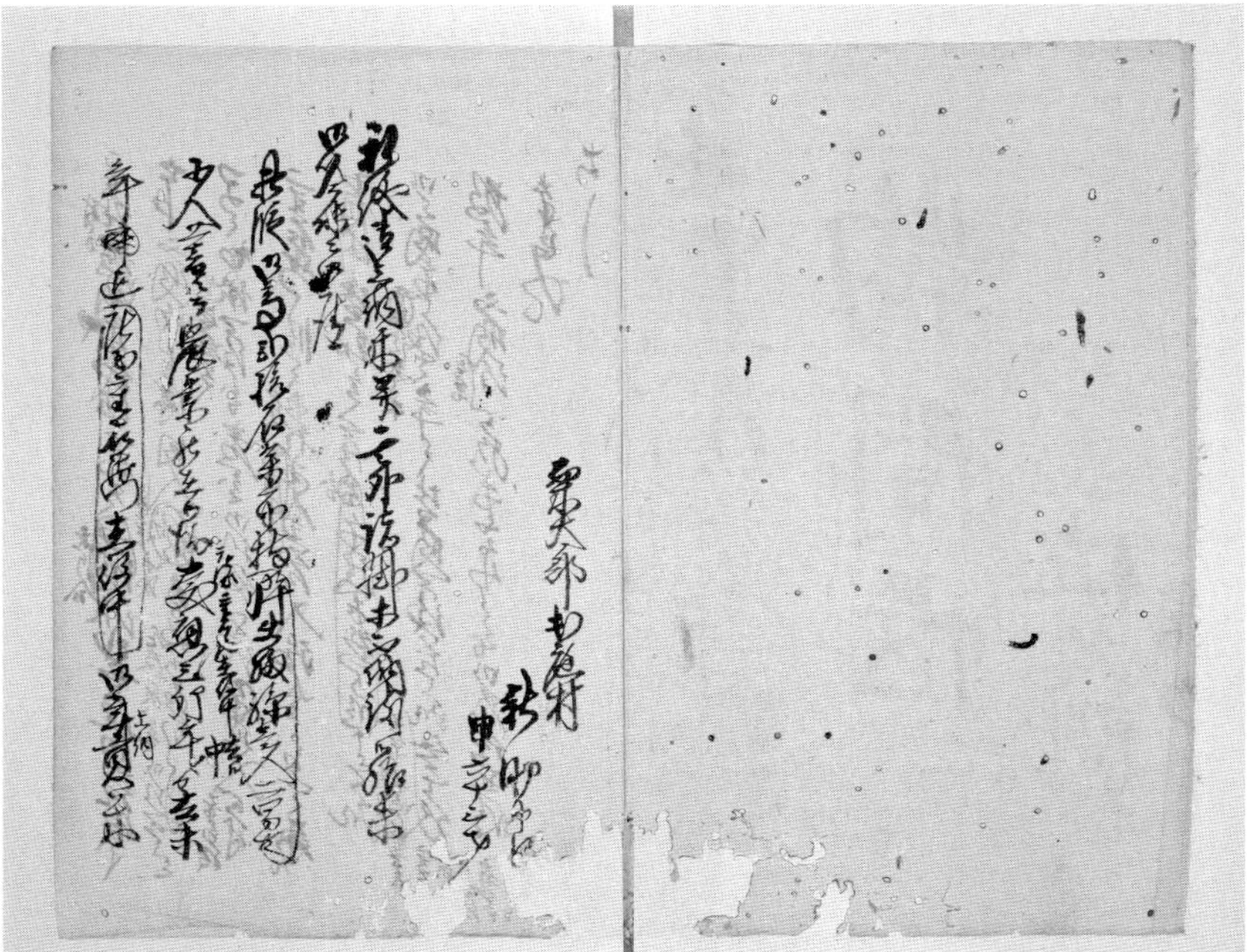

（史料はすべて佛教大学附属図書館蔵）

『大津代官所同心記録』

目次

『大津代官所同心記録』

凡例

一　本史料は佛教大学附属図書館所蔵の「大津代官所同心佐久間家文書」（以下佐久間家文書）から、大津代官所同心の勤務とその記録に関連した史料を翻刻した。

一　佐久間家文書は総点数約一〇〇点の文書群であるが、そのうちから六点を選び翻刻した。

一　史料は近世中期以降を中心に宝暦年間から明治初期に及び、代官所同心の由来と勤務実態、大津市中の訴訟、盗賊捕縛や吟味、等の記録から成る。

一　収載史料の表題は基本的に原本に従ったが、翻刻にあたり内容を考慮して新たに付け、原本本文内にはない小見出しを付けた場合もある。その際には［　］によって示した。

一　本文翻刻にあたっては、表記は原則として常用漢字を用いた。但し、変体仮名は現行の字体に改めたが、助詞として用いられる「江（え）、者（は）、而（て）、茂（も）、与（と）」についてはそのまま用い、小さく表記した。また異体字（躰・叓）・合字（ゟ）などもそのまま用いているが、傍注を付した場合もある。

一　そのほか翻刻の際の翻刻校訂者による注記を掲げておく。付紙・付箋などは「　」で示し、右肩に（付紙）（付箋）などと付した。

印判は（印）、花押は（花押）等で表示した。

虫損・破損および判読不能部分については、字数の確定できる部分は□の数で表示し、確定できない場合は

［ム　シ］で表示した。

原本の抹消・改変の部分については、判読できる場合は左側に〃〃〃を付して表記した。

誤字・脱字については、誤り・脱字が明らかである場合は傍注（　）で表示した。

一　固有名詞や地名・人名は原則として原文表記に従った。

一　史料の翻刻にあたり、記事中の読点を新たに付け、翻刻校訂者が行った変更部分には（　）または［　］を付けて表示し、注記を付した。

一　翻刻については、編著者渡邊忠司と池田晶・新木慧一・大崎拓実が主に担当し、そのほか佛教大学大学院文学研究科の日本史学特殊研究（近世史）の受講者にも協力を得た。記して謝意を表したい。但し、原稿の調整、編集その他の必要作業は編著者が行ったので、本文に関するすべての最終的な責任は渡邊にある。

史料篇

史料一　宝暦十一年（一七六一）十月
『仲ヶ間申合條目此外預り畑一件覚』

（表紙）

宝暦拾壱歳
巳十月
仲ヶ間申合條目此外預り畑一件覚
両組中

一　［仲ヶ間申合條目］

1　［仲ヶ間祝儀外儀礼覚］

覚

一仲ヶ間番代組頭代之節、為樽肴代仲ヶ間ゟ金百疋差遣し、其外別段ニ祝儀遣シ候儀可致無用事、

但、右弐品者披露在候節、早速仲ヶ間年番之内より東西両人右祝儀可致持参候、尤其節手軽ク祝盃出シ可申候、其外仲ヶ間中ゟ為祝罷越候節、盃出シ候義可致無用事、

一嫡子養子披露在之候節ハ、為祝義仲ヶ間中より金百疋指遣し可申事、

但、仲ヶ間東西年番之内ゟ両人罷越可致持参㕝、其節祝義盃之義、右ニ順し可申事、

一右養子致候仁より右祝儀金百疋ニ御酒壱樽五升可差出事、尤組頭方へ向ヶ可指越事、

一嫡子元服之義、為祝儀仲ヶ間中ゟ御樽三升包熨斗を相添以使可送事、

但、仲ヶ間中為祝罷越候節、祝盃右ニ順シ無用ニ可致事、

一元服為致候仁より為祝儀御酒一樽三升包熨斗相添、仲間中江差出シ可申事、

一神明講之節、前酒ニ吸物一ツ差出、向後暮六ツ限ニ急

度退出可申叓此前酒明和八卯正月ゟ相止、御膳物後ニハ出シ可申叓、

　但、御膳後御酒出不申候事、

一御役所煤払之節、不依何叓樽肴差出シ候義、向後相止候事、

一御頭様御家門様方当所御通行之節、御組切ニ為御用罷出候節ニ御目録等被下候ハヽ、其組切ニ配当可申叓、

一両組中番代之節、京都ニ而旅籠之義組頭并自分共両組惣懸リニ可致旨、延享元子九月十六日相談之上相極候事、

　但、組頭惣代として番方上京之節、為茶代鳥目百文差遣し可申事、

一父母死去之節者仲ヶ間中ゟ為香奠金百疋差遣し可申叓、是又以使可指遣叓、

一御役所裏畑年貢米四石弐斗五升ニ而在之候事、尤為世話料庄八江銀一両ツヽ遣候所相止候叓、後日見合相越候事、

一西山町大濱畑年貢同様水損構なく、向後壱石四斗定メニ而取立可申事、

　但、川口町中ゟ致世話候事、尤直段ハ十一月廿日上直段ニ而取立申事、

一御番入之節、為祝儀酒一樽二升、尤包熨斗相添当人より差出し候叓、

　但、前々者詰合之祝盃出し候得共、御役心ニ而酒等無用之旨兼而支配中ゟ被申渡候ニ付、宝暦五亥年より右之通ニ相成候事、

一両組ゟ京都組江御引取之節、并凶叓ニ而退出之節ハ跡抱之者より為小屋料銀五拾枚仲ヶ間より取立、右之仁江相渡可申事、尤裏御印ニ而借用銀并拝借金返弁之義ハ、右小屋料ニ不抱跡入より差出可申事、

　但、小屋之内座敷天井同押入四畳半、天井走井先建足シ、此分ハ小屋料之外相対ニ而本人江相渡可申事、此外自分建普請者是又本人より相対いたし可申事、此義ハ宝暦六年子六月東組早沢幸太郎京都組江御引取、右跡抱宮川安左衛門子息幸左衛門江被仰付候節、両組相談之上相定メ置候事、則見合幸太郎自分普請料、左ニ記、

覚

一三拾匁　座敷天井　　一弐拾匁　中戸二階
一拾八匁　同押入佛壇共　一拾弐匁　四畳半押入
　　　　　　　　　　　一拾弐匁　走井先立足シ
　　　　　　　　　　　　　　　　瓦弐坪代
〆九拾弐匁

一両組之内子息見習被仰付候節、為祝義両組より金百疋差遣シ可申、尤為返礼見習より金弐百疋ニ五升樽相添、神明講之節指出可申事、
一婚礼之節、為祝儀両組ゟ金百疋一統ニ罷越候節、年番持参可申叓、
　但、内縁有之別祝儀被遣候義可為格別事、
一婚礼仕候ものより仲ヶ間中悦ニ罷越候節、軽ク吸物二ツ、三種取肴ニ而差出可申事、
一右悦として、銘々家内之もの罷越候義者いつニ而も銘々勝手ニ罷越可申叓、
一支配中勤番ニ被罷越候節、両組ゟ為見廻見合差遣可申事、（朱筆）「此義勤番帰京之節、しゝみ二斗宛近来指遣候叓、」
一番代被仰付候節、振舞之儀、向後ハ五升樽・肴代金弐百疋、
一婚礼之節、祝儀為振舞料五升樽、金百疋、
一御頭為振舞代五升樽・肴代金百疋、
右之通仲ヶ間中相談之上相究候間、神明講之節、御指出し可被成候、以上、
　宝暦十一年
　　巳十月

2［明和八年（一七七一）再相談極ヶ条］

明和八夘春再相談極ヶ条
一両御組家督相続願筋之義ニ付、組頭上京度毎ニ片道之駕籠代銭本人ゟ組頭方へ可指遣事、
　但、本人家督御礼申上候節、本人ゟ組頭待談として
　　支度用意ニ而相招被申候仁茂在之候得共、時節柄
　　心遣旁々以向後相止可申叓、
一両御組御役附并転役、此外諸御用神文等被　仰付候節、

組頭同道上京之節ハ組頭方へ片道駕籠代可指遣叓、
一組頭欠又ハ病気此外指支之節、目付役并御番方御召在之、目付役之もの江組頭転役、右番方之仁目付役被仰付候者、跡目付役ゟ目付より転役之組頭江片道駕籠代可遣叓、
但、組頭代と目付罷越候節者右同断之叓、且御役并此外神文被仰付候節、本文壱人ゟ片道駕籠代出候義ニ候得ハ二人ゟ乗、御召之節ハ何れとも右連中ゟ組頭方江上下之駕籠代可指遣叓、
一東西御組表　御印ニ而銀子借用願之節并御印手形と銀子引替候節、銀主罷越候節ハ其組之組頭目付・番頭、且其組之年番両人於組頭宅出席申談之節、
但、右銀主へ吸物弐ツ、取肴五種程ニ而酒出候、組頭宅ニおゐて申談候得共指支万一在之候節ハ、目付宅ニ而可申談、目付方ニ而も故障在之候ハ番頭方ニ而可取計叓、何れ之席ニ而も右宿へ酒二升相送り可申叓、
右入用且支配方江茂奥印之為挨拶音物指遣可申叓、
前々ハ両組入用ニ候得者、明和七寅閏二月東表御印相願御聞届之節、相談之上向後表　御印之銀子借用之節、組切ニ而取可計叓申談、
一組頭欠或ハ病気指支之節、仲ヶ間江御用被仰付為組頭代目付同道上京之節、不依何叓組頭同様ニ度毎ニ片道駕籠代前段之通、弐人より余御召御用ニ候者、上下之駕籠代右目付方へ可指遣叓、
一両御組番代被仰付候節ハ、本人ゟ前々之通両組頭両目付相招、軽キ夕飯ニ而祝盃出シ候叓、
但、此御用安永八亥正月廿日、相談之上両組頭へ本人ゟ酒壱樽ニ肴見合、是迄之通可指遣叓、両組頭よりも為祝義見合肴可指遣叓、
一目付役被仰付候節両組頭并同役相招、軽キ夕飯出シ祝盃いたし候叓、
一両御組中ゟ両組之内へ養子并嫁女等ニ指遣候節、実方ゟ祝義仲ヶ間中江指出候義、取やり之義双方無用可仕旨申談、且人別懇意合ニ而指遣候義ハ格外之叓、
一支配中加役并子息被召出并嫁女被入候節、此外不幸之

〔付箋〕節組切ニ音物遣候得者、近格之通右諸入用両組物懸り
ニ而指遣候叓、

但、此不幸物領并誰々之叓哉、追而相糺書入可申叓、

（付箋）「支配方加役又ハ子息方婚礼并不幸之節、其組切りニ祝儀香奠相送り、祝義彼ノ方被相送候節ハ、右入用銀東西割ニ付返礼もの茂東西割ニいたし可申談合済在之候、併右祝義ニ重之内蒸物ニ而組切返礼節、東西割ニ而茂難致候故、其侭組切ニ互ニいたし可申事」

一両組諸勘定帳面神明講之節出候得共、向後ハ正月十六日・八月朔日ニ交代之節、御役所組頭方迠指出置、仲ヶ間向々見セ可申叓、

一番代番入御役所詰合江古来より酒出候得共、古来之通神明講之節ニ酒弐升ニ包熨斗ニ而可指出叓、

一京両御役所詰仲ヶ間へ銀壱両、組切ニ正月年始御礼之節可指遣叓、

一両御組より御役所詰待番へ銀三両宛、七月・極月ニ祝義として可指遣叓、

卯二月

3 ［明和七年（一七六九）仲ヶ間無人之出役ニ付仲ヶ間中へ談合書付］

明和七年

多胡甚左衛門・高橋浅右衛門・岡田六右衛門ゟ悴共

此度仲ヶ間無人之出役被　仰付候、依之仲ヶ間中へ談合書付、

寅　九月

覚

御仲間無人之節、悴共諸御用出役仕候様蒙仰出勤仕候、右ニ付大　上使并紀刕様此外大御通り之節者、先達而悴共御雇ニ而出役蒙仰出勤仕、目録等被下置候得者、御仲間中并悴共物配当ニ而候間、此末等茂右之通ニ而〔付箋〕割合悴共江被下候様ニ仕度事、

（付箋）「明和八夘三月　紀州様当駅御泊リニ付、此三人之もの出役被下もの在之候得共、大上使　紀州様御通行之節計被下との請取之、其余ハ縦無人ニ而出役いたし、被下もの在之候とも、此三人（安木病人）割合請取間敷旨、依之前段御方々詰番方へ之割合銭此三人之もの相除候様ニ仲ヶ間中より被申聞候叓」

一御門跡方・大坂御城代此外大御通りニ而無之分者悴共出役仕、目録被下候共目録者御仲間中江差出切ニ而、悴共江者右割合者申談請間敷事、

一御仲間神明講之節、出席候様ニ被仰聞罷出候、尤右入用銭御仲ヶ間同様ニ割合指出候、右飯代之儀者仕出方ニ而壱人ニ付何様銭与相定候儀ニ候得ハ、御当屋御年番方御子息、此外被召呼候もの共之飯代償い割合之儀者悴共江者御用捨ニ預度候、併御酒肴等者御仲ヶ間中ゟ御差出之儀ニ而候得ハ、右酒肴代割合之儀ハ差為致可申候、併無拠内用ニ而右席江罷出不申候者、右飯代酒肴代割合之儀御用捨被下候様仕度事、

頭註

（朱筆頭註）「此酒肴代割合銀指出候不及旨、仲ヶ間中ゟ被申聞」

一年始御礼悴共上京仕候節、京都飯代之儀者自分賄ニ為致可申叓、

一笹屋・まつ屋・帯屋・井つゝ屋茶代祝義割合之儀、御除ヶ置自分ニ茶代為払可申事、

一悴共被召出候節、京都飯代并神文等被仰付候者是亦自分賄為致可申、併組頭中飯代之儀者御用捨ニ預度事、

一初御切米御扶持方時初時納之節、御番詰合候義者格別右席江者差出申間敷事、

一御役所御煤払之節、悴共罷出候義、且其砌御祝酒肴等割合之儀如何様とも御差図被下候様仕度事、

頭註

一御仲間中ゟ諸向并当御組吉凶之節、音物割合等之儀、悴共江ハ御用捨ニ預り度叓、

（朱筆頭註）「御煤払之節悴共罷出候様ハ被申聞、尤酒肴代割合出候義不及旨被申聞候叓」

一前々見習之御子息方御仲ヶ間中江割合御出銭在之候儀茂承知仕居候得共、悴共被下物無之儀ニ而候得者、荒方前段之趣存出し之分書記入及御内談申候、追而被下物等茂在之候者其砌亦々御内談可申候、悴共ニ相限り候儀ニ而茂無之、此末追々御子息方御召出可有之義ニ而候得ハ、尚亦御賢考之上無御隔意思召寄被仰聞被下候様ニ仕度、且此外相洩候義ニ茂可有御座間、是亦無御遠慮被仰聞被下候様ニ仕度候、以上、

岡田六右衛門

頭註

寅
十一月　　高橋 清右衛門
　　　　　多胡 甚左衛門

西東
御組中様

（朱筆頭註）「朱書之外、本文之義者承知之旨、仲ヶ間中交代之節、明和七年寅十二月ニ被申聞候叓」

（朱筆）「右之通ニ付被下もの無之故、乍左少両御組中へ右忰共三人ゟ酒五升ニ干肴相添指出候叓、両組中よりも右三人方へ酒三升ニ干肴被相送候叓、御番入之節右三人より御番詰合江酒指出候叓、前手軽キ出し候叓」

4 〔明和八年（一七七一）再倹約申合〕

明和八夘九月ゟ再検（ママ）約申合

一近年仲ヶ間諸入用多ク、是迄為年番東西御組ゟ両人宛四人出候得共、向後東西ゟ二人宛四人ニ而両組頭立会申談、諸入用壱ヶ月限請払仕、翌月十六日交代之節、小前帳ニ相認仲ヶ間へ指出、并当改方ハ不抱順席、組屋敷南北ゟ二人宛御改之上、相違有無御紀之上無相違候者、其趣改方無相違旨右帳面ニ書記置、若相違在之節書替難出来候ハヽ、翌朔日交代之節右帳面指出可申候、右改方相済候迄御用無之候へ共御聞之上退席可致候、右改方組頭立候はハ、年番相除ヶ可申候事、

但、是迄年番方ニ而勘定仕立候得共、向後者相止可申叓、

一舟木詰番留守中懇意合より留守見廻音物仲ヶ間ゟ被遣帰津之節、返給音物被相送御互心遣以而、向後同役隣家ニても無用可致叓、

一神明講是迄外席ニ而致候へ共、向後於居宅相勤、豆腐・御噌吸物何成共見合、軽キ肴見繕入レ、取肴何成共見合、一鉢したし・にしめもの以上三種ニ極、正昼九つ時ゟ御出席、同七つ時限ニ御退出、酒六升限りニ仕、御酒御用ひ無之方御付合右刻限迄同席無之而ハ失礼と思召候義ハ御無用、無御遠慮神酒頂戴之上御退出可致、且給仕人ハ当屋より壱人取計、近来助ヶ三人之子息方同席ニ而候へハ親父達断ニ而候得共、相談之上是迄之通同席ニ而懸りもの用捨可致候、此外仲ヶ間家内ハ勿論子共方相招候義ハ無用可致、御門番九左衛

門・三助・与五郎相招断申候ハ、其通り、併三助義ハ召呼下備可致させ候、且当屋へ為茶代九月鳥目二百文、正月も同様とハ乍申、寒気之節と而も在之、木炭入用茂在之候得ハ、正月ニハ三百文指遣可申候、当屋買物払ハ年番硯銀ニ取計、翌日当屋方へ入用尋候上、算用之義ハ組頭部屋ニ而相記置可申候、

一御役所煤取是迄諸入用多ク、向後前酒三升、

一仲ヶ間中より待番《待役所詰》へ是迄七月十二月ニ銀三両ツ、相送り候へ共、此節之義故五百文つ、都合一ヶ年ニ壱貫文相送リ可申叓、

一組頭為代上京之節ハ為茶代銭百文つ、指出候義、去夘九月相止候へ共、又々相談之上当辰年より古来之通百文つ、指出可申叓、

5［明和九年（一七七二）より舟木詰番ほか出役記録］

明和九年辰八月十八日、組頭部屋ニ而両人ニ月番多賀氏、詰合赤井氏

一舟木詰番小口ニ当リ自分指支在之候ハ、、申合ニ而断在之候而ハ時節月からニ而跡口難義之砌旁々以候間、当リ番ゟ内々ニ而替り合可申旨詰合相談極候叓、

一書役小口も右同断之叓、

一惣体御往来御泊御休ゟも先払問屋場へ罷出候節、御目録被下候節ハ見習之衆ゟも一統ニ配当可致事、

但、是迄見習之衆へハ右配当無之処《右之通》相究候ニ付、

紀州様大　上使此外之御往来ニも銘々ハ被下候節、舟木詰番此外病気引之方へハ十八人ゟ割合ヲ以配当いたし候得とも、向後ハ惣配当ニ付右銘々被下候節、見習之衆も一緒ニ割掛ヶ、廿一割之積り配当可致旨、明和九辰年九月相定メ候事、

一神明講之節、舟木詰番并病気ニ而出席無之方へハ、神酒送り候得共、向後ハ舟木詰番之外へハ遣シ申間敷旨、明和九年辰九月申合ニ而相定候事、

明和九年辰十一月十七日割申候、

一片岡氏欠之節、阿部備中守殿より目録出役四人へ百疋ツ、被下候、右配当之節、片岡氏方へも指遣候、已来之見合と記置申候、

同十一月十九日割
一舟木より寒気見舞、此割右同断遣候事、
安永二巳七月
一多賀与三五郎殿見習被　仰付候、祝義として酒弐升・するめ弐把仲ヶ間中江被指出、為返礼同弐升仲ヶ間中より指遣候事、并番人之節酒二升包熨斗ニ而被指出事、
安永十年丑三月
一上使酒井雅楽頭殿御下之節不残出役候処、町懸役中内堀氏・牧氏弐人江ハ金弐百疋つゝ、仲ヶ間出役之内へハ人之名前書出金百疋つゝ被下候、并先払弐人銀壱両つゝ右一緒ニ御在陣家人へ役人中被相渡候而持参、此段牧氏へ申達之上右弐両者町代・肝煎先ニ立候義故、右之ものへ被下銀と前書物年寄藤五郎へ右之趣達相渡候処、其後藤五郎申聞候者問屋役人と申名目も無之、殊ニ人足方役人中ゟ問屋江被下金茂在之、旁々以御断申候旨ニ而返弁いたし候故、右之趣牧氏へも申達候上、仲ヶ間割ニいたし候叓、
安永十年丑五月
一高田氏欠候得共、明和九辰十一月阿部備中守殿御通之節上役江目録被下候節、片岡氏欠ニ候得共物割ニいたし例を以、前段雅楽頭殿ゟ被下金惣配当いたし候叓、
右同月
一右之折柄川嶋氏御暇申請彦根表江被罷越候留守中ニ而、右雅楽頭殿ゟ被下金配当之義如何之旨被申候処、右前段之格在之候ニ付高田氏・川嶋氏無頓着物割ニいたし候事、
天明弐年寅三月
一松平出羽守殿御通行之節、御組出役之もの江被下銀、高田為五郎明跡欠ニ候得共、右様を以二十人割いたし候事、

付箋

「(付箋)寛政六寅年二月十一日宮川定四郎殿永之御暇被仰付、同人方江廿二日　貞恭院様御尊骸御登泊ニ付惣出役、同廿五日右定四郎殿明跡江宮川幸右衛門殿ゟ子息勘次郎殿御抱入被相願、同年九月朔日右出役銘々江御目録金百疋ツヽ被下置、配当之義定四郎殿跡一旦相潰候儀故如何可致哉之段、組頭中江相談候処、先格も有之候得者勘次郎殿へ遣シ可致段被聞候義故、金百疋相渡候事」

同四月十五日
一紀州様御登ニ付出役之もの江目録金被下置候処、右同

様惣ニ拾人割ニ致候叓、
一高田為五郎殿寅三月十六日病死ニ付、存命中跡御抱入之もの聞立、追而親類共ゟ願書指上候者此上御憐愍を以老母者路頭ニ相立不申様との願書也、
右願書之留者要録ニ在之、右養子在之候迠宮川幸右衛門殿息幸五郎殿相願跡御抱入之義願書指上度旨、右老母并息壱太此外親類中被申、併子年十四才ニ而幼年ニ付仲ヶ間中者四人在之哉ニ付、仲ヶ間談合候処、指懸り御難渋之事故承知被申、依之右幸五郎殿江高田家ゟ被遣物之義何程ニ而可然哉之段申談候処、彼是評議之上壱ヶ年米四石ニ壱人扶持被相送可然哉之上被申、右ニ相極り申候、勿論仲ヶ間割合もの者幸五郎殿ゟ願而指出并仲ヶ間配当物、此外舟木表ゟ年頭八朔米、会所より之暑寒等者幸五郎殿江相渡候趣ニ相極候事、
但、右跡抱入之ものより組入元〆中町懸役并組頭江之挨拶送りもの者幸五郎殿ゟ被致候事、仲ヶ間江之祝儀被指上候もの暫猶予致呉候、
（一行不明）
御礼序ニ而談合候処、養子定候迠猶予之由談在之、依之仲ヶ間中よりも不指遣候事、
但、元〆中へ者並酒弐升ニ肴添、町懸役江者弐升計相送候叓、
天明弐年寅四月、右一件ニ付元〆中迄組頭多胡甚左衛門ゟ指出置候書付、後々御見合之為ニ記留申候、尤組頭要録中之帳ニ茂記置申候、

覚

先京都御支配之節、組之内病気ニ而御奉公難勤忰も無之養子聞立候中指置候得者、若急変ニ而落命仕候者家内之もの共も路頭ニ相立不申様、追而親類又者仲ヶ間ゟ跡御抱入之もの聞立相願候者、此上御憐愍を以御聞済被成下候様願書指出、御聞済之上相兼候得者、右欠中扶持方米之義者御頓着無御座候付組頭預り置、追而跡抱入被仰付候もの江相渡来候、勿論御切米之儀茂右ニ准シ、此段御届等不申上取計仕来候得共、当御支配右躰之義無御座候処、先達而高田為五郎病気ニ而御奉公難相勤養子聞立候中指置候付、若相兼候者追而親類

共ゟ跡御抱入之もの聞立相願候者、此上御憐愍を以老
母も路頭ニ相立不申様願書指上御聞済之上落命仕候、
其後養子聞立候得共相応之もの無御座候ニ付、御組宮
川幸左衛門忰同幸五郎与申もの相願、相応之もの御座
候迄、跡御抱入之義右親類共ゟ奉願候処御聞済被成下、
依之右欠中之御扶持方并度々御切米共前々之通御抱入
之もの右幸五郎江相渡候様ニ仕度、此段御届奉申上候、
以上、

寅四月　　組頭　多胡甚左衛門

此書付浜口氏・田中氏列座之節、田中氏月番ニ付指出候様被申、則指出申候叓、

夘正月ゟ
一多胡甚助御組並ニ被　仰付候ニ付諸御用同様ニ出勤有
之、依而舟木諸入用計ハ取遣りいたし、外諸入用ハ是
迠之通取遣リ無之候事、

但、宮川幸五郎殿参高田家養子跡抱ニ四月被仰付候、後々席茂高田幸五郎殿ゟ前席ニ被仰付叓、

天明四年
辰三月廿七日
一佐久間正蔵・高橋角左衛門・八郎宇右衛門・多胡甚助
被召出、御直ニ右正蔵・角左衛門義者宿場横目役并宇
右衛門・甚助義者御林山懸リ被仰付候事、

但、席順者目付之次江横目、并御林山方赤井平六・宮川太郎義、夫より宇右衛門・甚助迠被仰渡候事、

6［仲ヶ間儀礼・祝儀ほか倹約相談書］

天明三夘年五ヶ年之間倹約被仰出、同七未年近年凶作
ニ而御収納米茂相減、殊ニ去年出水ニ而莫大之御物入
之御儀故、未年ゟ酉年迠三ヶ年之内厳敷御倹約被仰出
候付、同十月右被仰出之趣を以

倹約相談書

一家督并役附之節元〆町役江之遣ヒ物之義、元〆江並酒
弐升、軽キ肴町役組頭江並酒弐升歟、又ハ肴ニ而茂一
品見合向後遣し可申事、

（朱筆）「但、山方・書記方如此、其余者古来之通ニ可遣再談」

一役儀蒙　仰候節、仲ヶ間音物取やり之儀御時節柄ニ付、
同役たり共無用之事、

但、同役之儀者聞合等之儀有之候付、祝杯之儀者格別たるへ

き事、
一養子嫁取願之節、元〆中計江樽ニ而も肴ニ而茂壱品可差
遣事、
但、忰・娘共外へ指遣度願之節ハ不指遣事、
一船木詰留守中見舞并土産之品仲ヶ間一統取遣リ、前々
申合候通無用之事、
但、元〆町役抔江土産遣候儀可為無用、尤目付方以上ハ格外
之事、
一婚礼之節家内之もの悦ニ参候儀、寄々勝手可参候段先
年申談置候処、近キ比ゟ猥ニ成同道ニ而罷越、先方ニ
も祝盃被差出候様ニ相成、甚心遣之事ニ付急度祝盃出
候儀堅無用可致事、勿論仲ヶ間ゟ悦ニ参候共、是又先
年申談候通祝盃出候儀、右同断、
一歳末祝儀として、仲ヶ間中ゟ元〆町役組頭江樽遣候儀、
是又御時節柄故向後町役江之祝儀相止メ、元〆計江銀
壱両位ニ限候品見合可差遣候、尤組頭中へハ見合可差
遣事、（朱筆）「但、町懸役中へも古来之通可指遣再談」
但、酒ニ而遣候節ハ並酒三升ニ限候事、
一御番之節御役所ニ而酒給候儀、前々之通無用之事、
一御番入酒之儀、是迄之通神明講之節一樽二升仲ヶ間中
江可差出事、
一暑寒見舞物仲ヶ間一統取遣之儀、相やめ候事、
一出産或ハ疱瘡其外病気之節、一統申合祝儀物・見舞之
品共停止之事、
一元服之節祝儀物一統為替之叓、
一養子之節是迄之通金百疋五升樽仲ヶ間江差出、仲ヶ
間ゟ為返礼金百疋相送リ候事、其外祝儀物為替之事、
但、子供たり共祝盃之儀相止メ候事、
一元〆役被仰付候節ハ、是迄之通仲ヶ間中ゟ並酒五升ニ
肴相添可差遣事、
一町掛リ役被仰付候節ハ、是迄之通右同断並酒五升計可
差遣事、
一元〆町役之両親・妻不幸之節ハ、仲ヶ間中ゟ是迄之通
可遣事、
但、右両親・妻之外不幸之節役方ハ格別、一統ゟ香儀不差遣
候事、
一元〆町役本人死去之節一統ゟ香儀不遣候叓、
但、役方ハ格別之事、
一御頭様御祝儀事其外之節、上ヶ物致シ候節ハ役方・御

番方一統ニ差上可申事、
但、暑寒其外御廻村御見舞等ハ役方ハ格別之事、
一歳末ニ門番へ遣候祝儀、是又御時節柄故相止メ可申事、
一追分丸屋祝義、是迠之通可差遣事、
一二季ニ待番へ遣候祝儀、是迠之通可遣事、
以上

二［天明八年（一七八八）預り畑一件覚］

1［天明八年西山町字大濱畑地借地ニ付談合］

天明八年申四月
一西山町字大濱年貢地之内庄三郎様馬乗場ニ御借リ被成度由、此元〆木村氏ゟ多胡氏江談有之候処、仲ヶ間承知之旨及返答候事、
右ニ付年貢米高、壱石三斗五升之内、向後
九斗　　西山町ゟ取立
四斗五升　　白崎久太夫ゟ取立候事
〆

2［天明八年中嶋辰三郎永御暇願い出ニ付覚］

天明八年申五月中嶋辰三郎殿儀病身ニ付、永之御暇相願被引退候付、組頭多胡甚左衛門・月番高橋角左衛門・一井久左衛門御組為惣代立会、跡御抱入之ものゟ銀五拾枚取立之、右辰三郎江相渡シ候節、為取替候書付、左ニ記、

覚

一銀五拾枚

此銀弐貫百五拾目

右者此度中嶋辰三郎殿御病身ニ付永之御暇御願御引退ニ付、御老母御難渋与存、仲ヶ間中ゟ致世話各方江相渡し候処、如件、

天明八年

申五月十八日

仲ヶ間惣代

一井 久左衛門印

高橋 角左衛門印

多胡 甚左衛門印

中嶋辰三郎殿

右御老母

お槇殿事

妙春殿

覚

一銀五拾枚

此銀弐貫百五拾目

右者此度忰中嶋辰三郎義病身付、永之御暇相願引退候ニ付私義及老年難儀可仕与思召、御組中様御世話を以右銀子私共江御渡シ被下忝奉存候、依之各様迠御請一札、仍如件、

天明八年申五月十八日

中嶋辰三郎母

まき事

妙 春印

中 嶋 辰 三 郎印

御組中様

惣代

多胡甚左衛門殿

高橋角左衛門殿

一井久左衛門殿

右之銀子妙春辰三郎江御渡被下、於私共茂忝仕合奉存候、依之奥書仕奉差上候、以上、

右辰三郎

親類惣代

宗 心印

但、此書付久左衛門方ニ在之

請取申銀子之事

一銀百八拾目也

右者拙者是迠罷在候小屋之座敷・天井・同押入・中戸之上二階走リ先キ建足シ、其外家内屋敷ニ残シ在之候諸式不残共代銀として請取申処、如件、

申五月十八日　　　　中嶋辰三郎印

一　井丹後殿

覚

▲一銀三拾匁　　座敷ノ天井
一同拾八匁　　同所押入
一同弐拾匁　　中戸ノ上二階
一拾弐匁　　走リ先キ建足シ雪隠まて

四口〆八拾匁

3 ［神明講ニ付申談覚］

天明八申年九月、神明講之節組頭多胡氏ゟ被差出候
書付、左ニ記、

覚

一前々より正・五・九月仲ヶ間神明祭リ相勤来候、五月ニ者祭リ相休神明江代参相立候、右祭リ之節ハ於右神前仲ヶ間中勤方ハ勿論御用取計方善悪を評し後学ニいたし、此外行跡・風説等ニ至迠互ニ糺合及聞候儀ハ、評議之上示談相慎候事ニ候、弥古来之通暮六ツ時限退却可申候、別而当時質素ニいたし銘々勝手向不取乱様被　仰出之事ニ候得者、無余儀吉凶等ニ而物入之儀ハ平生倹約を専一ニいたし、壱ヶ年之計リ事ハ元日より心懸ヶ、其内より少々宛相償候者いつとなく安気ニも可相成哉、御工夫肝要之叓、

一私用ニ而他出之儀、町役中迠組頭より断申達候へ共、御用筋手支有無御紀之上組頭迠御申聞、并近在他出之儀も是迠組頭限ニ承置候得者、別而　御用手支之儀再応御紀之上御申聞、勿論御帰り之節ハ弥是迠之通り御申聞、尤御時節柄之儀故御両人ニ限承り置度候叓、

［付箋］

（付箋）「若キ衆中ハ御親父方又ハ老人衆中ゟ勤方之儀ハ勿論、御用筋取計方御伝授御聞可在之候得共、目付中者御番之砌又ハ同席之節、咄合等ニ至迠万端厚ク被附御心、猶又御番交代之節ハ時刻無遅滞、弥御用向御出情可被成叓」

一武芸之儀追々被　仰出在之候得ハ、若キ衆中者別而之事ニ候処、近キ頃者御用多ク故哉、御懈怠之様子ニ而

甚如何之㕝ニ候、御用多ク候者夜分火之元入念御稽古在之候様致度候、近キ者ゟ於御屋敷茂日々終日迠御稽古専ニ有之候得者猶更之事ニ候、先達而御頭様御組武芸御続可被成段被仰出候処、御用多ク未御治定無之候へ共いつれ一通り御覧可被成候間、其節励ミト思召御家来御組一緒ニ御覧之程茂難計候得ハ、其砌御組未熟ニ而ハ及其席一統赤面可及哉、是等之後考を以厚ク御出情在之候様致度、此外悪所近辺江茂不被立寄杏下ニ不直冠瓜田《デン》ニ履をぬかずとやらん、古人之申残候御賢考猶不限老若ニ無御隔意思召被附候儀ハ、追々御書加可被成候、以上、

申九月　　多胡甚左衛門

天明九酉年神明講之節、組頭ゟ差出され候書付談書、左ニ記、

申談覚

一近年仲ヶ間中年御若ニ相成、尤親類中ゟ諸御用向取計方伝授等茂有之御承知に候得共、猶又当時御勤之御老人方江取計方之儀御尋之上、御用向万端被入御念御勤可被成候、勿論御用先ニ而大酒等之儀者御嗜第一之事候、平生迚茂何時ニ而茂御用筋難計候得者、是以御考御用可被成候、大酒ニ而者御用筋無覚束様ニ在之候而者、諸御用向被仰付茂薄く候得者自然与昇進茂手遠く相成候茂甚気之毒候得者、御賢考専要之儀御互ニ可申合事、

一武芸之儀者別而被　仰出茂御座候得者、猶以無油断稽古可被成候、此外読書・算術之儀日用専一之勤ニ而、当時ニ而者右師分之仁茂手近く有之候得者御用筋手支茂無之、修行茂出来候得者別而御出情可被成事、

一御組軽キ乍身分茂乍恐御政務ニ茂品ニ寄携候得者、不学ニ而者文字等茂不達者、勿論取計方批判請候儀茂有之候而者如何鋪候得者、猶更御心懸御出情御互ニ可申談事、

一御役所表日記注進留文言文字等得と御糺シ、書面正鋪御記可被成処、不文字書面等不正ニ記在之候茂相見候、永々見合ニ茂相成候事ニ候得者已来被入御念御留置可被成事、

一御番之節御用書物在之、御認之節於御番所机ニ而御認之儀ハ格別、私用ニ而於御番所机ニ而書物等ニ而者外見甚見苦敷不行儀ニも相見江候間、已来御無用可申合事、
一例年御役所御煤払之節、御番所江罷出候もの棚に上ヶ候儀、御組之ものハ勿論働人足等ニ至迠無用候、若御勝手ゟ右働人足右体之儀在之候とも倶ニ入交り、右体之儀ハ勿論右場所江茂立入申間敷御互ニ可申合候、
右存寄書記申談候、猶又各様方御存寄候者書附、追々御差出可被成事、

酉正月　　多胡甚左衛門

各様

4【寛政二年役務引退ニ付取り替し書付】

寛政二戌年八月片岡十左衛門殿病気ニ付永之御暇相願被引退候ニ付、仲ヶ間為惣代多胡甚左衛門・赤井平六・多胡甚助立会跡御組入之ものゟ銀五拾枚取立之、右十左衛門江相渡候節為取替候書付、左ニ記、

覚

一銀五拾枚
　此銀弐貫百五拾目
右者此度其許様御病気ニ付、永之御暇御願御引退ニ付御難渋与存仲ヶ間中ゟ致世話、右銀子其元様江御渡申候処、如件、

寛政弐年
　戌九月五日
　　仲ヶ間惣代
　　多胡甚助印
　　赤井平六印
　　多胡甚左衛門印
片岡十左衛門殿

覚

一銀弐貫百五拾目也
右者拙者永之暇相願致退参候ニ付為小屋料御渡被下、慥ニ請取申所、如件、

寛政弐年戌九月五日　　片岡十左衛門印
　御仲ヶ間惣代
　多胡甚左衛門殿
　赤井平六殿
　多胡甚助殿

前書片岡十左衛門殿明跡貴様江御抱入相済、本文之銀高仲ヶ間中江御差出被成、右銀子定之通、仲ヶ間中ゟ十左衛門殿江被相贈候ニ付、則拙者共立会今夕十左衛門殿江面会之上、右銀子〇相渡請取書取置候付、本紙添書いたし御引渡申候処、如件、

寛政弐年庚戌九月五日

月番 多胡甚助
同 赤井平六
組頭 多胡甚左衛門

手塚熊吉殿

覚

一銀六拾弐匁也

右者拙者是迄罷有候小屋之座敷天井中戸之上二階差先建足シ代銀として請取申候処、如件、

寛政弐年戌九月五日

片岡十左衛門印

手塚熊吉殿

覚

一三拾目　座敷ノ天井

一弐拾目　中戸ノ上二階

一拾弐目　走り先建足し

三口〆六拾弐匁

5［文化十年（一八一三）正月神明講御礼ニ付倹約取極］

文化十癸酉正月七日

一神明講之儀、是迄正月九日両度於伊賀屋宅相勤候処、昨申年ゟ五ヶ年之間江戸表御倹約被　仰出候付、正月壱ヶ度ニ可致旨、昨九月節句一統相談之上相究、当家ニ高好氏宅ニ而神明餝り置、仲間ゟ神酒一升差遣候処、猶又厳敷御倹約之趣相聞候付、当酉年正月右講之義茂相止メ可申哉之旨、七種御礼之節一同相談之上取極候付、当家之義も次小口高嶌氏江相送り候事、

但、神酒之義仲間中ゟ不差遣、已来共当家賄ニ而神明餝り置、洗米神酒計ニ而、右頂戴之上一同引取候事、

文政元寅年九月

一御組幼少ニ而〇御抱入御番計相勤候得者、神明講之節度々銀

壱両ツ、為酒肴料差出来候、然ル所年数も相立諸御用相勤候節、仲間一同江為心祝酒肴差出来候へとも、已来者右等之節銀壱両差出可然旨一統相談之上取極候事、

但、見習衆右同断、諸御用并御組並共已来銀一両ツ、差出可致旨取究候事、

天明三夘正月

一多胡甚助義御組並ニ被仰付諸御用同様ニ出勤、依之舟木諸入用計り取やりいたし候、外諸入用者是迄之通り取やり無事相談之極、

右之通留有之御処、是迄取遣区々ニ相成候付此度一同相談之上、以前之通り御組並ニ被仰付候上者船木詰番不罷越内迚茂、向後取遣いたし候積再評相決候事、

文政八酉年七月

備考：本史料の翻刻については、慶応二年（一八六六）の写『仲ヶ間申合條目并外預畑一件覚』によって、虫損や不分明な部分を一部補充・補訂した。なお同写には、「慶応二寅年正月神明講之節一統相談之上諸事質素倹約之儀申談前々ゟ申合之内書抜左之通下ヶ札を以再談書」と題して、宝暦年中の「倹約相談書」を書抜（本書本文三〜五頁参照）したあと、以下の付記がある。

右之通前々ゟ申合書有之、御倹約之儀者度々被仰出も有之、其上近年物価追々沸騰いたし候付、当正月神明講之節一統御相談申候通都而吉凶贈進物等ハ為替之積、此度前々ヶ条書江下ニ札認相改候間、御心付之廉も御座候ハ、御申聞可被成候、且当正月御切米ゟ三分一正米三分二江戸弘紙直段以正金ニ而御渡相成候御達も有之、右之通相成候而者頂戴物も減少いたし質素倹約相守候ゟ外いたし方も無之事ニ付、外見を取繕虚飾不益之費無之様いたし、以後申合相崩不申様いたし度候、乍去吝嗇之筋者御心得も可ニ有御座候義与存候、猶御存知寄も御座候ハ、、無御腹蔵御申聞可被成、且又勤向心得方之儀ニ付前々之先役ゟ之御談書も御廻し申上候間、御熟覧有之候様いたし度存候、以上、

寅三月　組頭

各様

追而此書付家順御順達之上御返却可被下候、以上、

史料二　天明五年（一七八五）『町方御用留』

（表紙）

天明五年
町方
御用留
巳正月　　拾四

一［吟味裁許記録］

1［大坂屋喜八妻はる一件］

大津上北国町
木屋そよ借家
大坂屋喜八妻
はる

去々卯四月十六日入牢
一辰閏正月十八日
死罪

是者去ル子年十一月以来昼之内大津町ニ而呉服屋・木綿屋其外弐拾三ヶ所江罷越、買物等致度旨申聞品々取出させ候内透間見合木綿反物其外盗取、又ハ弐ヶ所江留守を考夜分罷越、着類其外盗取候分共物数都合百七拾弐品、銭八貫五百文、右品之内九拾八品者代銭四拾弐貫四百五拾八文之質物ニ置貫、右質札之内五枚ハ代銭壱貫七百五拾文ニ売払、七拾七品者代金弐分銀六匁八分、銭三拾五貫三百廿七文ニ売払、弐品者銭壱貫九百文者箒屋源兵衛妻きよ江預ヶ置、壱品者道具屋五左衛門江預ヶ置、壱品者着用ニ致、右質物置貫ひ并売払盗取候銭共都合金弐分銀六匁八分、銭八拾八貫三拾九文之内八百文所持致罷在、其余不残家内入用ニ遣ひ捨候儀共不届至極ニ付、牧（牧野）越中守殿江相伺候上、書面之通御仕置申付候、
一辰閏正月十八日
居町払
右はる夫
大坂屋喜八
是者妻はる去ル子年十一月以来大津町所々ニ而木綿
（朱筆）「又ハ外所へ留主を考夜分罷越 ［ムシ］」
其外盗取」

反物其外買物等ニ罷越、品々盗取、右品々質物ニ置貰ひ、又者売払候代銭、宿先江持帰り候儀、盗致候儀共不存旨申之候得共、同居罷在、度々金銀銭持帰り家内入用ニ遣ひ捨候上ハ不存旨之申分難相立、不埒之至ニ付、牧越中守殿江相伺候上、書面之通御仕置申付候、

一辰閏正月十八日　　大津上北国町
急度叱　　　　　　　雁金屋九郎兵衛借家
　　　　　　　　　　箒屋源兵衛妻
　　　　　　　　　　　　　き　よ

是者大坂屋喜八妻はる盗物之品与者不存旨申之候得共、得与出所茂不相糺、銭壱貫九百文、木綿袷壱ツ・鏡壱面預り置候儀共不埒之至ニ付、牧越中守殿江相伺候上
預り置候品々取上ケ
書面之通御仕置申付候、

一辰閏正月十八日
急度叱　　　　　　　右きよ夫
　　　　　　　　　　源兵衛

是者妻きよ大坂屋喜八妻はるニ被頼、銭壱貫九百文、木綿袷壱ツ・鏡壱面預り置候儀、きよ不申聞候処、不存旨申之候得共、右品々者はる盗物ニ候処、同居乍致右躰之儀不存段不念之至ニ付、牧越中守殿江相伺候上、書面之通御仕置申付候、

一辰閏正月十八日　　大津和泉町
急度叱　　　　　　　塗師屋傳四郎

是者大坂屋喜八妻はる盗物之品与ハ不存旨申之候得共、得与出所茂不相糺、嶋木綿三反・木綿引解壱ツ・水牛櫛一枚・同かうかひ弐本・象牙櫛一枚并質札一枚代銭三貫六百八文ニ買請、所持罷在候儀共不埒之至ニ付、牧越中守殿江相伺候上、右品々取上ケ、書面之通御仕置申付候、

一辰閏正月十八日　　大津和泉町
急度叱　　　　　　　豆粉屋弥兵衛

是者大坂屋喜八妻はる盗物之品与ハ不存旨申之候得共、得与出所茂不相糺、郡内嶋きれ三ツ・紅きれ壱ツ・白木綿壱反并質札一枚代銭壱貫七百八拾六文買請、所持罷在候儀共不埒之至ニ付、牧越中守殿江相伺候上、右品々取上ケ、書面之通御仕置申付候、

一辰閏正月十八日　　大津湊町
急度叱　　　　　　　鍵屋平右衛門借家
　　　　　　　　　　亀屋又四郎妻
　　　　　　　　　　　　　と　み

是者大坂屋喜八妻はる盗物之品与ハ不存旨申之候得共、

得与出所茂不相糺、嶋木綿弐反・白木綿壱疋・郡内嶋一反代銭五貫文ニ買請所持罷在候儀共不埒之至ニ付、牧越中守殿江相伺候上、右品々取上ケ、書面之通御仕置申付候、

一 辰閏正月十八日
急度叱
右とみ夫
又四郎

是者妻とみ大坂屋喜八妻はるニ被頼、嶋木綿弐反・白木綿壱疋・郡内嶋壱反代銭五貫文ニ買請候儀、とみ不申聞候故不存旨申之候得共、右品々ハはる盗物ニ候処、同居乍致右躰之儀不存段不念之至ニ付、牧越中守殿江相伺候上、書面之通御仕置申付候、

一 辰閏正月十八日
急度叱
大津石橋町
松屋甚兵衛

是者大坂屋喜八妻はる盗物之品与ハ不存旨申之候得共、得と出所茂不相糺、茶釜壱ツ・鼈甲櫛三枚、同かうかひ壱本・半紙壱束代銭壱貫弐百文ニ買請、所持罷在候儀共不埒之至ニ付、牧越中守殿江相伺候上、右品々取上ケ、書面之通御仕置申付候、

一 辰閏正月十八日
急度叱
大津石橋町
表具屋ゑん借家
亀屋助右衛門

是者大坂屋喜八妻はる盗物之品与ハ不存旨申之候得共、得与出所茂不相糺、嶋木綿壱反・同きれ壱ツ代銀六匁外銭百五拾文ニ買請、不持罷在候儀共不埒之至ニ付、牧越中守殿江相伺候上、右品々取上ケ、書面之通御仕置申付候、

一 辰閏正月十八日
急度叱
大津橋本町
木具屋長左衛門借家
伏見屋五兵衛妻
しめ

是者大坂屋喜八妻はる盗物之品与ハ不存旨申之候得共、得与出所茂不相糺、去ル寅八月ゟ度々ニ白木綿弐反・嶋木綿三反・郡内嶋壱反・同きれ六ツ・紬女帯地壱筋・縮緬染きれ壱ツ・青梅嶋三反・木綿前たれ地壱ツ・絞木綿きれ三ツ代金弐分銭拾三貫九百文ニ買請、所持罷在候儀共不埒之至ニ付、牧越中守殿江相伺候上右品々取上ケ、書面之通御仕置申付候、

一 辰閏正月十八日
急度叱
右しめ夫
五兵衛

是者妻しめ儀、大坂屋喜八妻はるニ被頼、度々ニ白木綿弐反・嶋木綿三反・郡内嶋壱反・同きれ六ツ・紬女帯地壱筋・縮緬染きれ壱ツ・青梅嶋三反・木綿前垂地壱ツ・絞木綿きれ三ツ代金弐分銭拾三貫九百文ニ買請候儀、しめ不申聞候故不存旨申之候得共、右品々ハはる盗物ニ候処、同居乍致右躰之儀不存段不念之至ニ付、牧越中守殿江相伺候上、書面之通御仕置申付候、

大津鍛冶屋町
山城屋喜助借家
萬屋喜兵衛

一 辰閏正月十八日
急度叱

是者大坂屋喜八妻はる盗物之品与ハ不存旨申之候得共、得与出所茂不相糺、鼈甲櫛一枚代銭弐貫文ニ買請、所持罷在候儀共不埒之至ニ付、牧越中守殿江相伺候上、右品々取上ケ、書面之通御仕置申付候、

大津菱屋町
（朱筆）「藤屋見本借家」
八百屋源兵衛

一 辰閏正月十八日
急度叱

是者大坂屋喜八妻はる盗物之品与ハ不存旨申之候得共、得与出所茂不相糺、青梅嶋壱反・浅黄縮緬継々小きれ壱ツ・白りんす半ゑり壱ツ・木綿小紋染壱反・木綿嶋弐反之質札三枚代銭四百文ニ買請、右品々質請致所持罷在候儀共不埒之至ニ付、牧越中守殿江相伺候上、右品々取上ケ、書面之通御仕置申付候、

大津観音寺町
和尓屋角兵衛借家
道具屋五左衛門

一 辰閏正月十八日
急度叱

是者大坂屋喜八妻はる盗物之品与ハ不存旨申之候得共、得与出所茂不相糺、釘抜壱挺・鎮諭拂器壱ツ・間鍋壱ツ・木綿わた入羽織壱ツ・同ひとへもの壱ツ・延綿掛目百五拾目計、木綿袴壱ツ代銭壱貫四百七拾五文ニ買請、所持罷在候儀共不埒之至ニ付、牧越中守殿江相伺候上、右品々取上ケ、書面之通御仕置申付候、

江州滋賀郡松本村平野町
油屋惣兵衛借家
日雇働平蔵妻
まつ

一 辰閏正月十八日
過料銭三貫文

是者大坂屋喜八妻はる盗物之品与ハ不存旨申之候得共、得与出所茂不相糺、夫平蔵并質請人江も不申聞、平蔵名前を以嶋木綿三反質物ニ置遣候儀共不埒之至ニ付、

牧越中守殿江相伺候上、書面之通御仕置申付候、

一辰閏正月十八日
急度叱
右まつ夫
平　蔵

是者妻まつ大坂屋喜八妻はるニ被頼、木綿三反質物ニ置遣候儀、まつ不申聞候故不存旨申之候得共、右品ハはる盗物ニ候処、同居乍致右躰之儀不存段不念之至ニ付、牧越中守殿江相伺候上、書面之通御仕置申付候、

一辰閏正月十八日
急度叱
大津鍛治屋町
蝋燭屋次郎兵衛

是者日雇働平蔵妻まつゟ嶋木綿三反質物ニ取置候処、右品者大坂屋喜八妻はる盗物ニ候処、出所茂得与不相糺不念之至ニ付、牧越中守殿江相伺候上、質物取上ヶ
○質代銭ハ請人江償申付
○質代銭ハ請人江償申付、書面之通御仕置申付候、

大津甚七町
平野屋さよ借家
日雇働文七妻
さ　と

一辰閏正月十八日
過料銭三貫文

是者大坂屋喜八妻はる盗物之品与ハ不存旨申之候得共、得与出所茂不相糺、夫文七并質請人江茂不申聞、文七名前を以嶋木綿壱反・小紋染木綿きれ弐ツ・木綿反物其外物数拾壱品質物ニ置遣、世話料貰候儀共不埒之至ニ付、牧越中守殿江相伺候上世話料銭取上ヶ、質請人共病死致候ニ付質代銭償之上、書面之通御仕置申付候、

一辰閏正月十八日
急度叱
右さと夫
文　七

是者妻さと大坂屋喜八妻はるニ被頼、嶋木綿壱反・小紋染木綿きれ弐ツ・木綿反物其外物数拾壱品質物ニ置遣候儀、さと不申聞候故不存旨申之候得共、右品々ハはる盗物ニ候処、同居乍致右躰之儀不存段不念之至ニ付、牧越中守殿江相伺候上、書面之通御仕置申付候、

一辰閏正月十八日
急度叱
江州滋賀郡松本村
笹屋八郎兵衛

是者日雇働文七妻さとゟ嶋木綿壱反・小紋染木綿きれ弐ツ・質物ニ取置候処、右品者大坂屋喜八妻はる盗物ニ候処、出所茂得と不相糺不念之至ニ付、牧越中守殿江相伺候上、質物取上ケ、質代銭請人病死ニ付文七妻さと江償申付、書面之通御仕置申付候、

一過料銭三貫文
辰閏正月十八日
大津了徳町
魚屋五兵衛借家
近江屋次兵衛後家
いよ

是者大坂屋喜八妻はる盗物之品与ハ不存旨申之候得共、得与出所茂不相糺、質請人江も不申聞木綿蒲団引解弐ツ・木綿きれ弐ツ・同小紋染一反質物ニ置遣候儀共不埒之至ニ付、牧越中守殿江相伺候上、書面之通御仕置申付候、

一過料銭三貫文
辰閏正月十八日
大津了徳町
米屋七左衛門借家
住吉屋夘右衛門妻
いそ

是者大坂屋喜八妻はる盗物之品与ハ不存旨申之候得共、得与出所茂不相糺、夫夘右衛門并質請人江茂不申聞、嶋木綿拾一反・同小紋染一反・同きれ四ツ・とろめん男帯地壱筋・木綿前たれ地壱ツ・綸子ふくさ地壱ツ・小倉男帯地壱筋・絹きれ六ツ、染木綿弐丈計、木綿きれ弐ツ・青梅嶋弐反質物ニ置遣候儀共不埒之至ニ付、牧越中守殿江相伺候上、質代銭半分償之上、書面之通御仕置申付候、

一急度叱
辰閏正月十八日
右いそ夫
夘右衛門

是者妻いそ大坂屋喜八妻はるニ被頼、嶋木綿拾壱反、其外物数拾品質物ニ置遣候儀、いそ不申聞候故不存旨申之候得共、右品々者はる盗物ニ候処、同居乍致右躰之儀不存段不念之至ニ付、牧越中守殿江相伺候上、書面之通御仕置申付候、

一急度叱
辰閏正月十八日
大津了徳町
米屋七左衛門

是者日雇働文七妻さとゟ木綿反物其外物数拾壱品、近江屋次兵衛後家いよゟ木綿蒲団引解、其外弐品住吉屋夘右衛門妻いそゟ木綿其外物数弐拾五品質物ニ取置候処、右品々者大坂屋喜八妻はる盗物ニ候処、出所茂得と不相糺不念之至ニ付、牧越中守殿江相伺候上、文七名前之質代銭ハ請人病死ニ付文七妻さと、いよ名前之質代銭ハ請人江、夘右衛門名前之質銭ハ夘右衛門妻いそ并請人江償申付、書面之通御仕置申付候、

一過料銭三貫文　　　　　　　　　　　　大津中北国町
辰閏正月十八日　　　　　　　　　　　　　　指物屋小兵衛
是者大坂屋喜八妻はる盗物之品与ハ不存旨申之候得共、得与出所茂不相糺、質請人江茂不申聞、とろめん男帯地壱筋・青梅嶋壱反・郡内嶋壱疋・同きれ三ツ・白木綿三丈計、嶋木綿きれ弐ツ・紅縮緬きれ三ツ・絹浅黄きれ九尺計、木綿絞壱反・絹染きれ壱丈六尺計、さらさ風呂敷壱ツ・紬女帯地壱筋・木綿小紋きれ一ツ質物ニ置遣候儀共不埒之至ニ付、牧越中守殿江相伺候上、質代銭半分償之上書面之通御仕置申付候、

一急度叱　　　　　　　　　　　　　　大津西今颪町
辰閏正月十八日　　　　　　　　　　　　伊勢屋利兵衛
是者指物屋小兵衛ゟ木綿反物其外物数拾八品質物ニ取置候処、右品々ハ大坂屋喜八妻はる盗物ニ候処、出所茂得与不相糺不念之至ニ付、牧越中守殿江相伺候上、質物取上ケ、質代銭ハ小兵衛并請人江償申付、書面之通御仕置申付候、

一過料銭三貫文　　　　　　　　　　　　大津土橋町
辰閏正月十八日　　　　　　　　　　　　　　絵屋長兵衛借家
　　　　　　　　　　　　　　　　　　　　　大津屋六兵衛後家
　　　　　　　　　　　　　　　　　　　　　　　　と　め
是者大坂屋喜八妻はる盗物之品与ハ不存旨申之候得共、得与出所茂不相糺、質請人江も不申聞、嶋木綿弐反質物ニ置遣シ、同壱反買請、世話料貰候儀共不埒之至ニ付、牧越中守殿江相伺候上、世話料并買請候品取上ヶ、書面之通御仕置申付候、

一過料銭三貫文　　　　　　　　　　　　大津土橋町
辰閏正月十八日　　　　　　　　　　　　　山田屋善兵衛借家
　　　　　　　　　　　　　　　　　　　　　日雇働長蔵母
　　　　　　　　　　　　　　　　　　　　　　　　と　め
是者大坂屋喜八妻はる盗物之品与ハ不存旨申之候得共、得与出所茂不相糺、忰長蔵并質請人江茂不申聞、長蔵名前を以嶋木綿三反質物ニ置遣、世話料貰候儀共不埒之至ニ付、牧越中守殿江相伺候上、世話料取上ヶ、書面之通御仕置申付候、

一急度叱　　　　　　　　　　　　　　右とめ忰
辰閏正月十八日　　　　　　　　　　　　　長　　蔵
是者母とめ大坂屋喜八妻はるニ被頼、嶋木綿三反質物

ニ置遣候儀、とめ不申聞候故不存旨申之候得共、右品
ハはる盗物ニ候処、同居乍致右躰之儀不存段不念之至
ニ付、牧越中守殿江相伺候上、書面之通御仕置申付候、

一辰閏正月十八日
過料銭三貫文
大津上北国町
竹屋太助借家
船屋善太妻
き　ち

是者大坂屋喜八妻はる盗物之品与ハ不存旨申之候得共、
得与出所茂不相糺、夫善太并質請人江茂不申聞、善太
名前を以糸入嶋袷壱ツ・木綿しゅばん壱つ・黒緞子女
帯壱筋質物ニ置遣候儀不埒之至ニ付、牧越中守殿江相
伺候上、質請人家出致候付質代銭償之上、書面之通御
仕置申付候、

一辰閏正月十八日
急度𠮟
右きち夫
善　太

是者妻きち大坂屋喜八妻はるニ被頼、糸入嶋袷壱ツ・
木綿しゅはん壱ツ・黒緞子女帯壱筋質物ニ置遣候儀、
きち不申聞候故不存旨申之候得共、右品々ハはる盗物
ニ候処、同居乍致右躰之儀不存段不念之至ニ付、牧越
中守殿江相伺候上、書面之通御仕置申付候、

一辰閏正月十八日
急度𠮟
大津中北国町
糀　屋久右衛門

是者大津屋六兵衛後家とめ former嶋木綿弐反、日雇働長蔵
母とめゟ嶋木綿三反、船屋善太妻きちゟ糸入嶋袷壱ツ
其外弐品質物ニ取置候処、右品々者大坂屋喜八妻はる
盗物ニ候処、出所茂得与不相糺不念之至ニ付、牧越中
守殿江相伺候上質物取上ヶ、とめ長蔵名前之質代銭ハ
請人江、善太名前之質代銭ハ請人家出致候付、善太妻
きち江償申付、書面之御仕置申付候、

一辰閏正月十八日
過料銭三貫文
大津上百石町
松屋次助借家
高嶋屋庄七母
さ　よ

是者大坂屋喜八妻はる盗物之品与者不存旨申之候得共、
得与出所茂不相糺、悴庄七并質請人江茂不申聞、庄七
名前を以嶋木綿壱疋質物ニ置遣候儀共不埒之至ニ付、
牧越中守殿江相伺候上、書面之通御仕置申付候、

一辰閏正月十八日
急度𠮟
右さよ悴
庄　七

是者母さよ大坂屋喜八妻はるニ被頼、嶋木綿壱疋質物ニ置遣候儀、不申聞候故不存旨申之候得共、右品ハはる盗物ニ候処、同居乍致右躰之儀不存段不念之至ニ付、牧越中守殿江相伺候上、書面之通御仕置申付候、

一辰閏正月十八日
急度叱
大津中京町
雁金屋五兵衛

是者高嶋屋庄七母さよゟ嶋木綿壱疋質物ニ取置候処、右品々者大坂屋喜八妻はる盗物ニ候処、出所茂得与不相糺不念之至ニ付、牧越中守殿江相伺候上、質物取上ケ、質代銭者質請人江償申付、書面之通御仕置申付候、

2［その他盗取事件裁許］

去々卯十二月六日入牢
一辰三月十九日
敲之上京都相構大津払
能州鹿嶋郡鹿嶋地村
百姓紋右衛門悴
六兵衛

是者去々卯十一月京東山法花檀林善正寺門番伊右衛門方江罷越候処、留守ニ付戸棚之内ニ有之候着類并蒲団共物数六品盗取逃去リ、右品々不残所持致罷在候段不届ニ付、牧越中守殿江相伺候上、書面之通御仕置申付候、

去々卯十二月六日入牢
一辰三月十九日
敲之上京都相構大津払
大津上片原町
町中持借家
伊勢屋喜八

是者若年之節伯父三右衛門所持之銀五拾目盗取、国元出奔致、去々卯十月大津上片原町阿弥陀堂住持他行いたし佛前上蔀明ケ有之候付、下蔀を越這入着類其外物数五品盗取候段不届ニ付、牧越中守殿江相伺候上、書面之通御仕置申付候、

去々辰正月廿五日入牢
一同三月十九日
重敲京都相構大津払
京松原通堀川東江入町
岡村屋幸助悴
無宿
文吉

是者四年以来大津町家弐ケ所江罷越、表戸〆リ無之ニ付明ケ這入、箪笥小引出シ之内ニ有之候銀弐拾目程、押入ニ有之候着類其外物数九品盗取、右品々ハ所持致罷在、盗取候銀者無宿もの共与博奕致シ打負候段、出来心与ハ乍申不届ニ付、牧越中守殿江相伺候上、書

面之通御仕置申付候、

一　去辰正月廿五日入牢
同三月十九日
重敲京都相構大津払
大津葛原町
麦屋与左衛門借家ニ前方居候
和泉屋勘兵衛悴
無宿　彦兵衛

是者五ヶ年以前暁方大津町方ニ而表戸差寄有之候を明ヶ這入候処、家内寝入罷在候付、戸棚之内ニ有之候銭九貫文盗取、去々夘年大坂絞油屋被雇先にて着類壱品、銭百文盗取、着類者所持罷在、銭ハ不残給物等ニ遣ひ捨候段不届ニ付、牧越中守殿江相伺候上、書面之通御仕置申付候、

一　去々夘十二月六日入牢
辰四月廿七日
重敲京都相構近江国中払
大津北保町
舟屋源右衛門借家
働人平助悴
長四郎

是者去々夘四月以来暮方又者宵之内大津町方并膳所にて拾ケ所江罷越、内五ケ所者留守と相見江表戸〆寄有之候付明ケ這入、五ケ所者表戸明キ有之候得共、家内ニ人無之ニ付台所戸棚押入、見世先等ニ有之候品々盗取、銭拾壱貫百文、着類其外物数拾壱品質物ニ置貫、又者売払候代銭共都合銭拾五貫四百弐拾四文之内四拾八文者質物置貫候世話料ニ差遣、其余者無宿もの共与博奕致シ、又者給もの等ニ不残遣捨候段不届ニ付、牧越中守殿江相伺候上、書面之通御仕置申付候、

一　辰四月廿七日
急度叱
右長四郎
親　平助
母　さわ

是者悴長四郎盗致候儀曽而不存旨、吟味ニ付承り驚入候旨申之候得共、同居罷在候得者兼而心を付可申処、等閑ニ打過候段不念之至ニ付、牧越中守殿江相伺候上、書面之通御仕置申付候、

一　辰四月廿七日
急度叱過料銭三貫文
大津中北国町
指物屋小兵衛

是者長四郎盗物与者不存旨申之候得共、任頼出所茂不相糺、着類其外物数六品質物ニ置遣世話料貰請、其上長四郎ゟ質札買取、盗物壱品質請致候儀共不埒ニ付、牧越中守殿江相伺候上、質請致シ候品并世話料銭取上ケ、書面之通御仕置申付候、

一辰四月廿七日
急度叱　大津鹿関町
大坂屋忠兵衛

是者指物屋小兵衛所持之品質入致候節請人ニ相立居候処、小兵衛儀長四郎ニ被頼品々質入致、右品々小兵衛久次郎ゟ請戻候儀共不申聞候故不存旨申之候得共、兼而請人ニ相立居候上者心を付可申処、無其儀不念之至ニ付、牧越中守殿江相伺候上、書面之通御仕置申付候、

一辰四月廿七日
急度叱　大津西今颪町
伊勢屋利兵衛

是者指物屋小兵衛ゟ紺木綿引解、其外弐品質物ニ取置、右品々小兵衛請戻候旨申之候得共、長四郎盗物ニ候上者不念之至ニ付、牧越中守殿江相伺候上、書面之通御仕置申付候、

一辰四月廿七日
急度叱　大津中北国町
糀屋久右衛門

是者指物屋小兵衛ゟ古帷子其外弐品質物ニ取置候処、右品々小兵衛請戻候旨申之候得共、長四郎盗物ニ候上ハ不念之至ニ付、牧越中守殿江相伺候上、書面之通御仕置申付候、

一辰四月廿七日
急度叱過料銭三貫文　大津上大門町
町中持借家坂本屋久次郎

是者長四郎盗物与ハ不存旨申之候得共、任頼出所茂得与不相糺、着類其外物数三品質物ニ置遣世話料銭貰請、其上指物屋小兵衛ゟ質物ニ置遣候質札長四郎ゟ買取、盗物五品質請致候儀共旁不埒ニ付、牧越中守殿江相伺候上、質請致候品并世話料銭取上ヶ、質請人家出致候付質代銭償之上、書面之通御仕置申付候、

一辰四月廿七日
急度叱　大津下大門町
舛屋伊兵衛

是者働人平助忰長四郎ゟ木綿湯衣一ツ、坂本屋久次郎ゟ古帷子其外物数弐品質物ニ取置候処、右品々長四郎盗物ニ候処、出所茂得与不相糺不念之至ニ付、牧越中守殿江相伺候上、平助名前之質代銭者平助并質請人江、久次郎名前之質代銭者質請人家出致候付久次郎江償申付、書面之通御仕置申付候、

一　去々夘十二月廿五日入牢
辰四月廿七日
死罪

大津九軒
越後屋嘉左衛門借家
働人万助後家つま勘当悴
無宿　三　太

是者去ル丑年以来昼又者宵之内大津町方其外所々ニ而五拾四ヶ度之内弐拾七ヶ所ニ而者見世ニ有之品、且表戸明有之家内ニ人無之処江這入、又者被雇先ニて台所并押入等之内ニ有之候品々盗取或者衒取、拾壱ヶ所ハ留守与相見江表戸〆寄有之候付明ケ這入、拾弐ヶ度者途中船中辻番所等ニ有之品盗取、四ヶ度者夜分途中ニて行違候節風呂敷包奪取、右所々ニ而盗取候弐朱判一片・銭九貫五百五拾四文・米壱斗・脇指一腰、着類其外物数四拾四品之内五品者着用、又ハ無宿もの与博奕致シ銭之代り等ニ遣シ、三拾九品者代銭拾七貫四百六拾弐文ニ売払、都合弐朱判一片・銭弐拾七貫廿文之内銭八百七文所持罷在、其余者不残給もの・博奕等ニ遣ひ捨候段不届ニ付、牧越中守殿江相伺候上、書面之通御仕置申付候、

一　辰四月廿七日
急度叱

大津九軒町
越後屋嘉左衛門借家
働人萬助後家
つ　ま

是者悴三太儀身持放埒ニ付、去々夘正月勘当致候処、去ル丑年以来盗致候儀吟味ニ付承リ驚入候旨申之候得共、勘当不致以前同居乍致盗致候儀不存、等閑ニ致置候段不念之至ニ付、牧越中守殿江相伺候上、書面之通御仕置申付候、

一　去辰正月廿五日入牢
辰四月廿七日
重敲京都構大津払

江州滋賀郡大江村
小屋下
又次郎

是者去々夘十二月十六日夜、大津土橋町芝居并右近辺町方ニ而女之差居候かうかひ・かんさし物数五品盗取、右之内弐品者売払代金壱分請取、壱品者質屋江預ケ銭五百文請取、弐品者旅籠屋下女江遣シ、右売払借リ取候金銭共不残給ものニ遣ひ捨候段不届ニ付、牧越中守殿江相伺候上、書面之通御仕置申付候、

一　辰四月廿七日
過料銭三貫文

大津上北町
井筒屋善　太　郎

是者又次郎盗取候品与ハ不存、かんさし壱本預り銭五百文貸遣候旨申之候得共、得与出所茂不相糺盗物預り置、剰質屋商売乍致請人茂無之質取候同然之致方不埒ニ付、牧越中守殿江相伺候上、預り置候品取上ヶ、貸置候銭損失之上、書面之通御仕置申付候、

一急度叱　辰四月廿七日

大津下関寺町
吉野屋とわ下女
あ　さ

是者又次郎ゟ鼈甲かうかひ壱本・かんさし壱本貰請候旨申之候得共、右品者又次郎盗物ニ候処、右躰之品貰請候段不念ニ付、牧越中守殿江相伺候上、右品取上ヶ、書面之通御仕置申付候、

一急度叱　辰四月廿七日

大津橋本町
木屋忠兵衛妻
ち　よ

是者去々夘十二月、夫忠兵衛留守中小屋下又次郎ニ被頼、かうかひ壱本・かんさし壱本隣家美濃屋与兵衛相頼代金壱分弐朱ニ売払遣、右之内金壱分又次郎江相渡、弐朱者世話料ニ取置候旨申之候、右品々ハ又次郎盗取候品之由吟味ニ付承候旨申之候得共、出所も得与不相糺不相応之品売払遣、剰又次郎江相対茂不致、弐朱判一片為世話料請取置候段不埒之至ニ付、牧越中守殿江相伺候上、右弐朱判取上ヶ、書面之通御仕置申付候、

一急度叱　辰四月廿七日

大津橋本町
美濃屋与兵衛

是者去々夘十二月、隣家忠兵衛妻ちよゟ鼈甲かうかひ壱本・かんさし壱本代金壱分弐朱ニ買取、右品馬場町冨永屋佐助江代金弐分弐朱ニ売払候由申之候、右品々ハ又次郎盗物ニ候処、出所茂得与不相糺、ちよ任申旨右躰之品買請売払候段不埒ニ付、牧越中守殿江相伺候上、（朱筆）右代金取上ヶ書面之通御仕置申付候、

一急度叱　辰四月廿七日

大津馬場町
冨永屋佐助

是者抱女村戸差居候かうかひ・かんさし去々夘十二月被盗取候旨先達而訴出候、其後美濃屋与兵衛ゟ鼈甲かうかひ・かんさし買調村戸江可遣与見セ候処、右之内かんさしハ先達而被盗取候品之由目覚有之候旨申候付、与兵衛江懸合相糺居候由、右品々ハ又次郎盗物ニ而木

屋忠兵衛妻ちよ相頼売払候由、吟味之上承候旨申之候得共、出所も不相紏右躰之品買請、殊右之内かんさしハ村戸被盗取候品之由申聞候ハヽ、早速其段可訴出処無其儀不念ニ付、牧越中守殿江相伺候上、買取候品取上ヶ、書面之通御仕置申付候、

大津下博労町
町中持借家
小松屋彦兵衛悴
無宿　次郎吉

一　去辰三月廿七日入牢
同十月十九日
引廻之上獄門

是者去ル丑年八月、大坂表ニ而安兵衛申合悪事致候付京都ニて被捕、同年十二月入墨之上重敲・重追放ニ相成候処、大津江罷越親彦兵衛方江茂折々罷越、同居致候処盗不相止、剰御構之場所江立入、去ル寅十二月以来大坂表并大津町ニ而夜分同類申合、五ヶ度者往来人之着類剥取、其上所持小刀ニ而手疵為負、壱ヶ度者店先ニ有之品盗取、壱ヶ度者商ひ荷物内ニ有之候銭盗取、壱ヶ度者町家表開戸錠おろし有之候を安兵衛手ニ而捻候得ハ肘壺抜ケ候由ニ而、安兵衛明ヶ候故這入、所々ニ而剥取盗取候銀九匁七分・弐朱銀壱片・銭弐貫四百文、着類其外物数五拾弐品代銭弐拾壱貫三百文ニ売払、右代銭并盗取候銀銭共都合銀九匁七分、弐朱銀壱片、銭弐拾三貫文之内銀八匁六分、銭拾弐貫弐百八拾八文ハ安兵衛并無宿安・同岩分ケ取、残銀八匁六分・銭拾壱貫四百拾弐文不残給もの等ニ遣ひ捨候儀共、重々不届至極ニ付、戸因幡守《(戸田因幡守)》殿江相伺候上、書面之通御仕置申付候、

大津葛原町
井筒屋善四郎借家
越前屋庄吉悴
無宿　安兵衛

一　去辰三月廿七日入牢
同十月十九日
引廻之上獄門

是者去ル丑年八月、大坂表ニ而次郎吉申合悪事致候付京都ニ而被捕、同年十二月入墨之上重敲・重追放ニ相成候処、大津江罷越親庄吉方ニ長々同居致罷在候処盗不相止、剰御構之場所江立入、去辰正月以来大坂表并大津町ニ而夜分同類申合、壱ヶ度ハ往来人之着類剥取、壱ヶ度者町方表開戸錠おろし有之候を手ニ而捻候得者肘壺抜ケ候付、明ケ遣次郎吉壱人這入、壱ヶ度ハ門く

くり戸内ゟ掛かね掛ケ有之候を竹へら ニ而突、くくり戸押明ケ這入、右所々ニ而剥取・盗取候銀四匁七分・銭四百文、着類其外物数四拾四品代銭拾六貫文ニ売払、右代銭并盗取候銀銭共都合銀四匁七分・銭拾六貫四百文之内銀弐匁三分五厘・銭九貫五百弐拾四文ハ次郎吉并無宿岩分け取、残銀弐匁三分五厘・銭六貫八百七拾六文不残給もの等ニ遣ひ捨候儀共重々不届至極ニ付、戸因幡守殿江相伺候上、書面之通御仕置申付候、

一辰十月十九日
居町払

大津下博労町
町中持借家
無宿次郎吉親
小松屋彦兵衛妻
ま さ
同人悴
伊 八
小 三 郎

是者御構有之次郎吉折々同居為致、其上隣家長兵衛方ニ数日罷在、其外明キ家等ニ隠レ居、去ル寅十二月以来安兵衛申合大坂表并大津町ニ而盗致、其上往来人之着類剥取、剰手疵為負候儀共曽而不存旨申之候得共、御構之もの折々同居為致候段不届ニ付、戸因幡守殿江相伺候上、書面之通御仕置申付候、

一辰十月十九日
居町払

大津葛原町
井筒屋善四郎借家
無宿安兵衛親
越 前 屋 庄 吉
同人妻
か ね
同人悴
音 吉
子 之 助
同人娘
し け

是者御構有之安兵衛長々同居為致、去辰正月以来次郎吉申合大坂表并大津町ニ而盗致、其上往来人之着類剥取、剰手疵為負候儀共曽而不存旨申之候得共、御構之もの長々引入同居為致候段不届ニ付、戸因幡守殿江相伺候上、書面之通御仕置申付候、

一存命ニ候得者両人共
過料銭五貫文宛

大津下博労町
町惣代
又左衛門
新 六

是者御構有之次郎吉儀、親彦兵衛方并隣家長兵衛方ニ同居致罷在、其外明キ家等ニ隠レ居候儀共曽而不存旨

申之候得共、町役茂引請乍相勤不存段不念ニ付、戸因幡守殿江相伺置候処、両人共病死致、書面之通御下知相済申候、

一 辰十月十九日
家主年寄江過料銭三貫文宛
五人組町惣代江過料銭弐貫文宛

大津葛原町
家主　井筒屋善四郎
年寄　九兵衛
五人組　新六
同　市兵衛
町惣代　久兵衛

是者御構有之安兵衛儀、親庄吉方ニ長々同居致シ罷在、其外明キ家等ニ隠レ居候儀共曽而不存旨申之候得共、家主并町役茂乍相勤不存段不念ニ付、戸因幡守殿江相伺候上、書面之通御仕置申付候、

一 去辰三月廿七日入牢
同十月十九日
入墨之上重敲近江国中払

大津上火打町ニ前方居候
津国屋久助悴
無宿九右衛門

是者去々卯十一月以来大津其外町方寺等ニ而七ヶ度盗致、六ヶ度ニ而者表口又者裏口等〆り無之戸明ヶ這入、且被雇先江請取可帰（返）銭横取致、右銭共八貫弐百拾弐文・粟壱斗五升、着類其外物数弐拾三品之内弐品者着用ニ致、残弐拾壱品并粟共売払、又者質物ニ置貰ひ、都合銭拾三貫三百六拾文之内五百文所持罷在、其余者借銭返済・質物世話料・給もの等ニ遣ひ捨候段不届ニ付、戸因幡守殿江相伺候上、書面之通御仕置申付候、

一 辰十月十九日
過料銭三貫文

大津下片原町
糀屋半兵衛借家
糀屋佐助妻
いさ

是者九右衛門盗取候品与者不存旨申之候得共、出所茂得与不相糺、半兵衛印形借請、夫佐助質請人名前を以着類其外物数拾五品質物ニ差置き遣シ、乍少々世話料貫ひ候段不埒ニ付、戸因幡守殿江相伺候上、書面之通御仕置申付候、

一 辰十月十九日
過料銭三貫文

大津下片原町
糀屋半兵衛

是者九右衛門盗取候品与ハ不存旨申之候得共、いさ任申旨質品出所茂不相糺印形貸遣、盗物之品質物ニ差置遣候段不埒ニ付、戸因幡守殿江相伺候上、書面之通御

仕置申付候、

一辰十月十九日
急度叱
大津下片原町
糀屋佐助

是者妻いさ儀九右衛門ニ被頼、着類其外物数拾五品質物ニ置遣候儀、いさ半兵衛ゟ不申聞候故不存旨申之候得共、同居乍致右躰之儀不存段不念ニ付、戸因幡守殿江相伺候上、質代銭償之上、書面之通御仕置申付候、

一辰十月十九日
過料銭三貫文
大津顕証寺領南町
山形屋しけ借家
丹波屋惣兵衛

是者九右衛門任申旨銭弐貫三百九拾文貸遣、其上出所も得与不相糺、盗物之品着類六品売払遣、右代銭之内ニ而取替置候銭返済為致候段不埒ニ付、戸因幡守殿江相伺候上、書面之通御仕置申付候、

一辰十月十九日
急度叱
大津上京町
布屋嘉兵衛

是者糀屋佐助妻いさゟ着類其外物数拾五品質物ニ取置、且丹波屋惣兵衛ゟ着類六品代銭弐貫五百四拾八文ニ買請候旨、右品々無宿九右衛門盗物ニ候処、出所も得与不相糺不念之至ニ付、戸因幡守殿江相伺候上、右品々取上ヶ、質代銭請人江償申付、書面之通御仕置申付候、

一辰十月十九日
急度叱
大津上京町
米屋清八

是者無宿九右衛門盗物之品与ハ不存旨申之候得共、出所茂得与不相糺、粟壱斗五升代銭六百九拾文ニ買請、右品代銭七百四拾八文ニ売払候段不念之至ニ付、戸因幡守殿江相伺候上、売払候代銭取上ヶ、書面之通御仕置申付候、

去辰六月十三日入牢
一同十月十九日
入墨之上重敲近江国中払
江州滋賀郡松本村之内
枯木町
町中持借家
関屋善右衛門悴
善三郎

是者去ル寅年十二月以来、昼之内大津町家八ケ所ニ而座鋪・台所・見世等ニ有之銀弐拾八匁八分・銭七貫八百文盗取、右之内銭壱貫六百文ハ取持罷在、其余銀・銭不残泊り銭・給もの等ニ遣ひ捨候儀共不届ニ付、戸因幡守殿江相伺候上、書面之通御仕置申付候、

一　辰十月十九日
　　急度叱
　　　　　　　　　　　　右善三郎
　　　　　　　　　　　　　親　善右衛門
　　　　　　　　　　　　　母　よそ

是者悴善三郎盗致候儀曽而不存、吟味ニ付承り驚入候旨申之候得共、同居罷在候得者兼而心を付可申処、等閑ニ打過候段不念之至ニ付、戸因幡守殿江相伺候上、書面之通御仕置申付候、

一　辰十月十九日
　　急度叱
　　　　　　　　　　大津下東八町
　　　　　　　　　　　　小雑屋庄三郎
　　　　　　　　　同所下西八町
　　　　　　　　　　　　岸本屋太兵衛
　　　　　　　　　同所同町
　　　　　　　　　　　　中野屋儀兵衛

是者去ル寅十二月以来南笠村善次郎と申、為泊呉候様申参候付度々為泊候処、右者善三郎与申所々ニ而盗致、旅籠代ニ請取候銭も盗銭之由、吟味ニ付承候旨申之候得共、身元淵底も不存もの度々為泊候段不念之至ニ付、戸因幡守殿江相伺候上、書面之通御仕置申付候、

一　去辰六月十三日入牢
　　同十月十七日牢死
　　存命ニ候得者入墨之上
　　重敲近江国中払
　　　　　　　　　　大津上京町
　　　　　　　　　　　坂本屋新三郎後家ゑん勘当悴
　　　　　　　　　　　　佐次右衛門事
　　　　　　　　　　　　　無宿　浄生

是者去々夘十一月以来、暮方又者宵之内大津町家九ヶ所江罷越、表戸〆り無之ニ付明ケ這入、銭四貫三拾文・白米弐斗七升余、着類其外物数拾七品盗取、内拾品売払、右代銭共都合銭八貫弐百拾壱文之内、銭壱貫弐百四拾八文・着類七品所持罷在、其余之銭不残給もの・博奕等ニ遣ひ捨候段不届ニ付、戸因幡守殿江相伺置候処、牢死致、書面之通御下知相添申候、

一　去辰八月十九日入牢
　　同十月三日牢死
　　存命ニ候得者入墨之上
　　重敲近江国中払
　　　　　　　　　　大津顕証寺領南町
　　　　　　　　　　　大工彦兵衛借家
　　　　　　　　　　　　山科屋源六

是者去辰七月廿九日夜、町方表戸細目ニ明キ有之候付明ケ這入、台所ニ有之候着類八品并銭箱壱ツ、内ニ有之候銭百八拾文共盗取迯去り、銭箱ハ途中ニ而捨、其余品々取持致罷在候段不届ニ付、戸因幡守殿江相伺置候処、牢死致シ、書面之通御下知相済申候、

一 辰十月十九日
急度叱　　　　　　右源六妻
　　　　　　　　　　ま　さ

是者夫源六儀去辰七月廿九日夜、着類八品持帰候付様子相尋候処、子共とも二朝夕飯給させ兼余り不便ニ存、質物ニ置可申与心易方ニ而借り参候旨申之候得共、夜更候而外ゟ借参候儀有之間敷、若ハ何方ニ而歟盗取参候儀ニ而可有之品々差戻候様申聞候処、差戻可申旨申之、翌晦日夜右品々持出候処差返候儀と存候処、右品々ハ伊助方ニ而盗取候旨吟味ニ付承り驚入候旨申之、馴合候筋不相聞候付、戸因幡守殿江相伺候上、書面之通御仕置申付候、

一 去々
卯十二月廿五日入牢
辰五月十一日江戸払　　河州安宿郡国分村
　　　　　　　　　　　　徳兵衛

是者江州土山宿神宮寺和州新口新堂村ニ而守札弘会所相建所、右会所江罷越、会所ニ罷有候名前不存もの江申談、右守札相渡候番付札を買取、写富与号シ無宿共江取弘させ、国分村清助・銀七を雇世話為致、居宅ニ而富突ニ紛敷儀興行いたし、不届ニ付、吟味之趣桑原伊豫守殿・久世丹後守殿江伺之上、書面之通御仕置申付候、

一 辰五月十一日
急度叱　　　　　　右徳兵衛女房
　　　　　　　　　　つ　ま

是者夫徳兵衛内々ニ而写富いたし候旨に申聞候ハヽ、得与子細承り不宜儀与可心付処、無其儀段不埒ニ付、吟味之趣桑原伊豫守殿・久世丹後守殿江伺之上、書面之通御仕置申付候、

一 辰五月十一日
過料銭三貫文宛　　同村
　　　　　　　　　百姓
　　　　　　　　　　清　助
　　　　　　　　　清八忰
　　　　　　　　　　銀　七

是者徳兵衛写富いたし候旨申聞候を得与子細も不承糺、被雇賃銭を取世話いたし候段不埒ニ付、吟味之趣、桑原伊豫守殿・久世丹後守殿江伺之上、書面之通御仕置申付候、

一 辰五月十一日
過料銭三貫文　　　同村
　　　　　　　　　髪結
　　　　　　　　　　喜　八

是者徳兵衛方江懸銭を持参相付候段、不埒ニ付、吟味

之趣桑原伊豫守殿・久世丹後守殿江伺之上、書面之通
御仕置申付候、

一辰五月十一日　　　　　　　　　　　　同村
急度叱　　　　　　　　　　　　　　　　徳兵衛家主
　　　　　　　　　　　　　　　　　　　　伊兵衛
是者徳兵衛居宅ニ而富突ニ紛敷儀、数日興行いたし候
を不存段、兼々申付方不行届等閑之至ニ付、吟味之趣
桑原伊豫守殿・久世丹後守殿江伺之上、書面之通御仕
置申付候、

一辰三月廿七日入牢　　　　　　　江州野洲郡水保村
同十二月十九日死罪　　　　　　　百姓清七勘当悴
　　　　　　　　　　　　　　　　　　無宿宇之助
是者盗仕候料ニ而先達而入墨之上、重敲御仕置ニ相成、
親清七も勘当帳外いたし候処、猶又盗可致与存、村内
氏神之森ニ隠罷在、戸田村善兵衛宅壁を破懸かねをは
つし這入、木綿袷・穀物・糸・銭等盗取、水保村要蔵
宅も壁を切破這入、米并木綿綿入羽織盗取、煙亡太郎
兵衛方ニ而者仕廻置候鎰尋出し、戸を明這入、米盗取
其外所々百姓〆り無之、或者人不居合所ニ而穀物・
糸・銭等度々ニ盗取、又者生洲之魚、畑作之品等所々
ニ而盗候段不届ニ付、吟味之趣桑原伊豫守殿江伺之上、
書面之通御仕置申付候、

一辰十二月九日　　　　　　　　稲葉丹後守領分
過料銭三貫文　　　　　　　　　同郡播磨田村
　　　　　　　　　　　　　　　百姓
　　　　　　　　　　　　　　　　半　六
是者無宿ニ成候宇之助を得与子細も不糺為致一宿、其
上盗物与者不存候得共、同人任相頼候木綿袷壱売払遣
候処、紛失もの之由平八申聞候ハヽ、早速其筋江可訴
出処、代銭償ひ内証ニ而取戻シ平八江相渡候段旁不埒
ニ付、吟味之趣桑原伊豫守殿江伺之上、書面之通御仕
置申付候、

一辰五月十九日急度可申付処　　　　同郡戸田村
非人之義ニ付、相当之咎可申付旨　　　番非人
申渡、非人頭江引渡ス　　　　　　　　平　八
是者宇之助を差押候上盗いたし候由申候ハヽ、早速村
役人江可申立処、紛失もの内証ニ而取戻シ、宇之助を
迯遣之段不埒ニ付、吟味之趣桑原伊豫守殿江伺之上、

書面之通御仕置申付候、

渡辺駿河守領分
右戸田村
百姓　平兵衛

稲葉丹後守領分
同村
同　嘉十郎

分部若狭守領分
同郡矢橋村
同　甚藤

一　辰十二月十九日
急度叱

是者盗いたし候者宇之助仕業之由ニ候ハヽ、村役人江申立其筋々江可訴出候処、紛失之品共平八取戻差掛候迚、内証ニ而請取置候段不埒ニ付、吟味之趣桑原伊豫守殿江伺之上、書面之通御仕置申付候、

一　辰十二月十九日急度可申付処
煙亡之義ニ付相当之咎可被申付旨
申渡非人頭江引渡遣

右水保村
煙亡
太郎兵衛

是者盗いたし候者宇之助仕業与心付候由村役人江可申立処、親清七江懸合被盗候米内証ニ而取戻、不足之分ハ代銭ニて請取候段不埒ニ付、吟味之趣桑原伊豫守殿江伺之上、書面之通御仕置申付候、

一　辰十二月十九日庄屋者
過料銭三貫文年寄ハ
急度叱

右水保村
庄屋
紋次
年寄
徳右衛門

是者村方帳外いたし候宇之助先達而氏神之森ニ隠レ罷在候も不存、病気ニ候迚親清七軒下ニ差置候をも等閑ニいたし置、其上要蔵被盗候羽織取上候ハヽ、支配役所江伺可請指図処、其心付も無之、要蔵江相渡候段不念之至ニ付、吟味之趣桑原伊豫守殿江伺之上、書面之通御仕置申付候、

一　辰十二月廿一日
急度叱

多羅尾四郎右衛門御代官所
江州甲賀郡土山宿
神宮寺別当
稔天

是者弟子智賢儀、河州国分村徳兵衛写富ニ紛敷儀仕候一件付吟味筋御座候処、当閏正月中致出奔候付行方尋申付置候処、度々日延之上不尋出不埒ニ付、吟味之趣桑原伊豫守殿江伺之上、書面之通御仕置申付候、

江州伊香郡金いはら村
百姓四郎太夫勘当悴
一辰十二月廿五日入牢　無宿　兵四郎
大津清水町持借家
一辰十二月廿五日入牢　長浜屋与惣次郎
是者盗仕候付入牢申付、未吟味中ニ御座候故、当巳年
江越申候、
右之外拙者御代官所河内・摂津・和泉・大和・近江・
美濃国村々、去辰年死罪・遠嶋・追放・所払并入牢之
もの無御座候、以上、
己巳正月　石原清左衛門

二［吟味・諸伺・口上他覚］

1［宗門住持継目ニ付寺社役所へ口上覚］

口上覚

一本則扣帳面吟味仕候処、俊鳴与申名前御座候得共、江州辺江罷出候者ニ無御座候、難相分奉存候、

一当宗門本則之儀者住持一代限ニ而、住持継目之節者本則相改継印仕候、若継印請不申候本則之分ハ取揚申候得共、前々住勇志儀一月寺江位転仕候節、本則帳面持参仕紛失仕候付、凡八、九年以前之本則之内難相分儀も御座候、且本則所持之者俗用ニ而、或者遠国江罷越継印無之ものも御座候得共、都而一宗之規矩ニて当住継印無之本則之もの万一宗門姿ニ而罷出候得共、右本則与申無印僧同様宗罰申付候、且本則所持之ものニ而茂役僧并門弟共指図無之候得者、宗門姿ニ而差出不申候、若差図無之宗門姿ニ而罷出候得者、是又宗罰申付候、俊鳴儀右申上候右本則之者ニ可有之哉与乍恐奉存候得共、本則相致当寺本則ニ相違無御座候ハヽ、引受

頭註

可申旨役僧共江申付候、以上、

普大寺印
看主
猶　犠判

辰十二月廿七日

寺社
御役所

(頭註)「此書付井上河内守家来小池太郎左衛門持参差出ス、本紙ハ差返ス、」

以切紙致啓達候、然者円満院宮ゟ被差出候宿所届書一通傳　奏衆ゟ御到来ニ付差進申候、右可得御意如此御座候、以上、

十二月廿九日　水原摂津守

石原清左衛門様

以切紙致拝見候、然者円満院宮ゟ差出候宿所届書壱通傳　奏衆御到来ニ付被遣候、落手仕候、右為貴答如此御座候、以上、

正月七日　石原清左衛門

水原摂津守様

2 〔三枝土佐守収納米代銀ニ付口上書〕

口上書

一三枝土佐守収納米、去十一月廿七日入札取之、十二月十八日限代銀相納候儀定ニ而落札、買主当津蔵橋町鍵屋次助江米高百七拾六俵相払、此代銀五貫五百七拾五匁五分七厘日限通不相納候付、仲伝右衛門数度催促仕候処、当所新町米屋伊八・馬場町近江屋仁兵衛与申者共取扱、漸当正月四日迄右代銀之内四貫目余相納、残銀壱貫五百七拾壱匁四分三厘不納仕候付厳敷催促仕候処、当正月十五日迠日延被下候ハヽ、無滞急度皆納可仕旨、右両人達而申ニ付無拠相待候所一向不埒之申方ニ付、不得止事御届申上候、右鍵屋次助被　召出、残銀不納済方被　仰付被下度奉願候、且又右ニ付御尋之儀も御座候ハヽ、仲堅田屋伝右衛門江御尋被下候様仕度奉存候、以上、

天明五巳年正月

三枝土佐守家来
山本郡蔵印

大津
御役所

3 ［山城淀小橋大破修復ニ付入札触］

頭註

城州淀小橋大破ニ付御修復入札有之候間、望之もの者来月朔日ゟ同五日迠之内、寺町通丸太町上ル所中井主水方江家持請人召連参根帳ニ附、仕様帳写取場所見届、直段相考、同九日四ツ時和泉於御役所札披候間、此旨可相職触もの也、

巳正月廿九日

（頭註）「右触書津内相触候様、東公事方ゟ亮助江相渡候付、差紙正月晦日相触ル、」

4 ［土方主膳収納米入札ニ付剪紙］

以剪紙申上候、然者土方主膳収納米三拾五俵、去十二月以入札倉橋町鍵屋次助方江相払申、則代金弐拾両端銀四分之処、内江金拾四両弐朱請取之、残金五両三分弐朱端銀四分不納仕候付、蔵元八文字屋与兵衛方ゟ段々催促仕候得共、未タ皆納不仕候而難渋ニ奉存候、何卒右残金急ニ相納候様被為　仰付被下度奉願候、此段宜敷御執成被仰上被下度奉頼上候、以上、

巳
正月

土方主膳内
奥村平兵衛印

石清左衛門様
御役人中様

5 ［木下左門収納米御払ニ付書状］

一筆致啓上候、今以余寒退兼候得共、各様弥御堅栄被成御勤役珍重奉存候、然者左門収納米其御表蔵元塩屋喜兵衛方ニおゐて相払申候処、鍵屋治助ゟ買請候代銀差滞ニ相成、依之無拠蔵元喜兵衛ゟ其　御役所江右滞銀之儀相立候様被　仰付被下度御願奉申上候様申付置候、依之喜兵衛ゟ以書付御願可奉申上候間、御苦労之御儀奉存候得共、右滞銀致皆納候様宜被　仰付被下候様奉頼上候、乍略儀以書中右之段御頼申上度、如斯御座候、恐惶謹言、

正月廿五日

木下左門内
安福久左衛門
宇野理右衛門

石原清左衛門様
　　御役人中様

6 〔久世大和守卒去ニ付鳴物停止触〕

久世大和守殿去月廿四日卒去ニ付、今日より明後三日迠鳴物停止候、普請之儀者構無之候間、可被得其意候、尤為伺御機嫌、明二日四時戸因幡守殿御宅江御越可有之候、以上、

二月朔日　　山崎大隅守
　　　　　　丸毛和泉守

石原清左衛門殿

7 〔江州舟木村運上木材御払覚〕

覚

元木数弐万千七百本
一運上木数弐千百七拾本　　御払

右者去辰七月ゟ同十二月迠、江州高嶋郡船木村番所ニ被取立候伐木、十分一運上木御払之分入札、来ル十三日於彼地札披之積、例之通彦根・長浜・八幡・草津・大津・船木村江入札触差出申候、則運上木数品訳帳壱冊相添此段申上候、以上、

頭註

巳二月　　石原清左衛門

（頭註）「此書付二月四日京都へ差登候、取締方役所へ差出候様、小林亮助方へ申遣、」

以切紙致啓上候、春暖相催候処、弥御堅勝被成御勤珍重奉存候、然者江州高嶋郡船木村御運上材木、於右番所別帳之通木品来ル十三日入札之上御払被仰付候間、彦根御表并長浜材木屋共望之ものハ別紙書付之趣承知仕、入札持参罷出候様御役人衆ゟ御達御座候様仕度奉存候、依之材木入札帳弐冊・覚書弐通進達仕候、右之段貴意候様、清左衛門申付、如此御座候、以上、

二月四日　　田中竜右衛門
　　　　　　若山彦市
　　　　　　徳田佐五右衛門

川手文左衛門様

江州朽谷（ママ、木欠カ）ゟ安曇川江出候船木村ニ有之候十分一御運上御材木、別紙帳面之通此度御払ニ相成候間、早々写取望之もの者来ル十二日迄之内船木村江罷越木品見届、代銀者札披日ゟ四十日限船木村御番所江上納之積を以廉落入札可仕候、翌十三日於右御番所札披有之候間、証人召連罷出候様御達有之候様御取計可被下候事、

巳二月

御書付致拝見候、如仰暖気ニ趣候処、弥御堅固被成御勤、珍重奉在候、然者舟木村御運上伐木入札帳弐冊・覚書弐通被遣、正ニ致落手候、例之通彼之方江早速可申遣候、比段宜敷被仰上被下候、奉頼候、折節用事麁言御免被成可被下候、以上、

二月四日　川手文左衛門

徳田佐五右衛門様
若山彦市様
田中竜右衛門様

8 ［大津町欠所屋敷覚］

金塚町高嶋屋勘六欠所家屋敷壱ヶ所

表口四間五寸
裏幅同断
裏行拾四間五尺弐寸　但壱軒役

右壱ヶ所之事、代銀弐拾三匁五分、一文字屋市左衛門買得無紛もの也、

天明五巳年
二月　石清左衛門印

右同断
買主
一文字屋市左衛門

上大門町馬持新六欠所家屋敷壱ヶ所

表口三間四尺四寸
裏幅三間四尺弐寸　但壱軒役
裏行拾五間

右壱ヶ所之事、代銀壱匁六分、百姓清兵衛買得無紛もの也、

天明五巳年
二月　石　清左衛門印
右同断
買主
百姓清兵衛

水揚町坂本屋喜兵衛欠所家屋敷壱ヶ所
表口三間五尺八寸
裏幅同断
裏行八間壱尺五寸　但壱軒役
右壱ヶ所之事、代銀弐匁六分、二文字屋甚兵衛買得無紛もの也、
天明五巳年
二月　石　清左衛門印
右同断
買主
二文字屋甚兵衛

水揚町松屋久助欠所家屋敷壱ヶ所
表口弐間五尺八寸
裏幅同断
裏行八間五尺三寸　但壱軒役
右壱ヶ所之事、代銀弐匁弐分、二文字屋甚兵衛買得無紛もの也、
天明五巳年
二月　石　清左衛門印
右同断
買主
二文字屋甚兵衛

水揚町油屋宇兵衛欠所家屋敷壱ヶ所
表口壱間六尺
裏幅壱間六尺弐寸
裏行拾三間　但壱軒役
右壱ヶ所之事、代銀八分、二文字屋甚兵衛買得無紛もの也、
天明五巳年
二月　石　清左衛門印
右同断
買主
二文字屋甚兵衛

9 ［上方八ヶ国内異変等取捌方申合ニ付大津代官・大坂町奉行取替切紙］

御切紙致拝見候、然者其表町方ニ而盗いたし候もの御召捕一通り御糺有之候処、当表北堀江三丁目田邊屋仁兵衛借家路次之内榎並屋喜兵衛与申もの之由申之候間、右家内之もの他参留并諸道具等不取散様可申付旨御紙面之趣致承知候、則組之者差遣家財為改封印申付置候、尤家内之者共ハ他参留与御申越有之候得共、不念有之候而者如何ニ付所預申付置候、然処、上方八ヶ国之内御料所村方异変取計之儀ニ付、先達而御勘定奉行ゟ申越候ヶ条之内、御料所村方ニ而盗賊火付等召捕候ハヽ、他領之ものニ而も無宿ニ而も縦他支配・私領等ニ引合者勿論、同類有之候共御代官ニ而吟味為致、并右御代官ニ而吟味為致候、引合ニ伏見・京都・大坂・奈良・堺町方之もの加り候ハヽ、其所之奉行所江御代官ゟ申達一件奉行所之取捌与存候旨申来候、右之趣ニ而者此度御申聞之盗賊者拙者共支配町方之者ニ候処、右躰之儀御申聞有之候、先例差当り不相見候付一応及御掛合候、否尚又御申越有之候様ニ与存候、以上、

十二月廿八日　小田切土佐守
佐野備後守

石原清左衛門様

貴答拝見仕候、然者当表町方ニ而盗いたし候もの召捕一通り相糺候処、其御地北堀江田邊屋仁兵衛借家路次之内榎並屋喜兵衛与申もの之由申之候付、右家内之もの他参留并諸道具等不取散様被仰渡被下度得貴意候処、則御組被差遣家財改之上封印被仰付置候旨、尤家内之もの共ハ他参留与得貴意候得共、不念有之候而ハ如何思召候付所預被仰付置候、然処、上方八ヶ国之内御料所村方异変取計之儀付、先達而御勘定奉行中ゟ申来有之候ヶ条之内、御料所村方ニ而盗賊火付等召捕候ハヽ、他領之ものニ而も無宿ニ而も、縦他支配・私領等ニ引合者勿論、同類有之候とも御代官ニ而吟味致、并右御代官ニ而吟味為致候、引合ニ伏見・京都・大坂・奈良・堺町方之もの加り候ハヽ、其所之奉行所江御代官

ゟ申達一件奉行所之取捌与存候旨申来有之候処、右之趣ニ而者此度得貴意候盗賊者御支配町方之ものニ候処、右躰之儀得貴意候、先例差当無御座候付一応御掛合被成候間、否猶又得貴意候様御紙面之趣委細承知仕候、大津町之儀先年者京都町奉行中支配ニ御座候処、先達而父清左衛門江支配被仰付候砌、京都町奉行中支配之節仕来之趣を以取計方伺相済、其之趣ニ取計来候付、大津町之儀御代官所村々与者違ひ、所司代江諸事伺之上取計候儀ニ而、盗賊吟味筋等掛合之もの有之候得者、他領之もの者勿論、奉行所御支配之ものニ而も御掛合之上拙者役所江呼出シ、吟味之上所司代江相伺一件落着申渡来候儀ニ而、京都町方之もの呼出候儀者年々度々有之、奉行所江掛合拙者方江呼出吟味いたし落着申渡、其外伏見町方之ものも度々呼出吟味致候儀有之、且其御地北久太郎町壱町目河内屋嘉兵衛儀盗賊掛合ニ付、去ル申年御掛合之上呼出吟味致、所司代江伺之上、去ル戌年拙者方ニ而落着申渡、并玉水町尾張屋七兵衛、上堺町河内屋弥兵衛借家嶋屋次兵衛同家丹波屋七兵衛儀も、去ル酉年御掛合之上呼出相糺候儀御座候間、左様御承知可被下候、右御再答為可得貴意、如斯御座候、以上、

正月廿一日　石原清左衛門

佐野備後守様

小田切土佐守様

御再報致拝見候、然者其表町方ニ而盗いたし候もの御召捕一通り御糺有之候処、当表北堀江田邊屋仁兵衛借家路次之内榎並屋喜兵衛与申もの之由申之候ニ付、右家内之者他参留并諸道具等不取散様可申付旨、先達而御申聞有之候ニ付、組之もの差遣家財改候上封印申付、家内之もの共ハ所領申付置候、然ル処、上方八ヶ国之内御料所村方呉変取計之儀付、先達而御勘定奉行ゟ申来候趣も有之候之処、此度御申聞候盗賊者当表町方之ものニ候処、右躰之儀御申聞候、先例差当り不相見候付、尚又否御申聞有之候様申進候処、大津町之儀者先年者京都町奉行支配ニ候処、先達而御支配所ニ被仰付

候砌、京都町奉行支配中仕来之趣を以取計方御伺相済、其趣ニ御取計有之候付、大津町之儀御代官所村々与者違イ、所司代江諸事御伺之上御取計有之儀ニ而、盗賊御吟味筋等懸り合之もの有之候得者、他領之もの者勿論、奉行所支配之ものニ而も御懸ヶ合之上者御役所江御呼出、御吟味之上所司代江御伺一件落着御申渡来り候由、且京都町方之もの御呼出有之候之儀者年々度々有之、奉行所江御懸ケ合御呼出御吟味之上落着御申渡、其外伏見町方之ものも度々御呼出御吟味ニ被及候儀有之、并当表之ものも盗賊懸り合ニ付、去ル申年御懸合之上御呼出被及御吟味、所司代江御伺之上落着御申渡有之、去ル酉年ニも当表之もの御呼出御糺候儀も有之候由、御申聞之趣委細致承知候、依之猶又御報旁如斯御座候、以上、

正月廿七日

小田切土佐守

佐野備後守

石原清左衛門様

10［知恩院方丈一行大津駅通行ニ付伺］

以手紙致啓上候、余寒候得共、弥御堅固御勤奉賀候、然者知恩院方丈入訖為御礼、来ル十三日出立関東へ罷下候、右ニ付前々之通宿々人馬差支無之様致度旨内々相願候、尤此度参府ニ付而も人馬成丈相減候得共、いつれも［ムシ］御朱印通ニ而者難相済旨、依之内々相願候儀ニ御座候、大津駅滞無之候得者宿々無滞由、何分前々知恩院方丈往来之節之振合可有之候、其振合を以御勘弁被遣候様致度、此段内々申聞候付貴様迠得御意候、宜被仰上可被下候、以上、

二月十一日

加藤次兵衛

小林亮助様

11［大津町屋敷譲渡ニ付書状］

一筆致啓上候、甚寒御座候へ共、弥御堅固可被成御勤珍重奉存候、然者此度大津湊町拙者持屋敷川毛五兵衛ら相譲申候、宜御取計可被下候、奉頼候、当年余日無御座候、来ル御目出度可得御意候、恐惶謹言、

十二月廿六日　　岡田庄五郎
兵安（花押）

石原清左衛門様

12［上方八ヶ国異変等取捌方ニ付再伺］

以切紙啓上仕候、然者無宿万吉与申もの召捕吟味仕候処、元紀州和哥山中之店八百屋平六勘当忰吉兵衛事万吉与申、当弐拾六才ニ罷成候由、去辰十月紀州表ニ而着類等盗取、其御地迯去り罷越候付、同月其御役所江被召捕、御吟味之上同年十二月入墨・敲ニ而門前払被仰渡候旨申之候、右申立候通御仕置被仰渡候儀相違無御座候哉否、貴答被仰下候様仕度奉存候、

一先達而得貴意候、其御地北堀江三町目田邊屋仁兵衛借家路次之内榎並屋喜兵衛一件ニ付、同人妻江相尋度儀御座候間、来ル十八日朝五時所役人附添当役所江罷出候様被仰渡可被下候、右之段為可得貴意、如斯御座候、以上、

二月十四日　　石原清左衛門

佐野備後守様
小田切土佐守様

京都新シ町御池下ル町
丹波屋道清勘当忰
庄助事
無宿　新兵衛
巳三拾才

頭註

右之もの大津町ニ而召捕候処、去々夘年二月京都ニ而被捕、同四月廿五日敲之上洛中払被仰付候処、盗不相止候付、又々去辰正月被捕、同五月二日入墨之上山城国中払被仰付候由申之候、右申口之通御仕置被仰渡候儀ニ御座候哉、御問会申上候、以上、

巳二月　　石原清左衛門

（頭註）「二月十六日小林亮助方へ差登ス、」

御切紙致拝見候、然者無宿万吉と申者御召捕御吟味有之候処、元紀州和哥山中之店八百屋平六勘当忰吉兵衛事万吉と申、当弐拾六歳ニ相成候由、去辰十月、紀州

表ニ而着類等盗取当表江迯去、同月当御役所江召捕吟味之上、同年十二月入墨・敲ニ而門前払申付候旨申之候由、右申立之通御仕置申付候儀無相違候哉否可申進旨致承知候、右万吉儀備後守懸りニ而無宿吉兵衛与申立、去辰弐拾五才ニ相成、召捕及吟味候処、紀州和哥山湊本町黒金屋次郎三郎居宅江這入、衣類等盗取候付、去辰十月十六日入牢、同年十二月五日入牢之上重敲申付、左様御心得候様ニと存候、

一先達而ゟ御懸合有之候、当表北堀江三丁目田邊屋仁兵衛借家路次之内榎並屋喜兵衛一件ニ付、同人妻まさ江御尋之儀有之候間、明十八日朝五時所之者附添、其御役所江罷出候様可申渡旨、御紙面之趣致承知候、則右之者呼出候上刻限無遅滞、明十八日五時所之者差添罷出候様申渡候、右為御報如斯御座候、以上、

二月十七日　　小田切土佐守

佐野備後守

石原清左衛門様

貴答拝見仕候、然者先達而得貴意候、其御地北堀江三町目田邊屋仁兵衛借家路次之内榎並屋喜兵衛一件ニ付、同人妻まさ江相尋度儀御座候間、昨十八日朝五時所之もの付添当役所江罷出候様被仰渡被下候様得貴意候付、右まさ并所役人付添右日限罷出候付、喜兵衛一件相糺候上書付取之、是迄之通所預ヶ申付、今十九日帰坂申付候間、左様ニ承知可被下候、且又無宿万吉与申もの召捕吟味仕候処、去辰十一月於其御役所入墨・敲ニ而御門前払被仰付候もの之由申之候付、申口之趣御問合得貴意候処、委細貴答被仰下承知仕候、右御再答為可得貴意如此御座候、以上、

二月十九日　　石原清左衛門

佐野備後守様

小田切土佐守様

13 ［大坂御宮修復御手当金貸付ニ付御触］

大坂
御宮御修復御手当金貸付所
京蛸薬師通東洞院東江入町
松平下総守
買得屋敷

右屋敷ニ而
御宮御修復御手当金貸付方取計、尤山城・大和・近江・丹波之内御料所を相除貸付候間、借り請望之もの者右貸付所江罷越可及対談候、勿論右貸付所之外ニ貸付取計候場所者無之候間、其旨可相心得候、右之通洛中洛外江可相触もの也、

巳二月廿三日

頭註

（頭註）「此触書京奉行所ゟ達ニ而津内江触流ス、」

14 ［権現様画像・紀伊大納言大津駅御泊ニ付書付］

権現様御画像来月三日大津駅御泊ニ付、同日ゟ翌四日迠車留被仰渡被下候様仕度、此段申上候、以上、

二月

石原清左衛門

紀伊中納言殿御下来ル七日大津駅御泊ニ付、明後五日ゟ来ル八日迠車留被仰渡被下候様仕度、此段申上候、以上、

巳三月三日

石原清左衛門

15 ［京奉行所ゟ無宿庄助召捕重敲追放ニ付届書］

新シ町御池下ル町
丹波屋道清勘当忰
無宿庄助

右之もの去々夘年二月二十七歳ニ而盗いたし候付召捕、同四月重敲洛中払相成候処、御構之場所江立入、又々盗いたし候付、去辰二月召捕、同四月入墨之上、山城国中払ニ相成候事、

巳二月

頭註

（頭註）「京奉行所ゟ来ル」

以切紙致啓上候、弥御堅固被成御勤珍重奉存候、然者別紙御届書壱通各様江進達仕候間、宜被仰上可被下候、以上、

頭註

三月四日　　石原清左衛門

加藤次兵衛様
福井甚右衛門様
小川清左衛門様
田中五太夫様

（頭註）「小林亮助方へ差遣ス」

16［傳奏衆ゟ円満宮被差出候書付一件］

以剪紙致啓上候、然者円満院宮ゟ差出候御書付一通、傳奏代衆ゟ到来ニ付差上申候、以上、

三月二日　　水原摂津守

石原清左衛門様

御剪紙拝見仕候、然者円満院宮ゟ差出候書付一通、傳奏代衆ゟ御到来ニ付被遣之落手仕候、右貴報可得貴意如斯御座候、以上、

三月四日　　石原清左衛門

水原摂津守様

17［大坂目付大津駅休ニ付状箱］

以切紙啓上仕候、然者大坂御目附奥田主馬・松平雅五郎被罷登、今日当駅休之処、御手前様方江之油紙包状箱壱被差出候ニ付、則為持進達仕候、以上、

三月四日　　石原清左衛門

丸和泉守様　上リ番緒苗
山大隅守様

以切紙啓上仕候、然者大坂御目附奥田主馬・松平雅五郎被罷登、今日当駅休之処、御手前様江之油紙包状箱壱被差出候ニ付、則為持進達仕候、以上、

三月四日　　石原清左衛門

小堀和泉守様

以切紙致啓上候、然者大坂御目附奥田主馬・松平雅五郎被罷登、今日当駅休之処、各様江封状壱通被差出候付致進達候、且又大坂町奉行衆江之油紙包状箱壱つ各様江相達候様被申候付致進達候、以上、

三月四日　石原清左衛門

角倉与一様
木村宗右衛門様

大坂御目付奥田主馬・松平雅五郎罷登、今日其駅休之処、自分共江之油紙包状箱一差出候付、被差越之致落手候、以上、

三月四日　丸毛和泉守
山崎大隅守

石原清左衛門殿

御切紙令拝見候、然者大坂御目付奥田主馬・松平雅五郎罷登、今日其駅休之処、拙者江之油紙包状箱壱差出候付、為御持被遣之致落手候、以上、

三月四日　小堀和泉守

石原清左衛門様

御剪紙致拝見候、然者大坂御目付奥田主馬・松平雅五郎被罷登、今日其駅休之処、拙者共江書状一通被差出候ニ付被遣之、且又大坂町奉行衆江之油紙包状箱壱拙者共江御達候様被申候ニ付、是又被遣何連茂致落手候、右為御答如此御座候、以上、

三月四日　角倉与一
木村宗右衛門

石原清左衛門様

18［城州淀小橋大破修復ニ付入札触］

頭註

城州淀小橋大破ニ付御修復再入札有之候間、望之もの者明十九日ゟ来ル廿一日迄之内、本町通丸太町上ル所中井主水方江家持請人召連参根帳ニ附仕様帳写取、場所見届直段相考、同廿四日四時和泉於御役所札披候間、此旨可相触もの也、

巳三月十八日

（頭註）「此書付京都奉行所ゟ達ニ付津内江触流ス」

19［運上材木御払代請取書付］

覚

一銀弐貫百壱匁九分五厘

右者去辰七月ゟ十二月迄御運上材木御払代銀書面之通請取申所、如件、

天明五巳年三月廿七日　牧川左一兵衛印
内堀伴九郎印
田中竜右衛門印

船木材木座惣代
小兵衛殿

覚

一銀拾弐枚半　材木座冥加銀
此銀五百三拾七匁五分　去辰年分皆納
一銀拾六匁壱分弐厘五毛　右口銀

右之通上納請取候所、如件、

天明五巳年三月廿七日　牧川左一兵衛印
内堀伴九郎印
田中竜右衛門印

船木材木座惣代
小兵衛殿

20［摂州住吉郡百姓召捕ニ付大坂町奉行所へ伺一件］

以切紙啓上仕候、然者怪敷躰ニ而致徘徊候もの召捕致吟味候処、摂州住吉郡南田邊村百姓源兵衛悴三平事無宿卯之助与申当弐拾七才ニ成候もの之由、去辰十二月ゟ其御地長町九町目八幡屋弥三郎与申旅籠屋ニ泊罷有候処、同宿致居候紀州和哥山中之庄八百屋平六勘当悴吉兵衛事無宿万吉与申当弐拾六才ニ成候もの、并京都新シ町御池下ル町丹波屋道清勘当悴庄助事無宿新兵衛与申当弐拾九才ニ成候もの申合、当正月八日夜、長町ゟ壱里余リ西南之方郡村名存不申百姓家裏ニ有之候土蔵切抜忍ひ入、銀六貫目金弐拾両盗取迯去リ候旨申之候、尤右卯之助儀、当所ニ而も悪事致候ものニ御座候、右金銀被盗主住居郡村名不相知候得共、若被盗主ゟ其

御役所江訴出名前等も相分リ有之候ハヽ、所之もの附添当役所江罷出候様被仰渡可被下候、右之段為可得貴意、如斯御座候、以上、

四月九日　石原清左衛門

佐野備後守様
小田切土佐守様

追而長町九町目八幡屋弥三郎与申もの江相尋度儀御座候間、来ル十三日朝五時所役人附添当役所江罷出候様、是又被仰渡可被下候、以上、

21 〔大津町中高宮布献上ニ付申上〕

一筆啓上仕候、然者大津町中ゟ例年之通、高宮布献上仕候付、為惣代惣年寄矢嶋藤五郎・町代堀猪三郎此度罷下候間、宜差図被成下候様仕度奉存候、右之段申上度、如斯御座候、以上、

四月十一日　石原清左衛門印

大遠江守様
桑伊豫守様

惣片名

22 〔摂州百姓召捕吟味一件ニ付大坂町奉行答書〕

御切紙致拝見候、然者怪敷躰ニ而致徘徊候者御召捕御吟味有之候処、摂州住吉郡南田邊村百姓源兵衛悴三平事無宿夘之助与申者、当弐拾七歳ニ成候もの之由、去辰十二月ゟ当表長町九町目八幡屋弥三郎与申旅篭屋ニ泊罷有候処、同宿いたし居候紀州和哥山中之店八百屋平六勘当悴吉兵衛事無宿万吉与申、当弐拾六歳ニ成もの、并京都新シ町御池下ル町丹波屋道清勘当悴庄助事無宿新兵衛与申、当弐拾九歳ニ成候もの申合、当正月八日夜長町ゟ壱里余西南之方郡村名存不申百姓家裏ニ有之候土蔵切抜忍ひ入、銀六貫目金弐拾両盗取逃去候旨申之候、尤右夘之助儀其表ニ而も悪事いたし候ものニ御座候由、右金銀被盗主住居郡村名不相知候得共、若被盗主ゟ当御役所江訴出、名前等も相分り有之候ハヽ、所之者付添其御役所江罷出候様可申渡旨御申聞

候趣致承知候、併被盗主住居郡村名等不相知儀ニ付、
相糺候上従是否可得御意候、右為御報、如此御座候、
以上、

四月十一日

小田切土佐守
佐　野　備　後　守

石原清左衛門様

追而長町九丁目八幡屋弥三郎江御尋之儀御座候之間、
来ル十三日〔ムシ〕（朝五ツ時カ）所役人付添其御役所江罷出候
様可申渡旨御紙面之趣致承知、則右之もの呼出候処、
弥三郎病気代親嘉兵衛ニ所之もの付添罷出候付、右刻
限無遅滞罷出候様申渡候、尤右弥三郎儀者父嘉兵衛同
家ニ罷有候ものニ付、此段為御心得得御意候、以上、

貴答拝見仕候、然者其御地長町九丁目八幡屋弥三郎江
相尋儀御座候間、当十三日朝五時所役人附添罷出候様
被仰渡被下候様仕度旨得貴意候付、右之もの御呼出被
成候処、弥三郎病気ニ付代親嘉兵衛ニ所之もの附添罷
出候付、右刻限無遅滞当方江罷出候様被仰渡候由、尤
右弥三郎儀者父嘉兵衛同家ニ罷在候ものニ御座候段被
仰下、御紙面之趣委細承知仕候、右嘉兵衛并所役人附
添、右日限罷出候付、無宿夘之助・万吉・新兵衛弥三
郎方ニ止宿いたし候儀付、一件相糺候上書付〔ムシ〕
付嘉兵衛儀吟味中遠方留申付候間、右之趣猶又被仰渡
置被下候様仕度奉存候、尤嘉兵衛并所役人今十三日帰
坂申付候、左様御承知可被下候、

一先達而得貴意候無宿夘之助・同万吉・同新兵衛申合、
金銀盗取候郡村名不相知候得共、若被盗主ゟ其御役所
江訴出、名前等も相分り有之候ハヽ、所之もの附添
当役所江罷出候様被仰渡被下候様仕度段得貴意候処、
被盗主住居郡村名等も不相知儀ニ付、御糺之上否可被
仰下旨御紙面之趣承知仕候、右御再答為可得貴意、如
斯御座候、以上、

四月十三日　　石原清左衛門

佐　野　備　後　守様
小田切土佐守様

追而無宿勇蔵与申もの、本文得貴意候無宿夘之助外

弐人之荷物を持徘徊いたし候付、召捕相糺候処、八幡屋弥三郎方ニ止宿いたし居候ものニ付、是又弥三郎相糺候上書付等申付候間、左様御承知可被下候、
以上、

23 ［大津表米切手取扱ニ付御届］

大津表米切手之儀是迄御役所ニ而御取扱御座候処、京都ゟ者相離候儀付差跨候間、以来私役所ニおゐて取扱
頭註
候様可致旨、尤取計方之儀者京都米切手同様相心得、難相分儀者御問合仕差支無之様可取計旨、此度御勘定奉行中ゟ申来候付、此段御届申上候、以上、

巳四月　　　　石原清左衛門

（頭註）「四月十六日京町奉行所へ差出ス」

24 ［摂州百姓召捕吟味一件ニ付付加書］

後
御切紙拝見仕候、然者此間得貴意候、当表ニ而召捕候無宿卯之助申口之内ニ、当正月八日夜長町ゟ壱里余西南之方郡村名不存百姓家裏ニ有之土蔵切抜忍入、銀六貫目・金弐拾両盗取候由申之候付、右金銀被盗主住居郡村名不相知候得共、若被盗主其御役所江訴出名前等も相分有之候ハヽ、所之者附添当役所江罷出候様被仰渡被下候様得貴意候付、御糺被成候処、当正月八日夜土井大炊頭領分摂州住吉郡平野郷中野村百姓せん所持之土蔵江盗賊這入、銀六貫目・金三拾両計、歩判拾五程、南鐐拾片程被盗取候由、其砌御役所江訴有之、右方角者東南之方ニ相当り候得共、右之外ニ似寄候訴無之、せん被盗候日限并銀子之員数似寄リ候様ニも被思召候付、右せんニ所之者差添早々当役所江罷出候様被仰渡候由、御紙面之趣承知仕候、右せん病気ニ付代悴吉右衛門ニ所之者付添、去ル十四日罷出候付、前文金銀被盗取候様子等相糺候処、銀六貫目・金三拾両、歩判拾五程、南鐐拾片程被盗候段申之、盗賊申口ニ者銀六貫目金弐拾両ゟ外盗取不申段申之、金拾三両三分・南鐐拾片せん申口齟齬致候付、猶又相糺候処、右金銀之内せん取遣候を失念いたし被盗取候儀と存、麁忽之

訴致候義与存候旨、悴吉右衛門申之候付書付等申付、追而可呼出旨申渡、今十六日帰坂申渡候間、左様御承知可被下候、右貴答為可得貴意、如此御座候、以上、

四月十六日　　石原清左衛門

佐野備後守様

小田切土佐守様

追而本文被仰下候、せん儀病気ニ付代悴吉右衛門与申もの罷出候間、右吉右衛門所之もの差添罷出候様被仰渡被下候由、承知仕候、以上、

前

以切紙致啓上候、然者此間御申聞有之候、其表ニ而被召捕候無宿宇之助申口之内ニ、当正月八日夜長町ゟ壱里余西南之方郡村名不存百姓家裏ニ有之土蔵切抜キ忍入、銀六貫目・金弐拾両盗取候由申之候由ニ而、右金銀被盗主住居郡村名不相知候得共、若被盗主ゟ当御役所江訴出名前等も相分有之候ハヽ、所之者付添其御役所江罷出候様可申渡段、御申聞之趣致承知相糺候処、当正月八日夜土井大炊頭領分摂刕住吉郡平野郷中野村百姓せん所持之土蔵江盗賊這入、銀六貫目・金子三拾両計り、歩判拾五程・南鐐拾片程被盗取候由、其砌土佐守御役所江訴有之、右方角者東南方之ニ相当り候得共、右之外ニ似寄候訴無之、せん被盗候日限并銀子之員数似寄候様ニも相見候間、右せんニ所之者差添早々其御役所江罷出候様申渡候、右為御報、如斯御座候、以上、

四月十二日　　小田切土佐守

佐野備後守

石原清左衛門様

追而本文ニ得御意候、せん義病気ニ付代悴吉右衛門与申もの罷出候之間、右吉右衛門ニ所之もの差添罷出候様申渡候、左様御心得可被成候、已上、

25［大津両替屋役銀取調通達雛形］

当表両替屋共役銀取調候付、右仲間天秤数相改候、然処、上方之儀者銀通用重キ之土地故、当津之儀、両替屋之外諸町人天秤所持致シ、自分ニ銀子を懸反古包等

ニいたし互ニ取引いたし来リ候付、物天秤数不相改候ハ而ハ難分儀も有之候間、一町限天秤数不洩様町役人ゟ相改、来ル廿七日迄書付可差出候、尤銀懸ヶ天秤又者諸代ロ物懸ヶ改候天秤等々無差別不洩様可書出候、若此度天秤数改候儀を心得違致シ取隠シ置候もの有之、追而及露顕候ハヽ、本人者勿論町役人迄も越度ニ相成候間、其旨相心得正路ニ可書出候、右之通大津町中江可申通事、

巳四月

何町

何商売 何屋 誰

銀懸改 天秤 何挺

代ロ物懸改 天秤 何挺

右者当町中相改候処、銘々所持仕候天秤数書面之通相違無御座候、若隠置候もの有之追而露顕仕候ハヽ、本人者勿論私共如何様之御咎ニも可被仰付候、以上、

巳月 何町

年寄 誰印

五人組 誰印

26 [米屋株質物ニ差入ニ付触書]

米屋株印札所持致居候もの勝手ニ付仲間外素人江質物ニ差入銀子調達いたし、其上身上不如意ニ相成家出等致候もの間々有之候、然ル処、右印札之儀者御蔵米買請居候もの共之引当等ニも致候儀ニ而、米会所江届無之素人江質物等ニ差入置候而者、御蔵米買請候もの印札有無之儀難分リ差支候段、米会所より申立候、以来印札素人江質物ニ取候節者米会所江相届、其上ニ而質物ニ取候分、置主家出等致候節者米会所ゟ対談可致候、米会所江届不致質物ニ取置、若置主家出等致候分ハ印札取上候間心得違無之様可致候、

右之趣大津町中并松本馬場村江も不洩様可相触もの也、

巳四月

御印書拝見仕候、然者当表米切手之儀、是迄京都町奉行所ニ而取扱御座候処、大津之儀者、支配之儀其上京都より者相離候儀付差跨候間、以来私役所ニおゐて取扱候様可仕旨、尤取計方之儀者京都米切手同様相心得、難相分儀者丸毛和泉守江懸ヶ合差支無之様取計可申旨、御紙上之趣承知仕候、右為御請申上候、以上、

頭註

四月十七日　　石原清左衛門印

松　伊豆守様

赤　豊前守様

（頭註）「のり入半切ニ認印封ニメ下ス」

米屋株印札所持致居候もの、勝手ニ付仲間外素人江質物ニ差入銀子調達いたし、其上身上不如意ニ相成家出等致候もの間々有之候、然処、右印札之儀者御蔵米買請居候もの共之引当等ニも致候儀ニ而、米会所江届無之素人江質物等ニ差入置候而者、御蔵米買請候もの印札有無之儀難分リ差支候段米会所ゟ申立候、以来印札素人江質物ニ取候節者米会所江相届、其上ニ而質物ニ取候分置主家出等致候節者米会所ゟ対談可致候、米会所江届不致質物ニ取置、若置主家出等いたし候分者印札取上候間、心得違無之様可致候、

頭註

右之趣、大津町中并松本馬場村江も不洩様可相触もの也、

巳四月

（頭註）「四月廿四日惣年寄又兵衛へ渡ス」

以切紙啓上仕候、然者大津表米切手之儀是迄京都町奉行所ニ而取扱有之候処、以来当役所ニおゐて取扱候様御勘定奉行中ゟ申来候付、右取計方之儀、追々御問合得貴意候義も可有御座候間宜奉頼候、右之段為可得貴意、如此御座候、以上、

五月十六日　　石原清左衛門

佐野備後守様

小田切土佐守様

先達而被仰渡候通、大津米切手之儀是迄京都京（ママ）都町

奉行所ニ而取扱有之候処、以来拙者役所ニ而取扱候趣、当月十二日、諸家役人・蔵元・用達江申渡相済候旨、京都町奉行所ゟ達御座候付、拙者方江も同月十六日諸家役人・蔵元・用達呼出、以来拙者方ニ而取扱候趣申渡候、依之御届申上候、以上、

巳五月　　石原清左衛門印

御勘定所

頭註

（頭註）「此届書　御報、御勘定所御勝手方江差出候様、江戸表江申遣ス」

27［廣幡家之差出書付傳奏ゟ到来］

以剪紙致啓上候、然者廣幡家ゟ差出候書付一通、傳奏衆ゟ到来ニ付差進申候、右可得御意、如是御座候、以上、

五月十五日　　水原摂津守

石原清左衛門様

御剪紙拝見仕候、然者廣幡家ゟ差出候書付一通、傳奏衆ゟ御到来ニ付被遣之落手仕候、右為貴意、如斯御座候、以上、

五月十七日　　石原清左衛門

水原摂津守様

28［大津宿町々金銀借請仕訳書］

帳面上ハ書　東海道大津宿之内町々
諸名目金銀家賃銀等借請候仕訳書

覚

京都ニ而借請候家賃
一銀弐百拾四貫九百目
金五拾三両

京都御役所銀名目
一銀弐百弐拾五貫百五拾壱匁
金百九拾八両

京都ニ而借請候糸割賦名目
一銀五拾四貫四百拾六匁五分
金拾五両

京都為御替名目
一銀百拾弐貫六百五拾目

京都小貸名目
銀拾壱貫弐百拾三匁
一金拾八両弐分
銭弐拾貫文

後藤縫殿助引請銀
一銀拾八貫五百目
前長橋法事料名目
一銀壱貫百四拾弐匁
円満院宮
三宝院門跡
九条家
随心院門跡　名目
京都御城米代
大仏養源院
人参会所
　銀拾貫八百弐拾目
一金拾壱両
　銭弐拾貫文
所々ゟ他借銀
一銀百六拾九貫五百四十九匁四分
　銀八百拾八貫三百四拾壱匁九分
〆　金弐百九拾五両弐分
　銭四拾貫文
右者東海道江州大津宿之内困窮之町々、先年ゟ連々
所々ニ而諸名目金銀并家賃銀等借請候分、書面之通御
座候、以上、
　巳五月　石原清左衛門

頭註
（頭註）「此書付、五月十七日江戸江差下ス」

29［伏見刎銭・大津宿助成貸付金仕訳書］

帳面上ハ書
東海道 大津 伏見 水口 宿刎銭溜并大津宿助成貸付金仕訳

万治三子年人足役之もの拝借金　東海道
巳年貸附元
一金百九拾三両永六拾文三分壱厘弐毛　大津宿
此利拾九両壱分永百三拾壱文三厘壱毛
内
壱両三分永百八拾八文壱分三毛
利金十分一午年貸付元江可被差加分
拾七両永百九拾弐文九分弐厘八毛
大津宿助成ニ可被下分

右同断御傳馬役之もの拝借金
巳年貸附元
一金弐百八拾七両三分永八拾六文九分三厘九毛　同宿
此利弐拾八両三分永三拾三文六分九厘四毛
内
弐両三分永百弐拾八文三分六厘
利金十分一午年貸附元江可被差加分
弐拾五両三分永百五拾五文三分弐厘五毛
大津宿助成ニ可被下分

延宝四辰年人馬役之もの拝借金
巳年貸附元
一金百拾八両三分永弐百三拾九文七分三厘九毛　同宿
此利拾壱両三分永百四拾八文九分七厘四毛
内
壱両永百八拾九文八分九厘七毛
利金十分一年年貸付元江可被差加分
拾両弐分永弐百九文七厘七毛
大津宿助成ニ可被下分

人馬賃銭三割増刎銭溜
巳年貸附元
一金千四百八両壱分永弐百拾壱文四分三厘五毛　同宿
此利弐百拾壱両壱分永九拾四文弐分壱厘五毛
内
百六拾九両永七拾五文三分七厘弐毛
八分通大津宿人馬役之もの江可被下分
四拾弐両壱分永拾八文八分四厘三毛
弐分通宿本陣江可被下分

右同断
巳年貸附元
一金五拾両三分永百七拾弐文九分六厘壱毛　東海道　伏見宿
此利七両弐分永百三拾八文四分四厘四毛
内三分永拾三文八分四厘四毛
利金十分一年年貸附元江可被差加分
残六両三分　永百弐拾四文六分
内
五両壱分永弐百四拾九文六分八厘
八分通伏見宿人馬役之もの江可被下分
壱両壱分永百弐拾四文九分弐厘
弐分通宿々本陣江可被下分

右同断
巳年貸附元
一金七百七拾七両弐分永弐百四拾七文七分弐厘八毛　東海道　水口宿
此利百拾六両弐分永百六拾弐文壱分五厘九毛
内
九拾三両壱分永七拾九文七分弐厘七毛
八分通水口宿人馬役之もの江可被下分
弐拾三両壱分　永八拾弐文四分三厘弐毛
弐分通宿々本陣江可被下分

右者東海道大津宿助成金并大津・伏見・水口宿人馬賃
頭註
割増刎銭之溜、当巳年貸附高并当暮可取立利金書面之
通御座候、以上、

巳五月　　　　　　　　石原清左衛門

（頭註）「此書付江戸江五月十七日差下ス、尤大津宿計之助成金割増刎銭溜之分別段壱冊差下候得共、本文之通ニ附略之上ハ書奥書計、左ニ記置、」

30［大津宿助成金・刎銭貸付仕訳書］

上ハ書
東海道大津宿助成金并刎銭溜貸附仕訳書

奥書
右者東海道大津宿助成金并人馬賃割増刎銭之溜、当巳年貸付高并当暮可取立利金書面之通御座候、以上、

巳五月　　　　　　　　石原清左衛門

31［摂州百姓召捕吟味一件覚］

以切紙啓上仕候、然者先達而得貴意候其御地北堀江三町目田邊屋仁兵衛借屋榎並屋喜兵衛妻まさ并長町九町目八幡屋弥三郎摂州住吉郡平野郷中野村百姓せん、右之もの共江申渡候儀御座候間、所之もの附添来ル廿七日朝六時当役所江罷出候様被仰渡可被下候、右之段、為可得貴意、如此御座候、以上、

五月廿二日　　　　　　　　石原清左衛門

佐野備後守様
小田切土佐守様

御切紙令拝見候、然者先達而御懸合有之候、当表北堀江三丁目田邊屋仁兵衛かしや榎並屋喜兵衛妻まさ、長町九丁目八幡屋弥三郎、摂州住吉郡平野郷中野村百姓せん、右之もの共江御申渡之儀有之候間、所之もの付添明後廿七日朝六ツ時其御役宅江罷出候様可申渡旨、御申聞之趣致承知、則呼出候処、弥三郎病気ニ付代嘉兵衛罷出候ニ付、御申聞之刻限無遅滞罷出候様申渡候、右為御報、如斯御座候、以上、

五月廿五日　　　　　　　　小田切土佐守
　　　　　　　　　　　　　佐野備後守

石原清左衛門様

追而、中野村者土井大炊頭領分摂州住吉郡平野郷中野村ニ候間、左様御心得可被成候、以上、

貴答拝見仕候、然者其御地北堀江三町目田邊屋仁兵衛借家榎並屋喜兵衛妻まさ并長町九町目八幡屋弥三郎、摂州住吉郡平野郷中野村百姓せん江申渡候儀御座候間、当役所江罷出候様被仰渡被下度段、得貴意候付御呼出被成候処、弥三郎病気ニ付代嘉兵衛罷出候付、刻限無遅滞罷出候様被仰渡候由、御紙面之趣承知仕候、則右之もの共所役人付添今廿七日朝六ツ時罷出申候、然処、先達而得貴意候榎並屋喜兵衛一件、無宿夘之助・万吉・新兵衛一件御仕置之儀、戸因幡守殿江相伺置候処、伺之通御仕置可申付旨被仰渡候付、今廿七日別紙之通榎並屋喜兵衛儀引廻之上死罪申付候、依之同人家財欠所ニ申付候間、御払之儀其御役所ニ而御取計可被下候、并同人妻まさ儀急度叱、且又無宿夘之助外弐人一件懸合之内、八幡屋弥三郎儀過料鳥目三貫文申付、盗賊ゟ取上置候金銀銭被盗主せん江為取遣候、依之右御仕置御咎申渡候趣、別紙書付弐通進達仕候、右之段為可得貴意、如此御座候、以上、

五月廿七日　　石原清左衛門

佐野備後守様
小田切土佐守様

追而中野村者土井大炊頭領分摂州住吉郡平野郷中野村ニ御座候、被仰聞趣承知仕候、以上、

大坂北堀江三町目
田邊屋仁兵衛借家
榎並屋喜兵衛

此もの儀去々夘九月以来夜更大津町家并大坂近在七ヶ所罷越、弐ヶ所ニ而者裏江廻り土蔵・物置小屋等〆り無之戸明ヶ這入、弐ヶ所ニ而者隣ニ有之明家表戸又者裏口椽先之戸こじ明ヶ、或者裏口開キ戸向へ押、柱之間江竹切を入懸ケ金はづし、壱ヶ所ニ而者土蔵入口之戸框所持之鍵を以明忍ひ入、銭六貫七百六拾文・餅米五斗・木綿三拾八反程、着類其外物数四拾九品之内四品者佐兵衛江質物ニ貸遣し、四品者遣ひ捨、拾七品者所持罷在、其余品々代銭三百弐拾五匁・銭三拾壱貫弐百文ニ売払、都合銀三百弐拾五匁・銭三拾七貫九百六拾文不残家内入用ニ遣ひ捨候儀共不届至極ニ付、引廻し之上死罪、

右喜兵衛妻
まさ

此もの儀夫喜兵衛米売懸銀為催促折々大津江参り、右取集候銭之内ニ而相調候由ニ而木綿弐反・たはこ・燈油・素麺等持帰り、兄佐兵衛江貸渡候、小袖・帯等者在所ニ罷在候喜兵衛母ゟ差越候由申聞候処、喜兵衛儀拾ヶ年以前国許出奔致シ候ものニ而両親ゟ勘当請居候儀、并去々夘九月以来所々ニ而盗いたし候儀共、此度吟味之上承之驚入候旨申之、馴合候筋も不相聞候得共同居乍致不心付不念ニ付、急度叱り、

大坂長町九町目
八幡屋弥三郎

此もの儀、夘之助・万吉・新兵衛為泊候内悪事致候儀曽而不存旨申之候得共、兼而宿屋渡世致居候得者渕底身元等得与可相糺処、無其儀、右体之もの数日為泊候儀共不埒ニ付、過料鳥目三貫文、

32［大津町中高宮布献上相済ニ付御報］

来札致披見候、然者大津町中ゟ例年之通高宮布献上いたし候ニ付、為惣代年寄矢嶋藤五郎・町代堀猪三郎今度罷下り候間、御申越之趣致承知候、右献上首尾好相済、例年之通銀子被下罷帰候、右為御報如此御座候、以上、

五月七日　　　　　　　桑　伊豫守印
　　　　　　　　　　　大　遠江守印

石原清左衛門殿

33［城州淀小橋大破修復ニ付入札触書］

城州淀小橋大破ニ付、右古橋乍掛御払入札有之候間、望のもの者明後三日ゟ同四日迄之内、寺町通丸太町上ル所中井主水方江家持請人召連参、根帳ニ付、入札帳写取、場所見届直段相考、同六日四ツ時和泉於御役所札披候間、此旨可相触もの也、

巳六月朔日

右之趣大津町中江可相触もの也、

巳六月二日

34 〔書状雛形〕

一筆致啓上候、暑気之節・・――
誰様弥御勇健被成御座目出度御儀奉存候、将又先般当駅御通行被成候砌、家来并組同心差出候處、銘々江御目録被下之忝仕合奉存候、右為御禮各様迠如斯御座候、御序之刻可然様被仰上可被下候、恐惶謹言、

五月廿五日　　石原清左衛門 居判

松平土佐守様
松平越後守様
松平相模守様
御用人衆中

一筆致啓上候、暑気之節・・――
大膳大夫様弥御勇健被成御座目出度御儀奉存候、将又先般・―・―御息女様当駅御通行被成候砌、家来并組同心差出候処、銘々江御目録被下之忝仕合奉存候、右為御礼各様迠如斯御座候、御序之砌可然様被仰上可被下候、恐惶謹言、

五月廿五日　　石原清左衛門 居判

松平大膳大夫様
御用人衆中

頭註

一筆啓上仕候、暑気之節御座候得共、益御勇健被成御座目出度御儀奉存候、将又先般当駅御通行被成候砌、家来并組同心差出候処、銘々江御目録被下置忝仕合奉存候、右御礼申上度如斯御座候、恐惶謹言

五月廿五日　　石原清左衛門 居判

加遠江守様　　上ハ書とも片名

(頭註)「右五通共六月八日本陣加右衛門方へ遣ス」

35 〔東海道・中山道宿々困窮ニ付割増・手当等申渡〕

頭註

〔大津ゟ駄賃・人足賃銭割増定〕

定　　大津宿

当巳七月ゟ来ル卯六月迠拾ヶ年之間駄賃并人足賃銭四

割増之、

草津江
荷物壱駄　弐百三拾五文
乗懸荷人共　同断
軽尻馬壱疋　百五拾壱文
人足壱人　百拾七文

京江
荷物壱駄　弐百三拾九文
乗懸荷人共　同断
軽尻馬壱疋　百五拾四文
人足壱人　百拾九文

伏見江
荷物壱駄　弐百四拾七文
乗懸荷人共　同断
軽尻馬壱疋　百五拾七文
人足壱人　百弐拾弐文

右之通可取之、若於相背者可為曲事もの也、

天明五年巳六月　奉行

（頭註）「矢橋舟賃も同様四割増被仰付高札相直シ奥ニ記ス」

［東海道宿々割増・手当申渡］

申渡

東海道
品川宿ゟ
守口宿迄
五拾七ヶ宿
佐屋路共

宿々一統及困窮候由、品々箇条を以手当之儀相願候得共、不容易儀付不取上処、去々夘年ゟ米穀高渡世成兼、殊ニ一統時疫流行死失之もの多、人馬継差支由にて東海道通行之諸大名衆ゟ手当之儀、并奥筋ゟ往来之面々其外商人荷物之分賃銭割増相願候得共、去ル午年増賃銭申付無間茂、殊ニ諸大名衆ゟ手当之儀茂相対にて願請候者格別、是以難取上段申聞処、御手当無之候而ハ人馬継立差支之旨申立、再応相願候得共、往古ゟ人馬継為手当宿々ニ過分之地子免許被仰付、右免許無之宿々江ハ地子代米被下、殊ニ小田原・箱根・三嶋・日坂・袋井宿等江者御救米・助成米等被下、其上先年宿々助成金等被下置、右利金も年々取立相渡、問屋共

江ハ給米七石宛、其外継飛脚給米迄も被下置、高役を以被差免来り、其外午年ゟ七ヶ年之間増賃銭之内刎銭之分貸附、年季明ニ至り猶又貸附、右利金年々被下置品々御手当有之、其上格別困窮之宿々江ハ拝借金、并類焼之節ハ小屋掛拝借金等被　仰付、私領之分も夫々手当有之由ニ候上ハ可及難儀様無之、旁人馬継差支候由之儀者信用難成、宿方之儀ハ外村々と違ひ往来之助成在之間、困窮可致筋無之、享保年中吟味之上馬代金・馬飼料金等も被下候上ハ如何様ニも取続、人馬継無滞様可致処、宿々ニ而人馬役之もの共罷出相勤候事者少ク、多分人馬役金問屋場江差出、正人馬勤不致段不埒之至、問屋并役人共茂役金取上候ハ是以人馬継為滞可申様無之、人馬差支候節ハ問屋ニ罷在可取計処、却而問屋場を明ヶ、平日茂問屋年寄ハ勿論其外小役人迠も勤方甚未熟之趣ニ相聞、畢竟等閑ゟ事発り無益之宿入用多相掛り、人馬継立入用金ニ差支品々難儀之段申立相願候段、旁不埒之至候、依之厳敷可遂吟味候得共年来之仕癖不宜処、当時人馬継差支候事と相聞ニ付、格別之宥免を以先不及其沙汰ニ、当時困窮之段無余儀相聞ニ付、宿々人馬賃銭并新居桑名渡海賃銭当巳年ゟ拾ヶ年之間四割増被　仰付候間、右之内壱割者宿助郷出人馬江割合、壱割者宿方江為取之候、

但、小田原・箱根・三嶋・藤川宿之内是迠弐割之分ハ弐割相増、都合四割増之積、尤桑名宿是迠弐割増之上江弐割相増、都合四割之内弐割者刎銭ニいたし、四日市宿迠ハ是迠三割増之上江壱割相増、右壱割者刎銭ニいたし置、最寄り御代官江差出、是迠之通可相心得候、

右増銭之内都而弐割者刎銭ニいたし除置、其月之分翌月五日迠之内ニ御料ハ其支配役所、私領ハ最寄御代官役所江差出候様可致候、今般増銭之儀者永く宿々相続として被　仰付間、是迠仕癖不宜儀ハ急度相改可申候、尤宿々取締為吟味神戸近蔵・大原四郎右衛門被差遣候付其旨相心得、於宿々有躰申立、正路ニ可受吟味候、

但、此度増銭ニ付高札、御料者御代官、私領者領主ゟ来七月朔日一統掛渡申渡候間、増銭者同日ゟ請取之可申候、

右申渡之趣得其意、別紙請證文差遣間、銘々宿役人并人馬役之もの惣代印形いたし、右證文奥書助郷村々惣代是又致印形、宿送りを以隣宿江継送り、追而自分方江可差出者也、

巳六月

［中山道宿々困窮ニ付割増・手当等申渡］

此度中山道宿々割増之内刎銭之分ハ銘々領主・地頭ゟ取立、中山道小田井岩村・田塩・名田・八幡・望月・芦田・下諏訪之分ハ御代官平岡彦兵衛中ノ条役所江差出、加納ハ千種六郎右衛門役所江差出、赤坂・関ヶ原・柏原・醒井・番場・鳥井本・高宮・愛知川・武佐・守山迠并大垣之分ハ石原清左衛門大津役所江差出候様可致事、

巳六月

申　渡

中山道
板橋宿ゟ
守山宿迠
六拾七ヶ宿
并美濃路共

近年宿々困窮申立手当等之儀を相願候、宿方茂有之候得共不容易儀ニ付可取上様茂無之処、去々夘年ゟ米穀高直及難儀条相聞処、別而浅間山焼ニて砂降并出水等ニ而最寄之宿々者猶以及困窮ニ付見届等も申付、格別之儀を以板橋宿ゟ鴻巣宿迠七ヶ宿ハ人馬賃銭弐割増、熊谷宿ゟ軽井沢宿迠ハ三割増賃申付、且坂本・軽井沢宿者年々百五拾俵宛御救米も被成下、和田峠茶屋者御扶持も被下、於
公儀右躰御心被附前々ゟ被成置候処、都而近来者困窮申立、人馬継立相滞候儀も時々相聞、宿々ニ而人馬役之ものとも罷出相勤候事者少ク、多分人馬役金問屋場江差出、正人馬勤不致場所茂有之趣ニ相聞不埒之至、問屋并役人共も役金取立候上者、是以人馬継為滞可申様無之、人馬差支之節ハ宿役人者別而問屋場ニ相詰可取計処、問屋場を明候儀も間々在之条相聞、平日迚茂問屋年寄者勿論其外小役人迠も勤方甚未熟之趣ニ相聞、畢竟宿役人共勤方等閑ゟ事発り、無易之儀も仕来泥ミ宿入用多相掛、人馬継立ニ差支之儀出来之宿方茂有之段、別而不埒ニ相聞候、依之厳敷可遂吟味候得共、年来之仕癖不宜故之事と相聞候間、宥免を以先今般其沙

汰ニ不及、当時困窮之段茂無相違相聞ニ付、先達而人馬賃銭割増申付置候宿々之外、沓掛宿ゟ守山宿迠美濃路之道とも当巳年ゟ七ヶ年之間賃銭弐割増被　仰付候間、壱割之内五分者宿方江請取、五分ハ宿助郷出人馬江割合、壱割者刎銭ニいたし除置、其月之分ハ翌月五日迠之内ニ御料・私領共寂寄御代官并御預役所之内江差出候様可致候、今般増銭之儀者永久宿々相続として被　仰付候間、是迠之仕来不宜儀ハ急度相改可申候、尤宿々取〆為吟味布施弥次郎・鈴木門三郎被差遣候ニ付、其旨相心得、於宿々有躰を申立、正路ニ可受吟味候、

但、此度増銭ニ付高札、御料ハ御代官、私領者領主ゟ来七月朔日一統掛渡候間、増銭者同日ゟ受取之可申候、

右申渡趣特其意、別紙請証文差遣間、銘々宿役人并一宿人馬役之もの物代印形いたし、右証文江者助郷村々惣代是又印形宿送りを以隣宿江継送り、追而自分方江可差出者也、

巳六月

（朱筆）「天明五乙巳年六月五日、桑原伊豫守様於御宅被仰渡候、」

右之通御渡被成奉請取候、且又御高札者来ル七月朔日ゟ懸渡、同日ゟ人馬増賃銭為取可申旨被仰渡奉畏候、仍御請差上申候、以上、

巳六月五日　　石原清左衛門手代
　　　　　　　岩間瀧右衛門印

東海道・中山道御支配有之分
出役連印

東海道之分御書付書抜

石原清左衛門方へ
可請取分
　　水口宿
　　石部宿
　　草津宿

右刎銭其宿・領主・家来ゟ月々可相渡候間、可請取事、

巳六月

36〔草津宿住居盗賊召捕引渡ニ付切紙〕

以切紙致啓上候、然者
御領分草津宿六町目西側川ゟ三軒目丹後屋金兵衛并
同町橋際ニ住居いたし候専蔵与申もの、当表ニ而召
捕候盗賊差口之ものニ御座候間、早々御召捕御引渡
被成候様可得御意旨清左衛門申付、如斯御座候、以
上、

六月廿一日　　田中龍右衛門
　　　　　　　若山彦市
　　　　　　　徳田佐五右衛門

間嶋左橋兵衛様
菅井次郎大夫様
若林太右衛門様

御切紙致拝見候、然者草津宿六町目西側川より三軒
目丹後屋金兵衛并同町橋際ニ致住居候専蔵与申もの、
其御表ニ而御召捕之盗賊差口ものニ御座候、早々召
捕御引渡申候様ニ奉得貴意候、役人共江為申聞取計
可仕候ニ付、此段清左衛門様江宜被仰上可被下候、
右貴答如斯御座候、以上、

六月廿一日　　若林太右衛門
　　　　　　　榊原軍左衛門
　　　　　　　菅井次郎大夫

徳田佐五右衛門様
若山彦市様
田中龍右衛門様

但し左橋兵衛致転役、右跡役之儀被申付軍左衛門相勤罷
在候、乍次得貴意候、自今御用節御通意可被下候、以上、

以手紙得御意候、然者草津宿六町目西側三軒目丹後
屋金兵衛、同町専蔵与申者召捕御渡可申段、清左衛
門様被仰付候趣、昨日預御紙面役人彼地江罷越致吟
味候処、宿役人相届候者丹後屋金兵衛与申者右町内
其外草津宿内ニ無之候、右三軒目ニ丹後屋佐右衛門
与申者罷在候、此者儀一昨廿九日夜ゟ妻子共致家出
候旨申之、尤致家出候得者其旨町役人ゟ早速名主迠
申出、夫ゟ心当り之所々相尋候様申渡、両三日相尋
候而弥行方不相知候上、当役所江訴出候事ニ御座候、

右之次第ハ被仰聞候名前相違ニ候得共、居宅致符合
候ニ付此者之義と存候、併昨日御紙面到来之砌者致
出奔候旨相届不申候以前ニ御座候、右之段只今申来
候間、先ツ此旨得貴意候、
一専蔵儀者被仰聞候通召捕、後刻御渡可申候、其節郡
方役人共ゟ金兵衛義も可及演説候、此段御序之砌清
左衛門様江可然御沙汰可被下候、
右可得貴意、如此御座候、以上、

六月廿二日

本多千吉内
菅井次郎大夫
榊原軍左衛門
若林太右衛門

石原清左衛門様御手代
徳田佐五右衛門様
若山彦市様
田中龍右衛門様

以手紙得御意候、然者昨日郡代共江被仰越候千吉領分
草津宿丹後屋金兵衛并同町専蔵与申者御吟味筋御座候
付召捕、其御役所江御渡し可申、宜被仰越致承知候、
則専蔵儀召捕無程拙者召連罷出御渡し可申候、左様御
心得可被下候、右御案内可得御意、如斯御座候、以上、

六月廿二日

本多千吉内
菅谷宇左衛門

徳田佐五右衛門様
若山彦市様
田中龍右衛門様

37 ［大津宿駄賃・人足賃割増定］

定　　大津宿

当巳七月ゟ来ル夘六月迄十ヶ年之間、駄賃并人足賃
銭四割増之、

草津江
荷物壱駄　弐百三拾五文
乗掛荷人共　同断
軽尻馬壱疋　百五拾壱文
人足壱人　百拾七文

舟賃
矢橋江
荷物壱駄　四拾壱文
乗掛荷人共　同断
馬壱疋仕附共　弐拾七文
人足壱人　拾四文

京江
荷物壱駄　弐百三拾九文
乗掛荷人共　同断
軽尻馬壱疋　百五拾四文
人足壱人　百拾九文
伏見江
荷物壱駄　弐百四拾七文
乗掛荷人共　同断
軽尻馬壱疋　百五拾七文
人足壱人　百弐拾弐文

右之通可取之、若於相背者可為曲事者也、
天明五年巳六月　奉　行

38［草津宿住居盗賊召捕吟味ニ付切紙］

以切紙致啓上候、然者先日御召捕御引渡被成候草津宿三町目専蔵吟味ニ付、同人妻并掛合別紙名前之もの共江相尋度儀御座候間、明廿九日朝四ツ時当役所江所役人并家主附添罷出候様被仰渡可被下候、
一専蔵家財御改被仰付置可被下候、此段可得御意旨清左衛門申付、如此御座候、以上、
六月廿八日　田中龍右衛門
若山彦市
徳田佐五右衛門
菅井次郎太夫様
榊原軍左衛門様
若林太右衛門様

覚

草津宿三町目
かさ屋幸次郎借家
肴屋専蔵妻
しつ
右しつ妹
とわ
同所宮之前な□ぐ町
旅籠屋
惣兵衛
右専蔵近所
働人
次兵衛
妻
よし
同所五町目
桶屋
よし

昨日者御剪紙致拝見候、然者此間御引渡申候専蔵御吟味ニ付、同人妻并掛合御別紙名前之もの共江御尋被成度義御座候間、今廿九日朝四ツ時其御役所江所役人并家主附添差出候様被仰聞致承知候、

一専蔵家財相改置候様被仰聞、委細御紙面之趣致承知候、則今日名前のもの共所役人付添、右刻限差出申候間、左様御承知被下、此段可然様清左衛門様江御沙汰可被下候、右御報為可得御意、如斯御座候、以上、

六月廿九日

若林太右衛門
榊原軍左衛門
菅井次郎太夫

徳田佐五右衛門様
若山彦市様
田中龍右衛門様

一筆致啓上候、然者当表盗賊召捕致吟味候処、其御預所濃州本巣郡生津村百姓作右衛門忰直八事佐兵衛与申、当巳三拾六才ニ相成候由、十六年以前二月親共得心之上稼ニ罷出候処、其後音信等も不致候ニ付、勘当いたし候旨承知いたし罷有候旨申之候、弥右申口之通ニ相違無御座候哉御糺可被下候、右之段可得御意旨清左衛門申付、如此御座候、否其報被仰知可被下候、恐惶謹言、

頭註

六月廿九日

徳田佐五右衛門
若山彦市
田中龍右衛門

大垣
高田彦十郎様
中西要右衛門様
小林八右衛門様
高田勝之進様

（頭註）「のり入半切ニ認」

一筆致啓上候、然者当表ニ而盗賊召捕致吟味候処、尾州宮宿きのめ町肴屋才次郎忰専蔵与申、当巳三拾六才ニ相成候由、九年以前冬之内漁船ニ有之候肴類五六度盗取候ニ付、御召捕御吟味之上、
御城下并在所表御払相成候処、其後猶又在所表立帰、

七年以前三月頃漁船ニ有之候金壱分并着類二品、八年以前漁船ニ有之候金壱両着類十品盗取候処、御召捕入牢被仰付、同年十月頃入墨之上御領分七ヶ所御構之上

頭註

御払相成候旨申之候、右申口之通相違無御座候哉、此段御問合為可得貴意、如此御座候、恐惶謹言、

六月廿九日　石原清左衛門　居判

間宮外記様

人見弥右衛門様

（頭註）「のり入半切ニ認」

以切紙致啓上候、甚暑之節御座候へ共、弥御安全被成御勤珍重奉存候、然者此書状箱一乍御世話御達可被下候、右御頼可得貴意、如此御座候、以上、

六月廿九日

七里官助

田中龍右衛門

若山彦市

徳田佐五右衛門

新井宇兵衛様

一筆致啓上候、然者当表旅籠屋ニ逗留いたし風躰ニ不似合金子遣ひ捨候もの在之、疑鋪存差押江一通相尋候処、御領分尾州八劔村八劔宮別当大乗与申もの方ニ罷在候喜八与申ものニて、大乗ゟ用事申付上方江登候由申之候、然共右之もの申候義共相揃不申、乱心之様ニ茂相見江申候、勿論当表ニおゐて悪事之様子も相聞不申候、右村之ものニ無相違候ハヽ、大乗又ハ所役人

頭註

等之内御差越被成候ハヽ、喜八相渡遣申度奉存候、右之段為可得御意、如斯御座候、恐惶謹言、

七月三日　石原清左衛門　据判

間宮外記様

人見弥右衛門様

（頭註）「のり入半切ニ認」

以切紙致啓上候、残暑強御座候得共、弥御堅勝被成御勤珍重奉存候、然者御国奉行方へ清左衛門ゟ之書状箱一ツ差進候、尤差急キ候儀ニ御座候間、早々御届させ

可被下奉頼候、右之頼為可得貴意、如此御座候、以上、

七月三日

七　里　官　助
田　中　龍右衛門
若　山　彦　市
徳田佐五右衛門

新　井　宇　兵　衛様

以切紙致啓上候、然者先達而致出奔候草津宿丹後屋佐右衛門儀召捕候付、此段為御心得得御意候、

一同宿肴屋専蔵家財之内帳面類并質札等在之候段同人申之候間、御改置候内右品々在之候ハヽ、所役人持参致候様御申付可被下候、此段可得御意旨清左衛門申付、如此御座候、以上、

七月五日

田　中　龍右衛門
若　山　彦　市
徳田佐五右衛門

菅　井　次郎太夫様
榊　原　軍左衛門様
若　林　太右衛門様

御剪紙致拝見候、然者先達而致出奔候草津宿丹後屋佐右衛門与申もの、御召捕之段被仰知致承知候、

一同宿并肴屋専蔵家財之内帳面類・質札等有之候ハヽ、其御役所江差出候様被仰越、則宿江申付所役人其御許江差出候間、御聴被成候様奉存候、此段御序之砌清左衛門様江可然御沙汰可被下候、右御報可得御意、如此御座候、以上、

七月六日

若　林　太右衛門
榊　原　軍左衛門
菅　井　次郎太夫

徳田佐五右衛門様
若　山　彦　市様
田　中　龍右衛門様

貴札致拝見候、然者其御地ニ而盗賊為御召捕御吟味有之候処、当表宮宿きのめ町肴屋才次郎・悴専蔵儀付委曲御問合之趣、致吟味候之処、生所当地宮宿辻ヶ花才次郎悴仙蔵与申者ニ而、去々子ニ三拾壱歳罷成、安永八亥年六月以来堀川并宮宿船々《(ママ)》おゐて魚類追々盗取、

且日置村市左衛門与申者所江忍入鳥目盗取、同九子二月三拾敲之上当地七ケ所指塞追放申付候処、同年八月立帰、堀川ニ繋有之候船江忍入、衣類六品并金壱分・銭七貫文ほと盗取候付、同年十一月入墨百敲之上当地三拾ヶ所差塞追放申付候者ニ御座候間、左様御承知可被下候、仍為貴報如此御座候、恐惶謹言、

人見弥右衛門
柒（花押）

七月六日

石原清左衛門様

尚々間宮外記殿江戸表ニ相詰罷在候付、一名ニ而及貴報候、以上、

貴札致拝見候、然者其御表ニ而盗賊御召捕被成御吟味候処、当方御預所濃州本巣郡生津村百姓作右衛門倅直八事佐兵衛与申、当巳三拾六歳ニ相成候由、十六年以前二月親共得心之上稼ニ罷出候処、其後音信等も不致候付致勘当候旨致承知罷在候旨申之候由、弥右申口之通相違無之哉相糺可申進旨、此段清左衛門様為（ママ）仰被仰聞候趣承知仕候、依之則生津村役人共呼出逐吟味候処、右村ニ前々ゟ作右衛門直八与申名前之者無之旨申聞候付、右名前ニ不限心当り之義も無之哉村方之もの共得と相糺可申出候旨申渡、則村方之もの共逐一相糺候処、一向心当り之儀も無之旨申出書付差出申候、依之当時宗門帳ハ勿論十六年以前寅年宗門帳相糺候処、右名前之者無御座候得者、右佐兵衛儀生津村之ものニ御座なく候間、左様御承知可被下候、右御報為可得御意、如斯御座候、恐惶謹言、

七月十日

高田勝之丞
義茂（花押）
小林八左衛門
義躬（花押）
関　斧九郎
勝福（花押）
高田彦十郎
豊休（花押）

徳田佐五右衛門様
若山彦市様
田中龍右衛門様
七里官助様

尚々、要右衛門儀致出府候ニ付致除名、斧九郎儀交代
罷登候付連名得御意候、以上、

39 〔近江高島郡舟木村運上材木極印引渡覚〕

東欠所方江小林亮助持参差出ス、

石原清左衛門手代
小林亮助

江州高嶋郡舟木番所ニ而十分一運上材木ニ打候極印、
明和九辰年右番所御引渡之節、有来之極印是迄相用
来候処、右極印之文字損シ候付此度新調申付、右代
銀御入用之積御勘定所江書上候処、京都誰様御勤役
中之何年右極印出来、右極印ハ御役所江御取上ニ相
成候哉、又ハ御払ニ相成候哉、御問合仕書出候様被
仰渡候旨、江戸表留守居之ものゟ申越候間、御糺被
仰知被下候様仕度此段申上候様、大津表ゟ申越候付
申上候、以上、

巳七月

石原清左衛門手代
小林亮助

40 〔井伊掃部頭娘京都江引越ニ付馳走役人指出覚〕

以手紙致啓上候、然者今度掃部頭娘京都佛光寺江引越
之節、御支配所江為御馳走御役人被指出、御入念忝被
存候、右御礼乍略義自私共宜得貴意旨被申付、如此御
座候、以上、

六月廿一日

小野田小一郎
勝　平次右衛門

石清左衛門様

以手紙致啓上候、然者掃部頭末女京都江引越之節、御
支配所江被差出候御役人衆并御同心衆江別紙覚書之通
被相贈候間、御便之節御達可被下候、奉頼候、此段可
得御意、如此御座候、以上、

六月廿八日

冨《トミ》田権兵衛
石居八郎兵衛

石原清左衛門様
御用人中様

覚

一高宮布三端

内堀伴九郎殿

一銀子壱両宛

岡田　六右衛門殿
一井　久左衛門殿
赤　井　平　六殿
手塚　喜　市　郎殿
多　胡　甚　助殿
高田　幸　五　郎殿
宮川　十次兵衛殿
片岡　十左衛門殿

右者先達而掃部頭末女京都江被相越候節、為御馳走清左衛門御支配所江被指出候付、件之通掃部頭方ゟ被相贈之候、以上、

六月廿八日

井伊掃部頭内
冨　田　権　兵　衛
石　居　八郎兵衛

41 ［草津宿住居盗賊召捕吟味ニ付切紙］

以切紙致啓上候、然者先達而御召捕御引渡御座候草津宿六町目専蔵并当方ニ而召捕候佐右衛門吟味ニ付、別紙名前之もの共江相尋度儀御座候間、明後廿二日朝五ツ時、当役所江所役人并家主附添罷出候様被仰渡可被下候、尤右之もの共此後追々呼出候儀可有御座候間、其度々及御掛合間敷候間、是又被仰渡置候様致度候、右之段可得御意旨清左衛門申付、如此御座候、以上、

七月廿日　　元〆四人

菅井　次郎大夫様
榊原　軍左衛門様
若林　太右衛門様

草津六町目
川端屋半助借家
旅籠屋惣　兵　衛

同所同町
八幡屋米五郎
同　善　五　郎

同所同町
町番小屋小歩キ
治兵衛
妻よ　し

同所同町
川端屋半介并
同人下女とめ

同所同町
働人与　市

同所同町
百姓
与次兵衛

同所矢倉村
　辻村屋彦　次　郎
同所宮町
　桶屋新助後家
　　よ　し
同所四町目
　働人孫七弟
　　久米太郎
同所横町
　平井屋
　亭主名前不知
同所五町目
　池田屋
　亭主名前不知
右同人
　下人平　吉
同所中小路
　もつこう屋
　庄　兵　衛
同所横町
　百姓久七
　　妻
　名前不知
同所同町
　砥山長兵衛
同所宮町
　働人三平
　　妻　さ　き

以切紙致啓上候、然者当所ニ而召捕候盗賊掛合ニ付、大路井道具屋源六江相尋度儀御座候間、明後廿二日朝五つ時、所役人御差添江当役所江御差出被成候様可得御意旨清左衛門申付、如斯御座候、以上、

頭註

七月廿日　　元〆四人

斎藤半七郎様
　御役人中様

（頭註）「此書状草津宿問屋へ当宿問屋ゟ添状いたし、早々相届候様申遣ス、」

御紙面致拝見候、然者其御地ニ而御召捕之盗賊掛ヶ合ニ付、大路井道具屋源六江御尋被成度儀御座候付、明廿二日五つ時、村役人差添其御役所江罷出候様可被御申遣与石原清左衛門様ゟ被仰付候旨被仰聞承知仕候、早速村役人共江申付置候間、明廿二日御指刻之節召連参上可仕候、右御報迠、如此御座候、以上、

七月廿一日
　　斎藤半七内
　　　安田平八郎
　　　安田十右衛門

石原清左衛門様御内
徳田佐五右衛門様

若　山　彦　市様
田　中　龍右衛門様

御剪紙致拝見候、然者先達而其御役所より被召捕候佐
右衛門儀并草津宿六町目専蔵御吟味に付、御別紙名前
之者共江御尋被成度義有之候付、明廿二日朝五つ時、
所之役人并家主付添其御役所江罷出候様可申渡段被仰
聞、御紙面之趣を以申渡置候、尤此後追々御尋之儀御
座候節、其度々御懸合ニ不被及候段、是等之儀申渡置
候間、左様御承知可被下候、右之段可然様ニ
清左衛門様江御沙汰可被下候、右貴答可得御意、如斯
御座候、以上、

七月廿一日　　若　林　太右衛門
　　　　　　　榊　原　軍左衛門
　　　　　　　菅　井　次郎大夫

徳田佐五右衛門様
若　山　彦　市様
田　中　龍右衛門様
七　里　官　助様

一筆致啓上候、其表旅篭屋ニ致逗留風体ニ不似合金子
遣捨候者有之、疑敷ニ付被指留置一通り為御尋候処、
尾州八釼村八釼宮別当大乗与申者所ニ罷在候喜八与申
者ニ而、大乗ゟ用事申付上方江登せ候由申候、然共右
之者申口不相揃乱心之様子ニ相見候由、勿論於其表悪
事之様子も不相聞候付、右村之者ニ候ハヽ、大乗又者所
役人等之内指進候ハヽ、喜八御渡越可被成之旨間宮外
記・人見弥右衛門迠被仰越候趣委曲致承知、則八釼村
大乗当役所江呼出相尋候処、喜八与申者召仕ニ相違無
之、用事申付先達而京都江為指登候由、附而ハ大乗其
表江罷越、喜八請取帰度旨相達候付、早速出立いたし
御役所江罷出、右之訳申達候様申渡候間、大乗御役所
江罷出申達候ハヽ、喜八為御渡候様致度候、右役所支配
筋之者ニ付、御世話之御事共与奉存候、恐々謹言、

七月十四日　　高　橋　司（ママ）　書

石　原　清左衛門様

猶々大乗義右之通早速致出立候様申渡候処、先頃ゟ瘧疾相
煩、漸此節暫ク快方ニ相成候ニ付、押而為致出立候、夫故
少々発足及延引候、此段御断申進候、且又本文大乗義ハ松

林寺与申候真言宗一寺之隠居ニ而御座候、此段為御承知申進
候、以上、

貴札致拝見候、然者当表旅篭屋ニ致逗留風体ニ不似合金子遣ひ捨候もの有之、疑敷存差留置一ト通相尋候処、尾刕八釼村八釼宮別当大乗と申もの方ニ罷在候喜八与申ものニ而、大乗より用事申付上方江登り候由申之候得共、申口相揃不申乱心之様子ニ相見、勿論於当表悪事之様子も不相聞候付、右村之ものに候ハヽ、大乗又者所役人等之内御差出被成候ハヽ、右喜八可相渡段間宮外記殿・人見弥右衛門殿江及御掛合候処、大乗御呼出御尋之上喜八義者召仕ニ相違無之、用事申付先達而京都江差登候由、大乗儀当表江罷出喜八請取帰度旨申之候ニ付、早速当役所江罷出候様被仰渡候間、罷出候ハヽ、喜八相渡候様被成度旨、右者御支配筋之もの故貴様ゟ被及御掛合候旨御紙面之趣致承知候、則大乗儀今日罷出候付喜八相渡遣候間、左様御承知可被成、右為御報、如此御座候、恐惶謹言、

七月廿日

石原清左衛門
書判

高橋司書様

猶々大乗儀早速致出立候様被仰渡候処、先頃ゟ瘧疾相煩、此節快方ニ付押而出立致候故発足及遅引候旨、且又右大乗儀者松林寺与申真言一寺之隠居ニ而御座候段被仰聞致承知候、以上、

貴報致拝見候、然者当表ニ而召捕候盗賊佐兵衛与申もの、其趣預り所濃州本巣郡生津村百姓佐右（作カ）衛門悴直八事佐兵衛与申、当巳三拾六歳ニ成申候、拾六年以前ニ月親共得心之上稼ニ罷出候処、其侭音信等も不致候付勘当致候、承知罷在候旨申之候付、弥右申口之通相違無御座候哉御糺可被下旨得御意候処、則生津村役人御呼出御糺被成下候処、右村ニ百姓佐右衛門直八与申名前之もの無之旨申之候付、右名前ニ不限心当り之儀も無之哉、村方之もの得与相糺可申出旨御申渡逐一御糺候処、一向心当り之儀も無之旨申出書付差出候、依之当時宗門帳者勿論拾六年以前寅年宗門帳御糺候処、右名前之もの無御座候得者佐兵衛儀生津村之者ニ無之旨

被仰聞、御紙面之趣致承知候、依之尚又佐兵衛相糺候処、生津村出生之ものニ無相違旨別紙書付之通申之候間、今一応生津村役人御糺被仰聞候様致度、此段可得御意旨清左衛門申付、如此御座候、恐惶謹言、

七里官助
田中龍右衛門
若山彦市
徳田佐五右衛門

七月廿三日

高田彦十郎様
関　市九郎様
小林八右衛門様
高田勝之進様

濃州本巣郡生津村
百姓作右衛門悴
稚名者門次
元服後直八事
佐兵衛
巳三拾六才

一父作右衛門儀者拾ヶ年以前病死、
一拾六年以前十二月兄染助与申もの得心ニ而稼ニ出、弐、三年音信不仕、三、四年以前在所江参候処、在所罷出候後音信不致住所相知不申候付、地頭表江相届帳面除ヶ候旨染助申聞候付、又々在所立退候旨、
一母者そよ与申候由、尤生死不存旨、
一同村百姓甚八与申もの親類ニ而、外ニ親類無之由、
一佐兵衛儀次男故、所之風儀ニ而母方之頼寺之旦那ニ成候付、只越村西蓮寺与申寺旦那寺之由、
一父作右衛門居宅東畑、西ハ清五郎、表ハ兵五郎、裏ハ四郎右衛門与申候由、尤生津村之儀村内ニ而者上生津・下生津与弐組ニ相［ムシ］有之、佐兵衛在所ニ罷在候節、上生津庄屋ハ次郎右衛門、下生津庄屋ハ利兵衛と申候得共、只今ニ而者庄屋一方ニ相成候由及承候、佐兵衛出生者下生津ニ相違無御座旨、

江州坂本滋賀院門前
馬場先町
高嶋屋千蔵

右之者大津上西八町肥前屋九左衛門与申もの、家督跡式之儀ニ付相糺度儀御座候、来ル廿八日朝五時、所役人附添私役所江罷出候様被仰渡可被下候、尤右ニ付

追々呼出相尋候義も可有御座候、其度々書付を以申上
頭　註
間敷候間、此段も被仰渡置可被下候、尤右一件之儀、
先達而御引渡御座候儀付申上候、以上、

巳七月　　石　原　清左衛門

（頭註）「東公事欠所方差遣候様小林亮助方へ申遣ス」

42 〔淀川筋川浚ニ付切紙〕

以切紙令啓上候、然者当表願人有之淀川筋川浚之儀、右川筋登り船荷物壱駄ニ付銀壱分宛拾ヶ年之間取立之川浚致度候旨、先達而願出候付、吟味之上去秋御老中方江相伺候処、一同相糺否申上候様旧冬御連名之御奉書至来ニ付此辺末々相糺、先頃ゟ大坂并京都諸問屋・諸仲買之類都而船荷物上積いたし候もの共ニ呼出相糺候処、右何茂差支之儀無之段夫々請書差出候、然処右之外ニ京都行・江州行荷物大坂商人と自分相対を以上積いたし候類、都而はん物与唱候、右者口々夥敷儀ニ付混雑茂可致ニ付、京都大坂諸商人共都而上積運賃・諸懸り物等請持候方之分者此間中夫々呼出相済候得共、はん物之分者仲ヶ間立無之、自分相対を以積取候付口々難相分候間、右同様並之通川浚料可差出候旨、京都・大坂右両町奉行江一同触流之儀申遣候、其表ニ而も右之趣を以同様御触流有之候様致度候、近々御老中方江申上候付、此段可申述、如此御座候、以上、

七月廿四日　　小　堀　和　泉　守

石　原　清左衛門様

御切紙拝見仕候、然者其御表願人有之淀川筋川浚之儀右川筋登り船荷物壱駄ニ付銀壱分宛拾ヶ年之間取立之、川浚致度候旨先達而願出候付、御吟味之上去秋御老中方江御伺被成候処、一同御糺否被仰上候様旧冬御連名之御奉書御到来ニ付夫々御糺、先頃ゟ大坂并京都諸問屋諸仲買之類、都而船荷物上積いたし候もの共御呼出御糺被成候処、右何茂差支之儀無之段夫々請書差出候由、然処右之外ニ京都行・江州行荷物大坂商人与自分相対を以上積致候類、都而はん物と唱候由、右者口々夥敷儀付混雑も可致ニ付、京都・大坂諸商人共都而運

賃・諸掛り物等請持候方之分者此間中夫々御呼出御糺
相済候得共、はん物之分者仲間立無之、自分相対を以
積取候付此者難相分候間、右同様並之通川浚料可差出
旨京都・大坂右両町奉行江一同触流之儀被仰遣候、此
表ニ而も右之趣を以同様触流致候様被成度、追々御老
中方江被仰上候旨御紙上之趣承知仕候、右為貴報、如
斯御座候、以上、

七月廿五日　　　　　　　　石原清左衛門

小堀和泉守様

43 ［近江高島郡舟木村運上材木御払覚］

覚

御払

元木数三万八千八百九拾本
一運上木数三千八百八拾九本

右者当巳正月ゟ同六月迄江州高嶋郡舟木村番所にて取
立候材木十分一運上木御払之分入札、当月十三日於彼
地札披之積、例年之通彦根・長浜・八幡・草津・大
津・舟木村江入札触差出申候、則運上木数品訳帳一冊
相添、此段申上候、以上、

巳八月　　　　　　　　石原清左衛門

江州朽木谷より安曇川江出候舟木村ニ有之候十分一御
運上御材木別帳面之通、此度御払相成候間早々写取、
望之ものハ来ル十二日迄之内舟木村江申越木品見届、
代銀者札披日より四十日限ニ舟木村御番所江上納之積
を以廉々落入札可仕候、翌十三日於右御番所札披有之
候間、証人召連罷出候様御達有之候様御取計可被下事、

巳八月

以切紙致啓上候、未残暑難退御座候処、弥御堅勝被成
御勤珍重奉存候、然者江州高嶋郡舟木村御運上材木、
於右御番所別紙之通木品来候、十三日入札之上御払被
仰付候間、彦根御表并長浜材木屋共望之ものハ別紙書
付之趣承知仕、入札持参罷出候様御役人衆ゟ御達御座
候様仕度奉存候、依之材木入札帳弐冊・覚書弐通進達
仕候、右之段得貴意候様清左衛門申付、如是御座候、
以上、

八月二日

七里官助
田中龍右衛門
若山彦市
徳田佐五右衛門

川手文左衛門様

44［井伊掃部頭様御息女通行ニ付家来・同心差出御礼書付］

一筆致啓上候、残暑之御座候得共、掃部頭様益御勇健被成御座、乍憚目出度御儀奉存候、将又先般・――御息女様当駅御通行被成候砌、家来并組同心差出候処、銘々江御目録被下之、忝仕合奉存候、右為御礼各様迠如斯御座候、御序之砌可然様被仰上可被下奉頼候、

恐惶謹言、

七月廿八日　　　石原清左衛門 居判

井伊掃部頭様
御用人中様

45［草津宿住居盗賊召捕引渡ニ付切紙］

以切紙致啓上候、然者先達而御召捕御引渡御座候草津宿六町目専蔵、并当方にて召捕候佐兵衛〃〃《右衛門》吟味ニ付、別紙名前之もの共江相尋度義御座候間、明後十七日朝六ツ時、当役所江所役人・家主附添罷出候様被仰渡可被下候、尤右之もの共、此後追々呼出候義可有御座候間、其度々及御掛合間敷候間、是又被仰渡置候様致度候、右之段可得御意旨清左衛門申付、如此御座候、以上、

八月十五日

七里官助
田中龍右衛門
若山彦市
徳田佐五右衛門

菅井次郎太夫様
榊原軍左衛門様
若林太右衛門様

尚々右刻限無遅滞様何れも本人罷出、印形持参致候様被仰渡可被下候、已上、

覚

草津宿四町目
かさり屋
平左衛門

同町
百姓
新助
同人妻
はつ

同所壱町目
木屋
七左衛門

同町
新屋
平右衛門

同所五町目
米屋
茂八

同所宮町
百姓
与十郎

同所西横町
百姓
権兵衛

同町
百姓
七兵衛

同所続矢倉村
百姓
仁兵衛

〆

46［大津ニ而召捕盗賊美濃本巣郡生津村百姓吟味ニ付再答］

御再答致拝見候、然者於其御表御召捕被成候盗賊佐兵衛与申者、当方御預所濃州本巣郡生津村百姓作右衛門悴直八事佐兵衛与申、当巳三拾六才ニ相成候段申之候由、依之先達而委細被仰聞候付、生津村役人呼出致吟味候処、前々ゟ右名前之者村方ニ無之旨申之、宗門帳ニも右名前無御座候付、其段得御意候処、尚又佐兵衛御糺被成候得者、生津村之者ニ相違無之旨御別紙御書付之通申之候間、今一応生津村役人相糺申進候様被成度、清左衛門様為　仰被仰聞候御紙面之趣致承知候、依之生津村役人共猶又呼出、御書付之趣を以一々相糺候処、生津村ニ早助与申者悴両人有之、兄者染助、弟者門次と申候処、門次儀廿一年以前酉年直八与致改名候、然処右直八儀生得不埒者ニ而、拾九年以前亥年十一月出奔いたし、十七年以前丑年其御支配所之節御願申宗門帳相除候由、早助儀者十八年已前子年致病死、直八母者そよ与申当時村方ニ罷在、兄染助者当時京都ニ奉公稼いたし罷在候旨申之、其外村役人共申口之趣多分揃致符合候、併早助事作右衛門与申候義無之付、早助悴直八義者年齢茂当年四拾弐才ニ相当り候旨申之候間、是等之義者佐兵衛申口ニ致相違候、則生津村役人共吟味ニ付差出候書付一通相写差進申候、然ル処、生津村之儀者十六年以前寅年御分様ゟ請取候村方ニ御座候付、其節御引渡之同年宗門帳相糺候処、早助悴直八与申名前無御座候間、村役人共申口之通其御支配之節、宗門帳外ニ被仰付候ものニ可有御座奉存候、尤染助義早速京都より呼寄候様村方江申渡候、染助帰村次第吟味之上、追而猶又可申進候得共、暫延引相成候付、先此段得御意度、如斯御座候、恐惶謹言、

八月八日　高田勝之進 判

小林八右衛門 同
関斧九郎 同
高田彦十郎 同

徳田佐五右衛門様
若山彦市様
田中龍右衛門様
七里官助様

生津村吟味書写
御吟味ニ付申上候覚

一作右衛門悴直八事当村佐兵衛与申者、当村之ものニ無之哉之旨、先達而大津御役所様ゟ御糺之義被仰越候付、御吟味被仰渡候処、右名前之もの前々ゟ無之、外ニ心当り之義無御座候旨御答申上候ニ付、其段□□□（欠字）大津御役所様江被仰遣候処、猶又此度被仰越候者、右佐兵衛儀稚名者門次与申元服後直八与申候由、父作右衛門儀十六年以前病死仕、同年十二月兄染助与申者得心ニ而稼ニ罷出弐、三年音

信不仕、十三ヶ年以前在所江罷越候処、在所罷出候後音信不致住所相知不申候付、御地頭表江御届申上帳面相除候旨、染助申聞候付又々在所立退候旨、母者そよ与申候、生死之儀者存不申候由、同村百姓甚八与申もの親類ニ而外ニ親類無之旨、宗旨之儀母方之旦那ニ罷成候付、只越村西蓮寺与申寺旦那ニ御座候由、父作右衛門居宅東者畑、西者清五郎、表ハ表五郎、裏ハ四郎右衛門与申候由、尤村内ニ而者上下二組ニ罷成有之、佐兵衛義ハ下生津ニ相違無之旨、右之趣佐兵衛申答候由ニ付、猶又御糺之義被仰越候、依之被仰渡候ハ、右佐兵衛申答候趣ニ而ハ生津村之ものニ相違無之相聞候間、猶又得与相糺可申上旨被仰渡候、

此段左ニ御答奉申上候、

一佐兵衛父作右衛門与申もの十六年以前病死仕候由、右作右衛門与申名前村方ニ前々ゟ無御座候、

一当村早助与申もの悴両人在之、兄者染助、弟者門次与申候、右門次儀弐拾壱年以前酉年直八与改名仕候、然処右直八儀生得不埒ものニ而、十九年以前亥年十一月出奔仕、十七年以前丑年□（欠字）□□石原清左衛門様御支配之節御願申上宗門帳相除申候、十六年以前十二月兄染助得心ニ而稼ニ罷出候段申上候儀者相違之義ニ御座候、

一早助義十八年以前子年病死仕、右早助後家そよ儀当時村方ニ罷在候、

一同村百姓甚八儀早助親類之ものニ而当時村方ニ罷在候、右甚八外親類者無御座候、

一早助儀西本願寺宗馬場村超誓寺旦那ニ御座候処、女房儀同宗只越村西蓮寺旦那ニ御座候、

一早助居宅之儀、西者平五郎、南ハ兵五郎、北者四郎右衛門、東者畑ニ御座候、五年以前丑年転宅仕、当時居宅隣家之儀、南者傳十郎、北者久松、西者用吉、東ハ畑ニ御座候、右両所共下生津分ニ御座候、

一直八儀十三、四年以前在所へ罷越候得共、先達

而宗門帳相除候段、兄染助申聞村方為立去申候、
一早助悴染助儀、当時京都ニ奉公稼仕罷在村方ニ
罷在不申候、
右御吟味之趣承知仕候而者、佐兵衛儀早助悴直八ニ相違無御座御儀奉存候、乍去早助儀作右衛門与申候儀無御座候得者不審之儀ニ奉存候、尤早助儀老年迠奉公稼仕罷在候儀ニ付、若主人手前にて作右衛門与申候哉、其儀者不奉存候、右佐兵衛年齢三拾六才与申上候由ニ御座候得共相糺候処、当年四拾弐才ニ罷成候与奉存候得者、是等之儀ハ相違仕候得共、右早助悴直八ニ相違無御座様奉存候、乍去右直八儀、前条申上候通、宗門帳外□罷成候ものニ而村方住人ニ者無御座候、
右申上候通相違無御座候付、口書印形仕奉差上候、以上、

巳八月

生津村
百姓早助後家
そ　よ印
右そよ儀者老仕居候付
親類甚八代筆仕候
同人親類
同村百姓
甚　八印
同村年寄
藤　八印
同断
恒右衛門印
同村庄屋
伊兵衛印

大垣
御預御役所

一昨日者貴札致拝見候、然者先達而御引渡申候、草津宿六町目専蔵并其御役所ニ而御召捕被成候佐右衛門御吟味ニ付、御別紙名前之もの共江御尋被成度義御座候間、今十七日朝六時其御役所ニ所役人并家主附添差出候様可申渡旨、尤此後追々御呼出之節、御掛合難被成旨被仰越、委細御紙面之趣致承知候、尚御呼出之もの刻限ニ差出可申候間、左様御承知被下、御序候節此段可然様清左衛門様江御沙汰可被下候、右御報可得御意、如此御座候、以上、

八月十七日

若林太右衛門
榊原軍左衛門

菅　井　次郎太夫

尚々、右刻限無相違様何れも本人差出、印形致持参候様可申付段被仰越、致承知候、以上、

徳田佐五右衛門様
若　山　彦　市様
田　中　龍右衛門様
七　里　官　助様

以切紙致啓上候、然者先達而御召捕御引渡御座候草津宿六町目専蔵并当方ニ而召捕候佐右衛門吟味ニ付、草津宿西横町百姓権兵衛江相尋度義御座候間、明十八日朝六ツ時、当役所江所役人附添、何れも印形持参罷出候様被仰渡可被下候、此後追々呼出候義可有御座候間、其度々及御掛合間敷候間、是又被仰渡置候様致度候、右之段可得御意旨清左衛門申付、如此御座候、以上、

八月十七日　元〆四人

尚々、右権兵衛借家ものニ御座候ハヽ、家主印形持参罷出候様被仰渡可被下候、以上、

菅　井　次郎太夫様
榊　原　軍左衛門様

若　林　太右衛門様

御手紙致拝見候、然者草津宿西横町百姓権兵衛与申者御尋之義御座候付、明十八日朝六ツ時、其御役所へ所役人附添罷出候様可申付段被仰聞致承知候、此者義一昨日被仰越候而今朝其御役所江罷出候様申付候、定而御聞糺御座候事与奉存候、猶亦今日被仰越候通明日罷出候様可申渡候、此段清左衛門様江可然御沙汰可被下候、右御報如此御座候、以上、

八月十七日

若　林　太右衛門
榊　原　軍左衛門
菅　井　次郎太夫

徳田佐五右衛門様
若　山　彦　市様
田　中　龍右衛門様
七　里　官　助様

一筆致啓上候、然者於御表御召捕被成候盗賊佐兵衛与申者、当方御預所本巣郡生津村作右衛門忰之由申之候

旨被仰聞候付、則相糺先達而委細得御意申候、尤生津村早助悴染助儀相糺□□処、京都ニ罷在候ニ付呼寄吟味之上追而可得御意旨申進置候、然ル処、右染助致帰津候付委細遂吟味候処、染助義早助与申者之倅ニ而、弟門次事直八与申者拾九年以前欠落仕、其後十七年以前丑年宗門帳外ニ仕候由、其外之義共先達而進候、村役人并親類申口御繕申答候、右佐兵衛義、染助弟直八ニ相違在之間敷候得共、親名前并年齢等相違いたし罷在候得者、此上佐兵衛面躰見届候上ならてハ実否之義難申聞旨染助并村役人共一同申之候、此上御糺被仰渡候ハヽ、右染助并村役人共其御地江差出可申間、御報被仰聞候様致度奉存候、右為可得其意如此御座候、恐惶謹言、

八月晦日

高田勝之進 判
小林八右衛門 同
関　斧九郎 同
高田彦十郎 同

徳田佐五右衛門様
若山　彦　市様
田中龍右衛門様
七里　官　助様

貴札致拝見候、然者当表おゐて召捕候盗賊佐兵衛与申者、其御預所本巣郡生津村作右衛門悴之由申之候付、其段得貴意御糺之上、先達而委細被仰聞候、尤生津村早助悴染助義御糺可被仰□候処、京都江罷在候付、御呼寄御吟味之上可被仰越旨、先達而被仰聞候、然ル処、右染助帰村いたし候付被遂御吟味候処、染助義早助与申もの悴にて弟門次事直八与申者、拾九年以前欠落仕、其後十七年已前丑年宗門帳外ニ致候由、其外之義共先達而被仰聞、村役人并親類申口同様ニ而、右佐兵衛義染助弟直八ニ相違在之間敷候得共、親名前年齢等相違いたし候得者、此上佐兵衛面躰見届候上ならてハ実否之儀難申聞旨、染助并村役人共一同申之候由、此上相糺候義ニ候ハヽ、染助并村役人共当方へ御差出可被成

哉、御報ニ可得御意旨致承知候、先達而被仰聞候御紙
面之趣を以遂吟味候処、親名前其外共被仰聞候通相違
無之旨及白状候付、寂早染助御差出ニおよひ不申候、
尤右之段自是可得御意存罷上候処、猶又被仰聞候付、
御報旁如此御座候、恐惶謹言、

八月廿二日

七 里 官 助 判
田 中 龍右衛門 同
若 山 彦 市 同
徳田佐五右衛門 同

高 田 彦 十 郎様
関 　 斧 九 郎様
小 林 八右衛門様
高 田 勝 之 進様

47［大坂目付当駅休ニ付切紙］

以切紙啓上仕候、然者大坂御目附川勝縫殿・朝比奈弥
太郎被罷登今日当駅休之処、御手前様方江之油紙包状
箱壱被差出候付、則為持進達仕候、以上、

九月四日　　石 原 清左衛門

丸 和泉守様
□ 大隅守様

以切紙啓上仕候、然者大坂御目附川勝縫殿・朝比奈弥
太郎被罷登今日当駅休之処、御手前様江之油紙包状箱
壱ツ被差出候付、則為持進達仕候、以上、

九月四日　　石 原 清左衛門

小 堀 和 泉 守様

以切紙致啓上候、然者大坂御目附川勝縫殿・朝比奈弥
太郎被罷登今日当駅休之処、各様江之油紙包状箱壱被
差出候付致進達候、且又大坂町奉行衆江之油紙包状箱
壱ツ各様江相達候様被申候付、致進達候、以上、

九月四日　　石 原 清左衛門

角 倉 與 一様
木 村 宗右衛門様

以切紙致啓上候、弥御堅固被成御勤珍重奉存候、然者
別紙御届書壱通各様江進達仕候間、宜被仰上可被下候、
九月七日　　石原清左衛門
加藤次兵衛様
福井甚右衛門様
小川清左衛門様
田中五大夫様

御剪紙拝見仕候、然者御別紙御書付壱通被遣之落手仕、
則差出申候、右為御請如此御座候、以上、
九月七日　　田中五大夫
小川清左衛門
福井甚右衛門
加藤次兵衛
石清左衛門様

以切紙致啓上候、弥御堅固被成御勤珍重奉存候、然者
別紙御届書弐通各様江進達仕候間、宜被仰上可被下候、
九月十一日　　石原清左衛門
加藤次兵衛様
福井甚右衛門様
小川清左衛門様
田中五大夫様

御剪紙拝見仕候、然者御別紙御書付一通被遣之落手仕、
則差出申候、右為御請如此御座候、以上、
九月十一日　　田中五大夫
小川清左衛門
福井甚右衛門
加藤次兵衛
石清左衛門様

以切紙致啓上候、弥御堅固被成御勤珍重奉存候、然者
別紙御届書壱通各様江進達仕候間、宜被仰上可被下候、
以上、
九月十七日　　石原清左衛門
加藤次兵衛様
福井甚右衛門様
小川清左衛門様

田中五太夫様

48［三宝院御門跡書付傳奏衆ゟ到来ニ付切紙］

以剪紙致啓上候、然者三宝院御門跡ゟ被差出候書付一通、傳　奏衆ゟ到来ニ付差進候、右可得御意如斯御座候、已上、

九月廿一日　建部大和守
水原摂津守

石原清左衛門様

御剪紙拝見仕候、然者三宝院御門跡被差出候書付一通、傳　奏衆より御到来ニ付被遣之落手仕候、右為貴答如斯御座候、以上、

九月廿二日　石原清左衛門

水原摂津守様
建部大和守様

御剪紙拝見仕候、弥御安泰被成御座、珍重御儀奉存候、然者御別紙御届書壱通被遣之差出候処、被致落手候、以上、

九月十八日　田中五太夫
小川清左衛門
福井甚右衛門
加藤次兵衛

石原清左衛門様

49［盗賊懸り合尋之儀ニ付役所江差出申付切紙］

以切紙致啓上候、然者先達而及御掛合候盗賊懸リ合、大路井道具屋源六江相尋候儀御座候間、来月二日朝六時所役人御差添、当役所江差出被成候様可得御意旨清左衛門申付、如此御座候、以上、

九月廿九日　元〆四人

斎藤半七様御内
安田十右衛門様
安田平八郎様

50 〔近江高島郡舟木村運上材木払落札覚〕

覚

一銀四貫三百八拾七匁五分五厘

右者船木御番所当巳正月ゟ同六月迠十分一御運上材木三千八百八拾九本御払代銀、落札人材木座善左衛門・同清兵衛・同嘉左衛門、彦根吉次郎、草津七左衛門・同所儀助、長浜次兵衛ゟ取立上納仕候処、如件、

天明五年巳九月廿三日

材木座惣代 勘　七印

立会 九郎右衛門印

徳田佐五右衛門殿

若　山　彦　市殿

田中竜右衛門殿

七　里　官　助殿

内　堀　伴　九　郎殿

牧　川　左一兵衛殿

右之通相違無御座候、以上、

巳九月

詰番 安　井　喜右衛門印

覚

一銀拾弐枚半　材木座冥加銀 当辰年半年分

此銀五百三拾七匁五分

一銀拾六匁壱分弐厘五毛　右口銀

合銀五百五拾三匁六分弐厘五毛

右者材木座冥加銀并口銀共上納仕候処、如件、

天明五年巳九月廿七日

材木座惣代 五　兵　衛印

大津

御役所

覚

一銀四貫三百八拾七匁五分五厘

右者当巳正月ゟ六月迠御運上材木御払代銀、書面之通請取申所、如件、

天明五年巳九月廿九日

牧　川　左一兵衛印

内　堀　伴　九　郎印

田　中　龍右衛門印

舟木材木座惣代 五兵衛殿

覚

一銀拾弐枚半

　此銀五百三拾七匁五分　材木座冥加銀 当巳年分半納

一銀拾六匁壱分弐厘五毛　右口銀

右之通上納請取申所、如件、

天明五年巳九月廿九日　牧川左一兵衛印

内堀伴九郎印

田中竜右衛門印

舟木材木座惣代

五兵衛殿

51 〔吟味筋ニ付届書三通〕

一筆致啓上候、然者当表ニ住居馬稼致居候久助与申もの、吟味筋有之召捕相糺候処、御領分勢州一志郡河古郷野邊村百姓儀右衛門悴ニ而、当巳拾七才ニ相成、三年以前ゟ同国津之内ニ而馬士奉公致罷在、去々夘年津之出郷上野村五郎右衛門与申百姓并馬稼致候もの方江養子ニ罷越居候処、同所南小路与申所名前失念致候由、油屋与申方米四俵売払可遣旨申談、代金壱両三分余ニ売払、右金子油屋江相渡不申博奕ニ打負候付、去辰十二月出奔致候由申之候、弥右申口之通相違無御座候哉、御糺否被仰聞候様可得御意旨清左衛門申付、如斯御座候、恐惶謹言、

九月廿九日　七里官助 居判

田中龍右衛門 同

若山彦市 同

徳田佐五右衛門 同

石川日向守様

御役人中様

以切紙致啓上候、然者其表中北国町藤屋忠兵衛并ふせ屋町井筒屋六右衛門江相尋候儀有之候処、右両人共当地旅宿今小路町茶碗屋助右衛門方ニ罷在候ニ付、則呼出相尋罷有候間、右両所役人共一両人ツ、、早々当御役所江罷出候様御申渡御座候様いたし度候、右六右衛門・忠兵衛当地ニ罷有候故、直ニ呼出し候間、此段可

得御意旁如斯御座候、以上、

九月廿七日　　　　　松田相模守

石原清左衛門様

去ル廿七日御切紙、今晦日相達拝見仕候、然者当表中北国町藤屋忠兵衛并布施屋町井筒屋六右衛門江御尋之儀御座候処、右両人共其御地旅宿今小路町茶碗屋助右衛門方ニ罷在候付、則御呼出御尋被成候間、右両所役人共一両人ツヽ早々其御役所江差出候様可申渡旨、尤右六右衛門・忠兵衛儀其御地ニ罷在候故、直々呼出被成候旨御紙面之趣承知仕候、則両町役人共呼出、年寄壱人・五人組壱人ツヽ早々其御役所江罷出候様申渡候、右貴答如斯御座候、以上、

九月晦日　　　　　石原清左衛門

松田相模守様

以切紙致啓上候、弥御堅固被成御勤珍重奉存候、然者別紙御届書三通各様江進達仕候間、宜被仰上可被下候、以上、

十月朔日　　　　　石原清左衛門

加藤次兵衛様
福井甚右衛門様
小川清左衛門様
田中五大夫様

52 ［草津宿住居召捕盗賊専蔵他裁許覚］

以切紙致啓上候、然者先達而御召捕御引渡御座候草津宿六丁目盗賊専蔵并当方ニ而召捕候佐右衛門掛リ合之もの共、今日別紙之通吟味中、町預ヶ・他参留・遠方留且遠方江罷越候ハヽ、届出候上罷越候様夫々申渡候、此段可得御意旨清左衛門申付、如此御座候、以上、

十月二日　　　　　元〆四人

菅井次郎太夫様
榊原軍左衛門様
若林太右衛門様

覚

一町預ケ

草津宿六丁目
丹後屋専蔵妻
しつ
しつ妹
とわ
専蔵娘
しほ

一他参留

草津宿中小路町
川端屋半助借家
丹後屋惣兵衛
同人母
ゆり

同所六町目
百姓与次兵衛

同町
町中持借家
小歩キ次兵衛妻
よし

同所六町目
木瓜屋勘右衛門借家
桶屋新助後家
よし

同所六町目
笠屋幸次郎借家
働人与市

同所弐町目
銭屋四郎兵衛借家
鍛冶屋長兵衛後家
ふさ

同所宮町
百姓与十郎借家
働人三平後家
さき

同所西横町
百姓久七後家
さよ

同所宮町
青地屋太助借家
木瓜屋庄兵衛

同所五町目
池田屋仁左衛門下人
平吉

同所六町目
川端屋半助下女
とめ

同所五町目
米屋茂八

一遠方留

栗太郡矢倉村
百姓仁兵衛

草津宿宮町
働人源蔵

同所西横町
百姓権兵衛

同所四町目
百姓新助煩ニ付代
妻はつ

同所西横町

同所宮町
百　姓七　兵　衛
百　姓与　十　郎

草津宿六町目
八幡屋米　五　郎
川端屋半　　助
同所東横町
平安屋善　五　郎
同所四町目
かさり屋平左衛門
同所壱町目
木　瓜　屋七左衛門
新　屋　平左衛門
栗太郡矢倉村
辻村屋　彦　次　郎

〆

一遠方江罷り越候ハヽ、訴出候上可罷越

御報致拝見候、然者大路井道具屋源六今二日所役人附添罷出候故、盗賊掛リ合ニ付吟味中他参留申付候、右之段可得御意旨清左衛門申付、如此御座候、以上、

十月二日　　　　元〆四人

斎藤半七様御内
安田十右衛門様
安田平八郎様

御切紙致拝見候、然者先達而召捕御引渡申候草津宿六町目盗賊専蔵、御召捕之佐右衛門掛リ合之もの共、今日御別紙之通御吟味中町預ヶ・他参留・遠方留且遠方江罷越候ハヽ、御届申出候上罷越可申旨、夫々御申渡被成候段致承知候、清左衛門様江宜御沙太可被下候、右御答如此御座候、以上、

十月二日

若林太右衛門
榊原軍左衛門
菅井次郎太夫

徳田佐五右衛門様
若山彦市様
田中龍右衛門様
七里官助様

御再答致拝見候、然者大路井道具屋源六去ル二日所役人附添候而御召被成、盗賊掛リ合御吟味中他参留被仰付候ニ付、右之趣可被御申聞清左衛門様ゟ被仰出候付、御申越之趣致承知候、右為御答如此御座候、以上、

十月四日

安田平八郎

安田十右衛門

徳田佐五右衛門様
若山彦市様
田中龍右衛門様
七里官助様

以切紙致啓上候、弥御堅固被成御勤珍重奉存候、然者別紙御届書弐通各様江進達仕候間、宜被仰上可被下候、以上、

十月七日

石原清左衛門

加藤次兵衛様
福井甚右衛門様
小川清左衛門様
田中五太夫様

御剪紙拝見仕候、然者御別紙御届書弐通被遣之、則因幡守指出申候、右御請如此御座候、以上、

十月七日

加藤次兵衛
福井甚右衛門
小川清左衛門

石清左衛門様

田中五大夫

53［傳奏衆町衆家絵符紋付之品取上申立書付］

以切紙致啓上候、然者町衆家ゟ絵符紋付之品被取上度旨被申立候書付壱通、傳　奏衆ゟ到来ニ付差進申候、右可得御意、如此御座候、以上、

十月七日

建部大和守
水原摂津守

石原清左衛門様

以切紙致啓上候、然者御堅固被成御勤珍重奉存候、然者別紙御届書壱通各様江進達仕候間、宜被仰上可被下候、以上、

十月九日

石原清左衛門

加藤次兵衛様
福井甚右衛門様
小川清左衛門様
田中五太夫様

御切紙拝見仕候、然者町衆家ゟ絵符紋付之品被取上度旨被申立候書付壱通、傳　奏衆ゟ御到来ニ付被遣之落手仕候、然者当所八町上関寺町信楽屋勇助与申もの江絵符紋付之品相渡有之候趣ニ而、若所持致居候ハヽ返附致候様との書付ニ御座候、則勇助儀相糺候処、当津所々江変宅致、去々夘年家出致候段所役人共ゟ訴出、其砌家財附立申付候、尤右改帳面相糺候処、絵符紋付之品相見江不申候、依之町衆家ゟ被差出候書付壱通返進参候間、宜御通達可被下候、右為貴答如此御座候、以上、

十月十日　　石原清左衛門

水原摂津守様
建部大和守様

54 ［馬稼久助身元吟味ニ付書状］

貴札致拝見候、然者日向守領分ニ一志郡河曲郷野辺村与申所有之候哉之旨、御書面ニ御座候処、当方領分中ニ一志郡者無御座候、河曲郡野辺村与申村名御座候付、被仰越候趣を以右野辺村儀右衛門悴久助与申者有之哉之由致吟味候処、右久助と申者無之、儀右衛門悴忠兵衛と申者悴幼名辰之助与申候、其後儀八与相改居申候処、不埒者ニ付五ヶ年以前居村欠落仕候故、其節陣帳相願承届置申候、右親類之者共ゟ口書差出候付今便上申候、委細之訳合右親類差出候口書之趣相違無御座候、右御答如此御座候、恐惶謹言、

十月七日

名川沢右衛門 居判
山本杢大夫 〃
香取半右衛門 〃
馬場彦大夫 〃

徳田佐五右衛門様
若山彦市様
田中龍右衛門様
七里官助様

奉差上口書

勢州河曲郡
野辺村百姓
忠兵衛
後家
年六拾

私悴久助与申者有之哉之御尋被遊候、久助与申者無之候、私悴者幼年之節辰之助与申、後ニ儀八と相改、当丑弐拾六歳ニ罷成候、右父者忠兵衛、祖父者儀右衛門与申候、右儀右衛門・忠兵衛も先年相果申候、右儀八義不所存者ニ而、五年以前丑年八日不埒仕立退、其砌親子兄弟親類共ニ御願申上人別帳御除被下候様奉願、離帳仕候、右儀八義立退外江罷出久助与相改候哉、右儀八ニ候得者不所存ものニ而、只今ニ而者親子之久離も切有之候得ハ、如何様ニ被　仰付候而も少も不苦、御恨ニも不奉存候、右之段申上候、以上、

親類
従弟違
元右衛門印

右忠兵衛後家奉申上候通相違無御座候、親類之分御尋私ゟ外者無御座御候、

右両人申上候通相違無御座候、為其奥印形差上申候、以上、

天明五年
巳十月六日

野辺村組頭
次右衛門印
同村肝煎
礒右衛門印
同村庄屋
甚右衛門印
同村同断
九兵衛印
大庄屋
加藤要助印

御代官所様

御剪紙拝見仕候、然者御別紙御届書壱通被遣之、岡因幡守江差出申候、右尊答為可申上、如此御座候、以上、

十月九日

加藤次兵衛
福井甚衛門
小川清左衛門
田中五太夫

石　清左衛門様

貴報致拝見候、然者

日向守様御領分ニ一志郡河野郷野辺村与申所無御座、河曲郡野辺村与中村名御座候付、百姓儀右衛門忰久助与申者有之候哉之由御吟味被成候処、久助与申もの者無之、儀右衛門忰忠兵衛与申もの忰幼名辰之助与申、其後儀八与相改候処、不埒ものニ付五年以前居村欠落致候故、其節除帳相願御聞届ニ成候由、右親類之もの共ニゟ口書差出候付被遣之、委細之訳合右口書之趣相違無御座候御紙面之趣致承知候、猶又久助相糺候処、河曲郡野辺村百姓忠兵衛忰儀八与申五年前居村欠落致候被申之、右親類之もの口書之趣無相違相聞へ申候、右御事義可得御意旨清左衛門申付、如此御座候、恐惶謹言、

十月十二日

七　里　官　助
居判
田　中　龍右衛門
若　山　彦　市
徳田佐五右衛門

馬　場　彦　太　夫様
香　取　半右衛門様
山　本　杢　太　夫様
名　川　沢右衛門様

55 ［蔵納米月々払高書付認方・雛形］

以手紙啓上仕候、寒冷之節御座候得共、各様弥御安全被成御勤役珍重奉存候、然者先達而被仰渡候当蔵納米月々払高、其御役所江書上候口書付認方之儀ニ如何書上候而宜御座候哉、当十月分相払候米高書上申度御座候ニ付、認方乍御面倒被仰知被下度奉存候、右御頼可得貴意、如斯御座候、以上、

十月十四日

山　田　宇左衛門

徳田佐五右衛門様
若　山　彦　市様
田　中　龍右衛門様
七　里　官　助様

御手紙拝見仕候、寒冷之節御座候得共、弥御安全被成御勤仕珍重奉存候、然者御蔵着米高・御払米高御書付認方之儀、委細被仰聞候御紙面之趣承知仕候、則別紙

振合書壱通進達仕候、尤月限着米・御払米共翌月上旬迠之内御書付御差出被成候様奉存候、右貴報可得貴意、如此御座候、以上、

十月十四日　　徳田佐五右衛門
若山彦市
田中龍右衛門
七里官助

山田宇左衛門様

（以下雛形横書）

「　覚

一収納米　何程　何月分廻着米

内

何程　何払

右之通御座候、依之御届申上候、以上、

何ノ
何月何日　　何ノ何守内
誰

右御書付御持参難被成候而、御下役中御持参之節ハ、左之通御持参之御下役中ゟ御書付御認被成候様奉存候、

着米高・払米高書付一通持参仕候、右之上役可致持参候処、故障御座候付私持参仕候、以上、

何月何日　　誰」

56［中北国町藤屋忠兵衛尋相済ニ付切紙］

以切紙致啓上候、然者先達而及御掛合、呼出候其表中北国町藤屋忠兵衛并布施屋町井筒屋六右衛門儀尋之儀相済候付、他参留ニ而一先帰町申付候間、左様御心得可被成候、六右衛門儀親病気ニ付帰町之儀相願候付承届、先達而差戻置候、右可得御意、如此御座候、以上、

十月十六日　　松田相模守

石原清左衛門様

御切紙拝見仕候、然者先達而被及御懸合、御呼出被成候当表中北国町藤屋忠兵衛并施屋町井筒屋六右衛門儀御尋之儀相済、他参留ニ而一先帰町被仰渡候由、尤六右衛門儀親病気ニ付帰町之儀相願候付御聞届、先達而御差戻被成候段御紙面之趣承知仕候、右貴答如斯御座候、以上、

頭註

十月十九日　　石原清左衛門

松田相模守様

（頭註）「此返書道具屋清九郎方ゟ相達候様、十九日差遣ス」

57 ［大津町方家数・人数・馬牛数書上］

覚

一家数三千七百九拾九軒

人数　男七千弐百六拾八人　馬百拾弐疋
　　　女七千六拾弐人　　　牛四疋

右者当巳年大津宿家数・人数改書面之通御座候、以上、

巳十月　　大津町方
　　　　　御役所

江戸
御役所

58 ［車方三組印形持参申付］

覚

京都三條組
　車　方
同所四條組
　車　方
同所九條組
　車　方

右三組之もの共江申渡候御用之儀御座候間、年寄壱人宛印形持参、来ル廿七日私役所へ罷出候様被仰渡可被下候、以上、

十月廿四日　　石　原　清左衛門

59 ［傳奏衆ゟ到来書付ニ付切紙］

以剪紙致啓上候、然者梅園家ゟ被差出候書付壱通傳奏衆ゟ到来ニ付差進申候、右可得御意、如此御座候、以上、

十月晦日　　建　部　大　和　守
　　　　　　水　原　摂　津　守

石　原　清左衛門様

頭　註

大津表ニ而召捕候盗賊一件之内、別紙之もの御仕置類例之儀私方見合候例無御座候間、御役所表類例之儀御問合申上候、右類例之儀被仰知被下候様仕度、此段申上候、以上、

巳十月

（頭註）「後藤次右衛門□（差カ）遣ス」

御剪紙拝見仕候、然者梅園家ゟ被差出候書付壱通傳
奏衆ゟ御到来ニ付被遣之落手仕候、右為貴答如斯御座
候、以上、

十一月四日　　石原清左衛門

水原摂津守様
建部大和守様

60［中北国町藤屋忠兵衛他参留之件ニ付切紙］

以切紙致啓達候、然者先達而他参留ニ而帰町申付候其
表布施屋町井筒屋六右衛門并中北国町藤屋忠兵衛江相
尋候儀有之候間、来ル九日四ツ時当御役所江所之もの
一両人ツ、差添罷出候様御申渡御座候様いたし度存候、
此段可得御意、如此御座候、以上、

十一月六日　　松田相模守

石原清左衛門様

御切紙拝見仕候、然者先達而他参留ニ而帰町御申付被
成候、当表布施屋町井筒屋六右衛門并中北国町藤屋忠
兵衛江御尋之儀御座候間、来ル九日四ツ時其御役所へ
所之もの一両人宛差添罷出候様可申渡旨致承知仕候、
則六右衛門・忠兵衛所役人差添、右刻限無遅滞罷出候
様申渡候、右為貴答如斯御座候、以上、

十一月八日　　石原清左衛門

松田相模守様

以切紙致啓上候、弥御堅固被成御勤珍重奉存候、然者
別紙御届書一通各様江進達仕候間、宜被仰上可被下候、
以上、

十一月十日　　石原清左衛門

加藤次兵衛様
福井甚右衛門様
小川清左衛門様
田中五太夫様

以切紙啓上仕候、然者
春日御造営材木方大津中北国町藤屋忠兵衛・布施屋町
井筒屋六右衛門外壱人組合ニ而請負致候処、右代銀之
内残銀
一乗院宮役人ゟ相渡不申候ニ付、其御役所江願出度旨
申之、則差出候間可然御取計可被下候、右為可得貴意、
如斯御座候、以上

十一月十九日　　石原清左衛門

松田相模守様

以切紙致啓上候、弥御堅固被成御勤珍重奉存候、然者
別紙御届書壱通各様江進達仕候間、宜被仰上可被下候、
以上、

十一月廿五日　　石原清左衛門

加藤次兵衛様
福井甚右衛門様
小川清左衛門様
田中五太夫様

61［大津宿火事ニ付焼失家数覚］

覚

東海道
大津宿

一焼失家数拾七軒

右者拙者支配江州大津宿内北国道尾花川町去月廿九
日暁七時千造出火、書面之家数焼失仕候、其外高札
場無別条僉議、人馬怪我等無御座候、暁六時火鎮り
申候、尤右場所見分吟味仕候趣戸（戸田）因幡守殿江申上候、
依之御届申上候、以上、

巳十二月　　石原清左衛門

頭註

（頭註）「道中奉行江届出江戸表江差遣ス」

62［三井寺領内盗賊懸り合尋ニ付仰渡］

三井寺領垣内村
働人
文蔵

右之もの大津町ニ而召捕候盗賊掛り合ニ付相尋度儀御
座候間、村役人付添明後十日朝五時御役所へ罷出候様
被仰渡可被下候、已上、

巳十二月八日　　石原　清左衛門

田中　龍右衛門様
七里　官　助様

63［達ニ付役所罷出申付］

以手紙致啓上候、然者御達申候儀御座候間、明後十一日四ッ時、御役所江御出被成候様可申進旨清左衛門申付候、右之段為可得御意、如此御座候、以上、

十二月九日　　徳田佐五右衛門
若　山　彦　市
田　中　龍右衛門
七　里　官　助

菅井次郎太夫様
榊原軍左衛門様
若林太右衛門様

御手紙致拝見候、然者御達被下候儀御座候ニ付、明後十一日四ツ時頃御役所江罷出候様、被仰下致承知候、御次ニ清左衛門様江宜御沙汰可被下候、右御答如此御座候、以上、

十二月九日　　菅　井　次郎太夫
榊　原　軍左衛門
若　林　太右衛門

徳田佐五右衛門様
若　山　彦　市様

以切紙致啓上候、然者先達而他参留申付置候大路井村道具屋源六江申渡候御用之儀御座候間、明後十一日明ケ六ツ時、所役人差添印形持参、右刻限無遅滞当役所江御差出被成候様可得御意旨清左衛門申付、如此御座候、以上、

十二月九日　　七　里　官　助
田　中　龍右衛門
若　山　彦　市
徳田佐五右衛門

安　田　十右衛門様
安　田　平　八　郎様

御切紙致拝見候、然者先達而他参留被仰付置候大路井村道具屋源六江御申渡御用之儀御座候付、明十一日明六ツ時、村役人差添其御役所ニ差出候様石原清左衛門様ゟ被仰出候ニ付、御申越之趣承知仕候、則右之趣申

付候間、御着日御着刻ニ参上可仕候、右為御報如此御
座候、以上、

十二月十日

安田十右衛門
安田平八郎

徳田佐五右衛門様
若山彦市様
田中龍右衛門様
七里官助様

以切紙致啓上候、然者御達申候儀御座候付、明十一日
四ツ時頃当役所江御出被成候様昨日得御意候処、明日
者差支之儀御座候間、追而可申進候、右之段可得御意
旨清左衛門申付、如此御座候、以上、

十二月十日

元〆四人

菅井次郎太夫様
榊原軍左衛門様
若林太右衛門様

御切紙致拝見候、然者御達被成候御儀御座候付、明十
一日四ツ時頃御役所へ罷出候様昨日被仰下候得共御差
支之儀御座候由、依之追而可被仰下候旨被仰聞致承知
候、御次之節清左衛門様江宜御沙汰可被下候、右御答
如斯御座候、以上、

十二月十日

徳田佐五右衛門
若山彦市
田中龍右衛門
七里官助

菅井次郎大夫
榊原軍左衛門
若林太右衛門

以切紙致啓上候、然者大路井村道具屋源六義、明十一
日朝六ツ時当役所へ御差出之儀、昨日得御意候処、差
支之儀有之候付、追而申進候節御差出被成候様可得御
意清左衛門申付、如此御座候、以上、

十二月十日

元〆四人

安田十右衛門様
安田平八郎様

以切紙致啓上候、然者御達申候儀御座候間、来ル廿二

日廿三日之内当役所江御出被成候様可得御意旨清左衛門申付、如斯御座候、已上、

十二月十九日

七　里　官　助
田　中　龍右衛門
若　山　彦　市
徳田佐五右衛門

菅　井　次郎大夫様
榊　原　軍左衛門様
若　林　太右衛門様

以切紙致啓上候、然者先達而他参留申付置候大路井村道具屋源六江申渡候御用之儀御座候間、来ル廿二日明ヶ六ツ時所役人差添印形持参、右刻限無遅滞当役所江御差出被成候様可得御意旨清左衛門申付、如此御座候、已上、

十二月十九日

七　里　官　助
田　中　龍右衛門
若　山　彦　市
徳田佐五右衛門

安　田　十右衛門様
安　田　平　八　郎様

尚々弐人ニ而難相済候ニ付、本人罷出候様被　仰渡可被下候、已上、

御切紙致拝見候、然者先達而他参留被仰付置候大路井村道具屋源六江御申渡御用之儀御座候付、明廿二日明ヶ六ツ時、所役人差添印形持参為致、其御役所江差出候様

石原清左衛門様ゟ被　仰出候ニ付、御申越之趣承知仕候、則御書面之趣申付候、右御答可得御意、如此御座候、已上、

十二月廿一日

安　田　平　八　郎
安　田　十右衛門

徳田佐五右衛門様
若　山　彦　市様
田　中　龍右衛門様
七　里　官　助様

廿二日
一本多千吉家来中嶋郡次罷越候付、右領分之もの共

頭註

御仕置書抜一通、并丹後屋専蔵家財欠所領主江可
被取上旨書付相渡ス、

（頭註）「折リ入半紙ニ認」

以切紙致啓上候、然者先達而得御意候盗賊懸リ合大路井村道具屋源六儀、別紙之通今日落着被申渡候、此段可得御意旨清左衛門申付、如斯御座候、已上、

十二月廿三日

元〆四人

安田十右衛門様
安田平八郎様

以切紙得貴意候、今日者罷越得其意候、然者其砌御渡被成候御別紙ニ有之候丹後屋専蔵家財可取扱旨致承知候、

此儀者右家財其侭ニ而其御役所江納候御趣意哉、又者売払代銀を以相納候趣哉、右之段御報ニ被仰下度御内々可得貴意、如此御座候、以上、

十二月廿二日　中嶋郡次

田中龍右衛門様
牧川弥一兵衛様

御手紙致拝見候、然者今朝御渡申置候別紙ニ有之丹後屋専蔵家財之儀ニ付、御内々御尋被仰聞候趣致承知候、

右家財之儀今朝御達申候通

御領主へ御取上被成、如何様共御取計可被成候、当役所へ御納被成候ニ者及ひ不申候、右為御報、如此御座候、已上、

十二月廿二日

牧川左一兵衛
田中龍右衛門

中嶋郡次様

以切紙致啓達候、然者其表中北国町藤屋忠兵衛、布施屋町井筒屋六右衛門、右両人儀一乗院宮役人相手取伐木代銀滞之儀ニ付、当御役所江願出度旨申之、則御差出之段去月十九日御申越致承知候、右両人共一先帰町申付、来ル正月廿一日四ツ時当御役所江罷出候様申渡候、此段為可得御意、如此御座候、已上、

十二月十九日　松田相模守

石原清左衛門様

尚々六右衛門他参留之侭忠兵衛儀江預ケ申付、差戻し申候、

已上、

御切紙拝見仕候、然者当津中北国町藤屋忠兵衛・布施屋町井筒屋六右衛門右両人儀、一乗院宮役人相手取伐木代銀滞之儀ニ付、其御役所江願出度旨申之候付罷出候様申渡、其御役所江罷出候処、右両人共一ト先帰町御申渡、来ル正月廿一日四ツ時其御役所へ罷出候様御申渡被成候段被仰聞致承知候、右貴報如此御座候、已上、

十二月廿五日　石原清左衛門

松田相模守様

尚々六右衛門他参留之侭忠兵衛儀者預ヶ御申付、御差戻被成候段致承知候旨、両人共致帰町候、已上、

64［大津駅御通行ニ付家来・同心差出之御礼］

一筆致啓上候寒気之節

左近将監様・肥前守様弥御勇健被成御座、目出度御儀奉存候、将又先般当駅御通行被成候砌、家来并組同心差出候処、銘々江御目録被下之、忝仕合奉存候、右為御礼各様迄、如斯御座候、御序之刻可然様被仰上可被下候、恐惶謹言、

十二月三日　石原清左衛門 居判

立花左近将監様

松平肥前守様

御用人衆中

［頭註］

（頭註）「十二月廿七日本津江遣ス」

覚

一米壱石ニ付　銀五拾六匁五分

右者当巳年御地頭御年貢銀納所直段、書面之通相違無御座候、以上、

天明五巳年十二月

酒井修理大夫殿領分

高嶋郡舟木村

庄屋　清兵衛印

史料三　天保三年（一八三二）『西山町字大濱一件留』
（元禄十二年〈一六九九〉～天保三年〈一八三二〉）

（表紙）

西山町字大濱一件留

大濱地面之儀、御蔵奉行役屋敷ニ候処、元禄十二卯四月御蔵奉行相止大津御代官兼帯ニ被仰付、其節之御蔵奉行長坂新右衛門殿ハ京都御蔵奉行被　仰付、布施庄右衛門殿ハ帰府ニ而、右役屋敷跡明地ニ相成候付、御用地ニ相成候迠大津御組江御預ヶ被　仰付候旨、元禄十五午七月大津町支配御代官雨宮庄九郎殿被申渡、其後大津町京都町奉行支配ニ相成候処、東町奉行長田越中守殿在役之節、京都祇園新地清水屋九郎兵衛と申ものの右地所拝借相願候由ニ而組頭呼参尋有之候ニ付、左之通書付差出、

覚

大津字大濱と申所、御明地之儀御尋被遊候、前方御蔵奉行様方御屋敷建有之候所、三拾年以前ゟ明地ニ成、元禄十五午年七月右地面御用地ニ相成候迠私共仲間江御預ヶ被　仰付旨、其節之大津町支配雨宮庄九郎殿被申渡、于今相預罷在候、以上、

（朱筆）「享保十四」
酉八月十五日　　（朱筆）「東組頭」
川嶋覚右衛門

右書付田中七右衛門・木村勝右衛門・草間五右衛門を以差出候処、吟味之上右九郎兵衛願取上無之、其後延享年中右同様之願人有之、猶又尋有之左之通書付差出、

覚

大津西山町之内大濱と申所、往古御蔵奉行御役屋敷建

有之、其後凡四十八、九年以前、右御蔵奉行長坂新右衛門殿・布施庄右衛門殿之節ゟ明地ニ相成、其節大津町御代官雨宮庄九郎殿ニ而右明地御用地ニ相成候迠、当時両御組之もの江御預ヶ被成、今以其通ニ御座候、右明地三百四拾坪八厘、此畝歩壱反壱畝拾壱歩御座候、右之内廿六坪半右御代官支配湖上船判改押小屋壱ヶ所御座候、残三百拾五坪余御座候、右之地面荒地ニ而割木薪等揚場ニ向寄之者共ニ預ヶ置、右為置料米壱石四斗程差越、尤置物少キ節者相減差越申候而、年来御陰ニ而両組之もの共申請難有奉存候、以上、

（朱筆）「延享五」（三カ）
寅十月　　（朱筆）「東組頭」
多賀恒右衛門

右書付芦谷祐四郎を以差出候処、右場所ハ御土蔵江程近く候付、新規建家如何之由ニ而右願御取上ヶ無之、其後明和八夘年欠所家為改、上田権右衛門出津之節、太田播磨守殿ゟ大津ニ無年貢地ハ無之哉相尋候様との事ニ而、西組与頭高田武左衛門江尋候処、差当り無之旨申答候付、東組与頭多胡甚左衛門ゟ本多金蔵・妻木六兵衛・塩津太郎兵衛江左之通書付差出置、

覚

大津西山町之内字大濱と申所ニ、往古御蔵奉行長坂新右衛門殿・布施庄右衛門殿御役屋敷有之候処、其後御奉行凡七十年以前ニ相止明屋敷荒地ニ罷成、其節御代官雨宮庄九郎殿大津町支配ニ而御座候処、右屋敷御用地ニ相成候迠私共仲間江御預被成、尤右明地三百四拾坪余御座候、右之内廿六坪余ハ当所御代官支配ニ而湖水船判押小屋壱ヶ所ニ御座候、残三百五坪有之、右建家跡ニ而荒地石多有之候、作物仕候得共生立不申候付其侭ニ差置、其後商人共木柴揚丁場ニ仕度旨申もの有之、向寄之もの共ニ世話為致置、少々とも右置場料差越候付、仲間惣代上京入用之足シニ仕来申候、右御預地之儀京都支配ニ相成候節、両組頭共ゟ両御役所江申上置候由伝承仕候、然処、享保十四年酉八月右明地京都之もの建家仕度旨、東御役所江相願候由ニ而、長田越中守殿御在役之節、右預地之訳草間伍右衛門殿・木村勝右衛門殿・田中七右衛門殿を以御尋被仰出候由ニ

而、則其節東組頭ゟ前段之趣書付差上候処、御吟味之上右願御取上ヶ無御座之後、延享三年寅五月右同様之願人有之、芦谷祐四郎殿ゟ組頭江御尋有之候付、前段之趣書付差上候処、御吟味之上右場所ハ御蔵江程近キ故新規建家之儀如何ニ思召、是又御取上ヶ無御座候、承知仕候、右延享二丑年両御組小屋建仕候節、地坪行詰候付、大濱之内ニも相分ヶ建可申哉之段相伺候処、少々地坪狭候とも東西組屋敷一側一棟建ニ仕候様被仰聞、末々ニ至東西明キ御組御抱入被　仰付候ハヽ、其砌相伺、右荒地場ニ相建候様相心得罷在候様御支配方被仰聞候由前段申上候趣ニ而、右明屋敷地ハ当所両御組之もの預り罷在候義ハ、両御役所江も申上置候旨申伝候へハ御承知被成下候義と奉存候、前段申上候通、荒地石多作物生立不申候付木柴揚置候付、乍少々も右料物差越候義ニ而候へハ、後日右佐兵衛達被聞候而者私共不念ニも相成可申哉と奉存候付、右之趣各様迄申上置度、何分宜御沙汰可被下奉頼候、以上、

（朱筆）「明和八」
卯九月　　　　（朱筆）「組頭」
　　　　　　　多　胡　甚左衛門

大津町之儀、同所御代官石原清左衛門殿支配明和九辰四月被　仰付、其節組頭両人ゟ左之書付差出、

奉願口上書

当津西山町之内字大濱と申所、往古御蔵奉行長坂新右衛門殿・布施庄右衛門殿と申御住居役屋敷御座候処、元禄十二卯四月右奉行所相止、依之屋敷御取払跡明地面物坪数三百四拾坪余有之内、廿六坪余者其節御代官雨宮庄九郎殿大津町支配ニ而船判押小屋壱ヶ所ニ相成、残三百五坪右地面御用地ニ相成候迠、当御組之もの共江御預ヶ被成預り罷在候、尤廿八年已前丑年私共組屋敷建家仕候節、只今之組屋敷地面狭く候付、右大濱之内にも相分ヶ建家可仕哉之旨相伺候処、弐ヶ所ニ相建候而者入用銀多く相懸り可申間、少々地坪狭候共一側建ニ仕、末々ニ至若明キ御組御抱入之節ハ右場所ニ相建候積ニ取計候様被申候、然処、去卯十一月西組与力上田権右衛門御用ニ而当所江罷越候節、太田播磨守殿

被仰聞候者、津内ニ無年貢地并空地等有之哉、私共江
相尋候様被仰候義申聞候、右預ヶ地之儀ハ先年京都両
御役所江申上置候へ共、大津御地之義故又々右之訳書
付差上候処、否被仰出も無御座、右地面拝借人も可有
之哉之旨、会所役人共江申聞候付聞合候処、少々之料
物ニ而拝借仕度旨書付差上置候処、当御支配ニ相成候、
然処当四月右願人共不勝手之由ニ而拝借之儀御断申上
御聞済被遊候、此上右御用地ニ相成候迠、是迄之通御
預ヶ被成下候様一統奉願候、此段何分宜御沙汰可被下
候、以上、

明和九年辰十一月　御組惣代　多湖　甚左衛門
高田　武左衛門

井上　喜平次殿
井川　武　助殿

御聞届之旨十二月喜平次を以達有之、

（朱筆後書）
「所々空地之儀付書上之内」

覚

字大濱
濱地　壱ヶ所　西山町
此坪三百弐拾七坪
外弐拾六坪余　拙者支配湖上船改并焼印押小屋

是者往古大津御蔵奉行御役屋敷ニ而御座候処、凡七
拾年以前御蔵奉行相止明地ニ罷成候由、其後浪打際
ニ付砂利地ニ相成、近辺船持共船修覆又者船具干場
等ニ相用来申候、地所先支配京都御奉行所ニ而吟味
有之候処、望人無御座、依之入札触有之候処、矢橋
町宇治屋長蔵と申者建家被仰付候ハヽ、壱ヶ年銀八
拾目余可差上旨入札仕候段引渡有之候付、地所見分
之上右長蔵呼出、増方吟味仕候処、近年湖水干水ニ
而右之積を以建家仕度申立候処、浜先浪打際ニ付大
垣又ハ地形築立不申候而者建家難仕、勿論砂利地ニ
而作付等も難相成、其上右建家相願候ニ付而者銀子
調達之工面致置候処、右銀子間違有之出来不仕、旁

以入札願之趣御免被下候様相願申候、右ニ付町々相
糺候処、当時望人無御座候付、追而望人も御座候
ハヽ、其節申上候様可仕候、
右者安永二年巳正月御代官ゟ御勘定所江書上ヶ之内写、

石原清左衛門江

(朱筆)「所司代堀田相模守殿御達」
其地絵図面之内模様違候場所限増減小絵図を以、
三ヶ年一度宛も被差出候様先達而相達有之候処、右
ニ付而者往々小絵図多ニ相成見合ニも不宜候間、以
来之全図一通り仕候故先達而被差出置、全図之三ヶ
年一度宛も引替候之積、尤其度々新之絵図仕立候
[ムシ](二者カ)不及、模様違候場所直シ候而代ル〳〵引替直
シ候箇所、別紙致書付差越候様可相達旨、年寄衆ゟ
申来候之間、可被得其意候、
(朱筆)「寛政六年」
三月(朱筆)「十八日」
右御達ニ付、寛政八辰年大津絵図上り候節、右大濱
地面組同心拝領地と書上ヶ有之、

乍恐以書付奉願上候

一私共所持船并他浦船共字金蔵堀ニ不断繋置候処、風波
之砌毎々 御蔵御高塀并石垣等江船当テ、又ハ地舟・
他舟共日々津内浦々江荷物積揚候節、御役所裏乗廻シ
候砌、御裏御門并御囲江舟当不調法仕候付、毎々御察
当を請奉恐入、其度々御断申上、書付等も乍差上置近
来尚更不調法打続候儀ハ、全当時之船会所ハ見通シ無
之場所故、自ら制度不行届ニ付年々不調法相重り不埒
之至候間、此段等々相考弁理能キ場所見立、急々舟会
所場所替可仕旨昨七年被仰渡申訳無御座、御尤之極奉
恐入候、依之品々申談候而も、往古者私共舟会所之儀
御役所御門前辺ニ御座候趣申伝候得共、当時右町内ニ
舟会所ニ可相成建家も無御座、外ニ積り者考候得共心
当り之場所も一切無御座候付、等閑ニ相成奉恐入候、
是又私共仲間之儀元来北国行荷物追々大廻しニ相成、
当所ゟ積前次第ニ無少相成、年々困窮仕罷在候所、尚

亦近来彦根御領分之内神崎郡山路村ニ新浜出来仕、是迠私共積請候同郡能登川行荷物過半三湊舟ニ而上下共運送仕候付、甚差支難渋ニ相成候付、対談も仕度候得共、何分彦根表ニ而御聞済有之趣ニ相聞候付不容易事と被存、自然争論ニ相成候而者困窮之私共尚更難渋弥増可申哉と、是以心配仕候付無拠差控罷在候儀ニ御座候、尤前々与者私共所持舟過半相減、当時漸々三拾艘ならて者無御座候処、右躰品々難渋出来、舟材木其外入用等者次第ニ高直ニ相成、此上舟数相減可申哉と歎ヶ敷申居候得共、外ニ致方も無御座候付、此上者当所之抜荷物無之様日夜取締仕、何卒是迠通相続仕度、数度打寄精々申談勘弁仕候処、当時西山町地先ニ
御公儀様御地面御座候趣承知仕候付、乍恐右御地面私共仲間江御請地ニ被成下候ハヽ、右御地面ニ舟会所相建、下役之者差置候小家等も相建申度、此段奉願上候、左候得者金蔵堀ハ勿論御蔵御役所沖往返之船迠も不残見通シニ相成候付、以来右躰不調法無之様無油断日々申聞、且者私共抜荷等制度も出来仕、其上水主共諸事取締ニも相成候間、何卒御憐愍を以右場所私共江拝借地ニ被為　仰付被下候様偏奉願上候、願之通御聞届被成下候ハヽ、莫大之御慈悲と冥加至極如何計難有可奉存候、以上、

文政十三年庚寅年正月　百艘年寄　市兵衛印
忠兵衛印

大津
御役所

右之通願出候間、右地面返上可致、併年来年貢取立御組助成ニ致来候事ニ付、是迠之通年貢御役所ゟ取立可相渡旨、寅三月十九日町役清水善之助を以被仰聞候付、一統相談之上否申上度旨申置、一統談之上左之通書付差出、

西山町字大濱明地面之儀御組江御預ヶニ相成有之処、此度百艘ゟ拝借仕度旨相願候付、返上仕候様被仰聞候付一統江其段申聞候処、右地面限之儀者御蔵奉行御役屋敷跡ニ而、元禄年中以来御組御預被置候処、京都支配之節享保年中・延享年中右地面拝借相願候もの有之、

其度々御尋ニ付右之段申上候処御聞済、右拝借願御取上ヶ無之、其上追而御組明キ両人御抱入有之節、右地所ニ弐人分小屋建仕候様延享年中申渡有之、明和年中当御支配ニ相成候節も、前々ゟ仕来之通御組江御預ヶ置被下候様相願候処、御聞届被下、寛政年中大津絵図面被仰付候節も、組同心屋敷と御書上ヶ有之、町方ニおゐても私共地面之様存居候処、此度御取上ヶ百艘江拝借被仰付候而者、御組之もの共不調法有之御取上ヶ相成候様存可申候哉与甚歎ヶ敷、御用地ニ相成候義ニ御座候ハヽ、無致方候得共、右申上候通拝借願候もの有之、度々御憐愍を以年久敷矢張御組江御預被置候儀ニ御座候間、何分是迄之通御預ヶ置被下候様御歎申上度旨一統申之候、尤百艘番所相建候儀ニ御座候ハヽ、右地面之内何程ニ而も借遣可申、左候ヘハ百艘ニおゐても差支之儀も有之間敷候間、此段御聞済被下候様仕度奉存候、以上、

(朱筆)「文政十三」寅三月　　(朱筆)「組頭」川崎惣右衛門

右書付差出候処、同月廿四日善之助へ聞候者、右之趣申上候処、前々ゟ預地相願来候場所ニ而無余儀次第ニ相聞候間、是迄之通可被差置旨被仰聞候、併百艘江取締方之儀兼而申渡置、右地面拝借願出候儀ニ付右地面不残貸渡可申、百艘江者御組預リ地ニ付御組ゟ可借請、尤建家等之儀ハ掛りニ而取調候間、絵図等差出候様百艘江申渡候段達有之、

但、右地面年貢壱ヶ年銀百弐拾目宛可相納旨百艘申立候間、右銀子年々百艘ゟ可請取段別段達有之、

右之通ニ而者是迄通御組預り地ニ而割木置場ニ借候歟、百艘ニ借候歟之違ニ付、御達之趣致承知候、右地面ニ為差置候割木等為取退候間、四、五日も延引可致、且百艘江借遣候上ハ右地面并石垣等ニ異変有之候節ハ、百艘ニ為取計候間申聞候処、承知、

(朱筆)「百艘ゟ御役所ニ差出候写」

奉差上御請証文

一西山町地先字大濱之儀、私共仲間江拝借仕建家仕度段奉願上候処、御聞済被下難有奉存候、然処右地所之

儀者先年ゟ御組様江御預ヶニ相成有之候付、御組様ゟ拝借可仕、建家之儀者絵図共相認、追而可差上様被仰渡承知奉畏候、尤壱ヶ年ニ銀百弐拾目宛相納、右地面不残御貸渡ニ可相成旨、御組様江御達ニ相成候段も被仰渡奉畏候、依之御請証文奉差上候処、如件、

文政十三年
　寅三月廿三日
　　百艘舟年寄
　　　忠兵衛印
　　　八郎兵衛印

大津
　御役所

一三月廿四日川口町年寄佐兵衛呼出、大濱地面不残百艘江借候間、四、五日中割木引払ハセ候様申聞、

一百艘年寄呼出候処、忠兵衛・八郎兵衛罷出候間、御役所ゟも乍今掛有之候間、大濱地面不残可貸渡、尤年々銀百弐拾目宛定納可致旨申聞、

一右割木不残取除候旨六月六日河口町年寄申来、

一同日夕組頭川崎惣右衛門、月番多胡吉蔵、百艘忠兵衛・孫右衛門・与次兵衛立寄、地面間数打改百艘江渡、
　但大工ハ百艘江出ス、

一札之事

西山町
　字大濱
一反別壱反弐畝弐拾歩　　別紙絵図面有之
　此坪三百八拾坪七歩
　　外ニ巾三尺之道弐筋有之

私共所持船并他浦船共字金蔵堀ニ不断繋置候処、風波之砌毎々御蔵高塀并石垣等江船当り、又者地舟・他舟共日々津内浦々江荷物積揚候節、御役所表乗廻シ候砌、御門并御囲江舟当候付御察当を請、其節之御改申上候処、年来猶更不調法打続候儀者全く当時之舟会所ゟ見通シ無之場所故、自ら制度不改候由ニ付、篤与相考、急々舟会所場所替可仕旨被仰渡候付、右大濱地面私共仲間江借用仕、舟会所并下役之もの差置候小家等も相建申度御頼申上候処、御承知御借被下置、忝奉存候、然上者壱ヶ年銀百弐拾目充年々十二月朔日定納可仕、勿論右地所ハ不及申、石垣際等ニおゐて異変之儀御座候節、并石垣修復等者私共仲間江引請取計可仕候、尤右地所御用地ニ相成候節者建物取払、何時ニ而も早速

返上可仕候、依之一札差入候処、如件、

文政十三年寅六月

百艘仲間
年寄　忠兵衛印
同　市兵衛印
惣代　与次兵衛印

御組惣代
川崎惣右衛門
多湖吉蔵　宛

一右大濱年貢半年分銀四拾七匁弐分五厘、川口町ゟ多胡吉蔵方江持参候、
一十二月二日、銀百弐拾目百艘ゟ持参、
一卯十二月、大濱年貢百弐拾目百艘持参、
一天保二卯十一月十八日、川崎惣右衛門江清水善之助申聞候者、此度空地築洲等御吟味有之ニ付、御組江御預ヶ被置候大濱地面之儀、安永年中望人有之候ハヽ、其節御伺可被成旨被仰上置候間、此度冥加銀御吟味之上江戸表江被仰上候方ニ而左様相成候ハヽ、御組助成を失ひ候間、如何可有之哉難計候得共百艘ゟ銀子為差出、利銀を以百弐拾目宛相渡可申旨達有之候付、左之通書付差出、

此度空地築洲等御吟味ニ付、往古ゟ私共江御預ヶ被置候大濱地面之儀、望人有之候ハヽ、其節御伺可被成旨、安永年中被仰上置候間、冥加銀御吟味之上江戸表江被仰上候方ニ而左様相成候ハヽ、私共助成を失ひ候間如何可有之哉難計候得共、百艘ゟ銀子為差出、利銀を以百弐拾目充御渡可被下哉之旨御内談被下、厚き思召之段ハ深難有奉存候得共、昨年も申上候通元禄年中御蔵奉行相止、右屋敷跡松本村之内并右大濱地面共其節ゟ私共江御預ヶ地ニ相成候処、松本村地面者其後私共小家地ニ被下、大濱地面ハ其侭ニ相成有之、京都支配中ニも両度右地所拝借相願候もの有之候得共、□□（私共カ）江預ヶ無之、延享年中只今之小家相建候節、後年御組弐人[ム][シ]有之候ハヽ、右場所ニ小家建仕候様申渡有之、且安永年中当御支配ニ相成候節も前々ゟ之手続申上候処、御聞届被下安心仕罷在候処、昨年右地面百艘ゟ拝借相願候間、返上可致旨被仰聞候付委細之訳申上候処、無余儀相聞候間、是迄之通可被差置、併百艘へ御取締

兼而被仰渡候付、右地面百艘江貸渡可申旨被仰聞、寛政年中大津絵図面ニも同心屋敷と御書上ヶ有之、殊ニ百四拾年余茂御預地ニ付拝領同様ニ心得罷在、京都支配中ゟ四ヶ度も御聞済之儀ニ御座候間、何卒此度改、右地面御組弐人分ニ被下置候様江戸表江被仰上被下候様仕度、幾重ニも奉頼候被仰上被下候而も御聞済無之、御取上ヶニ相成候ハ、無致方儀ニ御座候、

一百艘江出銀仕、右利銀を以百弐拾目ツ、請取候而者、畢竟百艘ゟ合力を請候道理ニも当り可申哉と歎ヶ敷奉存候、前文之通被仰立難被下筋ニ候ハ、、右地所年貢五十ヶ年分当時差出呉候ハ、、百艘江譲渡可申、其上ニ而冥加銀差出、永久百艘請銀ニ相成候ハ、、百艘も安心可仕、私共ニおゐても昨年御願申上候小家屋根普請之儀、右地面土居葺之瓦ずり、薄小雨之節ニ而も雨洩、御土居葺ハ勿論床□も打腐、日々相歎、再願も仕度旨一統申聞候得共、先達而御噂之儀も有之差扣罷在候間、右銀子を以屋根修復仕候ハ、、一統安心可仕と奉存候、

一右地所年貢銀を以前々ゟ泊番夜具為運、表門立明掃除等為致候手当、并出役之節膳所境追分立宿心付等ニ遣来候処、右地所を放シ候而者外助成無之御組之儀ニ而忽差支候間、京都ニ而者御組明キ御切米・御扶持方共御組一統江被下候間、当所之儀も明キ御切米拾五石五斗、明御扶持方四人分共私共江被下候ハ、、右手当并以来火事羽織・揃羽織等潤色仕、且御役所詰待番之儀近来無人之由ニ而出所不慥もの等雇ひ差出、不取締不安心ニも兼而存罷在候間、京都御役所ニ准し定詰之もの三人召抱、右之内ニ而給銀差遣、日々御役所ニ為詰候ハ、便利も宜、取締ニも相成可申、其余銀子者慥成方ニ年々預ヶ積銀ニいたし置、永久小家普請手当ニ致度奉存候、則京都江兼而承合置候趣、別儀之通ニ御座候、

右見競之趣内々申上候、御勘考被下宜奉頼候、以上、

（朱筆）「天保□」
卯十一月　　川嶋惣右衛門

□（書カ）取□（朱筆）「京都江問合候書付写」

一御切米　弐拾石

右者組頭預りニ而払米ニ相成、代銀ニ而同心一同夏火事羽織潤色等、又者案内方合羽其外等諸入用ニ相成、仲ヶ間六人御座候間、壱人分給銀百弐拾目充差遣、余銀ハ貸付ニ相成有之由ニ御座候、

弐軒分明
一六人扶持

右者仲ヶ間六人江壱人分壱人扶持宛差遣候由御座候、

右之通ニ御座候、以上

正月廿三日

右書付弐通共十一月廿日清水善之助江差出候処、同十二月廿七日組頭川嶋惣右衛門、組頭介役岡田六右衛門罷出候様との事ニ付両人罷出候処、元〆三好順之助、町役清水善之助立会、右之書取を以相達、銀三貫目相渡、

御組小屋大破ニ付先達而被相願候拝借之儀者御沙汰ニ不被及、願書御下ケ之上為御手当銀三貫目被下之候、

一御組泊番夜具持運、出役立宿入用、其外為御手当来辰ゟ、以来壱ヶ年銀百弐拾目［ム］［シ］被下候、

一已前ゟ御預相成有之候字大濱地所（預リカ）之儀者、此度冥加地ニ御伺被成候間、御取上ニ相成候、

（朱筆）
「右組屋敷屋根大破ニ付、差出候願書ハ大濱ニ不抱義ニ候得とも、右三貫目被下候手続ニ付、願書左ニ記、

奉願口上書

寛永四夘年大津同心初而被　仰付候節拝領地無之、銘々町方ニ借宅住居仕、宿料者大津町中ゟ差出来候処、元禄十二夘年大津御蔵奉行相止、右明屋敷地古郡文右衛門殿支配之節申立有之、享保五子年九月同心屋敷地ニ被下候得共、急々小屋建難出来、畑ニ貸付致置候処、右地面ニ小屋建壱軒も不致候而者申立候詮無之、勿論御入用ニも難申立候間、右畑年貢貸付普請料ニ可致、尤纔之銀高ニ而手数掛り可申間、御代官所小物成口銀之内貸可申間、年貢代と一緒ニ身元宜町人江預ヶ利倍可致旨申渡有之貸付置候処、同七寅年御代官所替被　仰付、夫ゟ京都支配ニ相成、

右拝領地ニ建家いたし候共御役所迠ハ手遠ニ付、同八夘年当時私共住居之地成共替地相成、小屋建為手当金銭百［ムシ］貸付、利倍いたし金主とも相成候付、延享二丑年小屋建ニ差懸り、同三寅年三月引移申候、然処近年屋根雨洩候付、銘々手入仕候得共年久敷相成、一躰土居葺ずり下り、雨洩ニ而打腐葺替不申候而者難保趣ニ付為積候処、凡銀六貫目余相懸り候ニ付、毎々打寄種々申談候得共、右銀子出方無御座、此侭捨置候而者往々住居も難出来可相成歎ヶ敷奉存候、右申上候通銀高ニも有之、銘々手前ニ而出銀可仕様無御座候間、御憐愍を以何卒御勘弁被成下候様奉願候、願之通御聞届被成下候ハヽ、一統難有奉存候、此段宜御沙汰被下候様奉頼候、以上、

文政十三年寅七月　　佐久間啓　助印

佐久間又兵衛印

川嶋　惣右衛門印

（後筆）「此願書七月二日差出」

曽根源次郎殿

三好順之助殿

中嶋剛之助殿

清水善之助殿

七里官助殿

同日夕七ッ時大地震、翌夘年七月迠日々五、六ヶ度宛も震、」

大津西山町地先濱地百艘年寄請地相願候付、冥加銀御勘定組伺

石原清左衛門

覚

大津西山町字大濱

一濱地壱ヶ所　百艘年寄請地

此坪三百九拾八坪九分

内七拾壱坪九分　此度改出之分

此冥加銀百目　但壱坪ニ付銀弐分五厘壱毛内

内三拾六匁壱分七厘六毛　吟味増

外弐拾六坪余　拙者支配湖上船改焼印押場小屋地之分除之

右者拙者支配江州大津西山町地先濱地之儀、往古大津御蔵奉行御役屋敷有之、凡百三拾ヶ年以前御蔵奉行相

止、右跡明地ニ相成有之候処、浪打際砂利地ニ而近辺船持共船修復又者船具干場等ニ相用来候付、京都町奉行支配之節入札触を以望人吟味有之候処、請地望人無之、漸大津蔵橋町宇治屋長蔵と申もの建家被仰付候ハヽ、相当之冥加銀可相納旨、入札之節申立候由祖父清左衛門江申送引渡候付、地所見分之上吟味仕候処、浜先浪打際ニ付石垣又者地形築立不申候ハ而ハ建家難出来、其外作付等者不相成場所ニ而建家取建候ニ付而者多分之入用相懸り、兼而心当之銀子調達方間違差支候間、引請御免相願候旨申立、外望人無之、追而望人御座候ハヽ、可申上旨、安永二巳年祖父清左衛門申上置候付、其後追々相糺候処、前書之通ニ而多分之入用も相懸り、容易ニ手入難相成場所ニ有之、其上浜辺とハ乍申津内町並ニ無之、土井大炊頭家来白崎乾助屋敷地面を越、右裏手ニ有之候出先浜地ニ付、人家取建候而も至而弁理悪敷商人住居不相成、望人無御座候付其侭差置候得共、船修復又者船具干場等ニ相用候迚無冥加地ニ差置候而者如何ニ付、百艘船年寄共江利害申聞冥加銀上納之儀吟味仕候処、右場所石垣地形取繕仲間船会所等取建申度候得共、余程入用相懸り候儀ニ而、当時差当り船具干場等ニ用候外致方無之、利害之趣者尤ニ承受候得共、往々会所等取建候ニ付而者多分之失費相懸り、其上少人数困窮之仲ヶ間ニ付、冥加銀過分ニ上納之義者難渋之旨申之、壱坪当り壱分六厘宛之積を以壱ヶ年銀六拾三匁八分弐厘四毛宛上納いたし、百艘請地ニ被仰付度義相頼候付、冥加銀増方之儀精々吟味仕候処、差向用方無之場所ニ而難渋ニハ候得共、吟味之趣ニ難黙止存、再上ニ銀三拾六匁壱分七厘六毛相増、都合銀百目充年々上納可仕、此上増銀吟味請候而者請地御免相願候外無之旨申之、申立之趣相違無御座、地所相当之冥加銀ニ奉存候間、右銀辻ニ而百艘請地ニ被仰付候様仕度奉存候、於然者当辰ゟ以来定上納之積を以書面銀百目充年々取立之大坂御金蔵江相納、其年々御勘定元ニ組仕上ヶ候様置御証文可被下候、依之奉伺候、以上、

天保三辰年三月　　石原清左衛門印

史料三　天保三年（一八三二）『西山町字大濱一件留』

御勘定所

右大濱地面之儀、元禄年中ゟ百四十年来御組預りニ而、其間ニハ拝借相願候者有之候而も取上ヶ無之済来候処、文政十三寅年ニ至右地面返上可致旨沙汰有之、委細申立候処無余儀相聞へ候間、其侭可被差置旨達有之安心之処、翌天保二卯年ニ至取上ヶ相成候段、時勢とハ乍申全く拙者愚魯故之義と、汗背之至心中難尽筆紙、依之初末之儀書記月番箱ニ残置候間、後来賢明之各方宜御所置、以前之姿ニ立戻候様所希候、

天保三壬辰年冬　　川島惣右衛門正明誌

通計二十四葉

史料四　明治四年（一八七一）御用記

（表紙）

御用記

佐久間

「昼九ッ時」　「朝六ッ時」
「十二」午　「六」卯
「一」半　「七」半
「二」未　「八」辰
「三」半　「九」半
「四」申　「十」巳
「五」半　「十一」半

キ　甲　乙
ヒ　丙　丁
ツ　戊《ボー》　巳《キ》
カ　庚《コー》　辛《シン》

「夜九ッ時」　「暮六ッ時」
「十二」子　「六」酉
「一」半　「七」半
「二」丑　「八」戌
「三」半　「九」半
「四」寅　「十」亥
「五」半　「十一」半

ミ　壬《ジン》　癸《キ》

（この部分「」は朱筆）

庚午
十二月廿五日　御用仕廻

辛未
元旦　八字出仕（時ヵ、以下同）

四日　礼服　九字出仕　十二字退席
御政事初

五日　平服　九字出仕　十二字退席

七日　礼服　九字出仕　十二字退席

八日ゟ
十五日迠　九字出仕　十二字退席

右之通伺済之事、

元旦御礼廻勤之義、是迠者出頭前ニ知事殿御宅其外
江罷越候得共、

朝廷遥拝不相済内廻勤不都合ニ付、出頭相済候上廻
　礼可然旨知事殿御達之事、
一金子三百疋　御半多之処、人少ニ而精勤致候付御褒美
　者被下候事、
（繁）

坂田郡熊之瀬村
百姓安右衛門悴
無宿　音　吉
未廿八才

伊州名張郡夏元村
無宿　惣　七
未廿七才

江州蒲生郡久保村
穢多
無宿　七　蔵
未

（朱筆）「正月七日夜蒲生郡石堤村ニ而被召捕」
日野・村井・小合町
市五郎
未弐十八才

（朱筆）「正月八日朝大坂表ニ而成瀬様□手ニ而被召捕」
蒲生郡綾戸村
定　吉
未四十八才

右五人之者正月晦日暁丑刻ゟ寅刻迠之内、西牢囲鞘格
子切破逃去候付、夫々手配之事、

（朱筆）「元山口藩」
廣澤参議

正月九日暁第一字、何者共不知両三人邸江忍入深手為
負逃去候後、右疵ニ而無程卒去ニ付、捕縛探索方未正
月十三日夜京都府市政局附属之者知事侯御旅宿へ罷越
候付、翌十四日下用掛藤蔵江船場并津内探索被仰付候
事、

大津縣貫属卒
佐久間琢蔵

一慶應四戊辰年五月三日、三人扶持月金拾両町方取締申付ル、
一同六月九日、町方助役申付、
一同七月二日、町方見廻り頭取吟味方申付、
一同八月十日、第九等守倉申付、扶持不被下、
（朱筆）「右二条口達ニ而御書付無之候事」
一明治改元、十月廿日当分鞫獄町方駅逓兼申付、守倉免、
一同十二月七日　還幸被　仰出候ニ付、駅逓兼監察御用
　掛申付ル、
一同十二月廿七日、准八等中断獄下調方申付ル、

一同二己巳年正月廿二日、当正月ゟ三人扶持被下、
一同三月四日　御東幸中駅逓下調方兼勤申付、
一同四月二日、准八等上断獄方申付ル、
一同四月五日、徒刑場兼勤申付、
一同九月十八日、任権大属　鞫獄掛申付、
一同十月三日御改正ニ付、以後御救助不被下、
辛未正月廿二日
右之通史生ヨリ月日相違無之哉之義、廻達を以申来リ、

辛未二月二日改正

月給八両　下目付　竹中政右衛門

同断　目代　横江暉十郎
瀧口善三

（朱筆）「粗忽之義有之候付
辛未四月十九日下目付被免　七両　竹中斧太郎
徒刑下用掛被仰付候」

六両ツ、　高橋友助
徳本達蔵
吉本岩三郎
三人未二月二日御抱入

（朱筆）「辛未四月廿八日下目付被廃止捕亡方与
改称被仰付」

牢吏

五両ツ、　酒井貞三
大西庄八
壷井弥三郎
江
未八月十七日被免代リ
作蔵
田中庄五郎
池田定七
西村卯之助
井上伊三郎

付箋

（付箋）「下番　上小唐橋町
四両　未　鍵屋佐助
四月十七日召抱」

月給七両　下用掛　坂口藤造

々　五両ツ、　井上長治郎
吉田多助
橋本萬助
磯野伊兵衛
冨田甚吉

（朱筆）「未四月十九日被仰付候　々
五両ツ、　徒刑下用掛　西川藤兵衛
勝山権兵衛
竹中斧太郎」

四両弐分　日雇　小嶋源右衛門

四両弐分　中番　谷口友三郎
　　　　　　　　原田伊助　被抱

同断　門官　山本惣助
　　　　　　井上半七

炊番小遣兼　（朱筆）「二月中被免」徳兵衛

三両弐分ツ、　未八月十七日被仰付　幾治郎　新抱

徳三郎

御一新後ゟ引続　吉田周教

金五両ツ、　牢医　未八月十七日　西謙造

一下目付七人
　諸探索を掌リ捕亡を兼務ス、其余時宜ニ寄長官之差
　図可請事、

内壱人宛　本廰へ相詰可申事、
同弐人宛
　不抱休日昼夜共鞫獄所へ相詰、吟味其外落着者有之
節壱人宛立会、牢内見廻リ者勿論聡而局中之雑事取
締可致事、

（朱筆）「八」
一牢吏九人　内壱人下番之者
　番所　弐ヶ所
詰所　壱ヶ所

一番所弐ヶ処江昼夜共両人宛厳重相詰可申事、
　但番所江雑物差置候儀不相成候事、
一罪囚人食物初不寄何品諸牢内江差入者聡而牢吏手元
へ請取、更ニ改ヲ受差入可申事、
一下用掛以下炊番・煎薬人等猥ニ牢内へ為立入申間敷事、
一罪囚人之逃走するを不覚者者四十咎可申付事、
　但科ニ寄れ者放役可申付事、
一罪囚人反獄シ罪人牢吏江手向するを云力不足ニ逃走する時者一等を
減シ可遣事、但し右同断、
一改心《コトサラ》罪囚人を縦《ハナツヿ》スル者、罪囚人与同罪可申付事、

一罪囚人逃去シ未タ断決《裁許無之内》セサル間、自ラ捕獲シ、及ヒ他人捕獲シ、若シクハ囚已ニ死シ及ヒ自首《ミツ申出ル》スレハ、各一等減シ可遣事、

一若シ財ヲ受テ縦《ハナツ》スル者贓《ヌスミシヿ》ニ計ヘ、枉法《贓ヨリ賭賂ヲ受法ヲ曲ルヲ云フ》ヲ以テ重キ従テ可申付事、

一総テ牢内ニ不都合出来候節者牢吏之越度たるへき事、

一下用掛リ六人
　鞫獄庭吟味落着等之節両人宛立会、只郡中番人を指揮シ探索を掌リ落外送リを兼務ス、

一仲番両人
　局中之使用ニ充テ、牢内ノ事ニ携ルヲ許サス、

一炊番両人
　賄出来之節、調進錠直ニ牢吏江相渡可申、牢内江立入候事ヲ許サス、追外使を兼務ス、

一醫局附煎薬人
　薬出来之節、牢吏江相渡シ可申、病院之外牢内へ立入事を許サス、

（朱筆）「未二月召抱」
月金四両　神原啓輔

辛未二月二日下目付以下へ相渡

大津附　元同心江

今般給録（ママ）御規則被
仰出候付而者、猶追而申達候迄給米三石五斗ツ、被
下、当縣貫属被仰付候間、此段為心得相達候事、

辛未二月　大津縣廳

（朱筆）「右之通御書付二月廿四日岡本晋惣名代与して罷出候様、廳務掛ゟ達有之候、官員之者者暫御沙汰相成候迄相渡、無勤之者者給米之内月々内談御願被成候而も宜敷分御達有之候事、」

元大津附同心　元高現米拾石三人扶持　宿所近江国滋賀郡大[ム][シ]
元組同心受領館ニ住居罷在
養祖父故佐久間正藏同心役相勤申候、
祖父横井弥平治膳所御代官役相勤申候、
養父佐久間啓輔同心役相勤申候、
実父横井弥右衛門膳所御代官役相勤申候、

大津縣権大属

佐久間琢藏　未

（朱筆）「給米三石五斗」
高五拾石　生国　近江国

文久二壬戌年九月十三日抱入相成、明治元戊辰年四月八日大津裁判所ニおゐて監察筆生被申付、同年五月三日大津縣(朱筆)「ニおゐて」町方取締役被申付、同年五月三日大津縣町方取締役被申付、同年六月九日町方助役転役被……、(ママ)同年七月二日町方見廻り頭取吟味方へ転役……、(ママ)同年八月十日守倉転役、同年十月廿日当分鞫獄・町方駅逓兼被申付、同年十二月七日還幸被　仰出候ニ付、駅逓兼監察御用掛被申付、同年十二月廿七日断獄下調役転役、明治二己巳年正月ゟ三人扶持被下、同年三月四日御東幸中駅逓下調方兼勤被申付、同年四月二日断獄方転役、同年四月五日徒刑場兼勤被申付、同年九月十八日官員　拝命、同年十月三日御改正ニ付、以後御救助三人扶持不被下、明治四辛未年正月給米三石五斗七升、大津縣貫属卒被仰付候、

(朱筆)「右給米三石五斗之内辛未二月中ゟ五月中迠四ヶ月分、五月晦日初而頂戴仕候事、」

用紙美濃　竪九寸 巾弐寸五分

(朱筆)「明治四辛未年二月差出候事、」

元非蔵人旧官人 并其以下ヵ 元藩ヵ何之誰家来ヵ元高何程　賜邸ナレハ地名何々 当時宿所何々

養祖父　何之誰　何役相勤申候
祖父　…………………
養父　…………………
父　…………………

旧幕ヵ 御扶助ナレバ其高何程　触頭ナレバ何之誰触下 官員ナレバ何官

高何程　生国　何国　何之誰 未何才

其身家督相続ヵ番代ヵ抱入ヵ、年号干支月日、夫ヨリ何府縣貫属士族ヵ卒族ヵ被　仰付ル迠、転役ヵ転任ヵ其廉々年号干支月日、当時官員ナレハ號拝命年号干支月日

右者府縣貫属之者別紙[ムシ]之通、明細短冊相認候[ムシ]へ来正月晦日限可差出旨、庚午十二月付太政官ゟ御達有之候ニ付、別紙取調差出候様未二月廿五日庶務掛ゟ達有之候事、

御蔵町
荒木栄輔

右之者辛未三月九日鞫獄所薬煎役被仰付候事、
辛未四月ゟ
一日吉御祭礼之節、出役致し候者当年ゟ小者壱人宛被下
候ニ付、左様御承知被成候事、
（朱筆）「四月十三日御祭礼」　桑田　大参事
（朱筆）「但四月廿日以書付御達相成候事、」
辛未四月十三日夜十一字頃刑部省破獄致遁走候名前書
左之通、

和州添上郡
長谷村四郎兵衛悴
森本政吉
未三拾六才
「朱書之政吉歟」
（朱筆）「東京神田鍋町
駅逓政吉
未廿七才」

（朱筆）「大溝藩ニ而捕
五月廿六日入牢
七月二日引渡」

（朱筆）「東京神田福町
新蔵
未廿七才」

浪人勅使河原八郎事
木村八良与申立候
無宿八郎
未三拾才
（朱筆）「東京ニ而召捕候」

武州二合半領
無宿
佐次郎
未拾九才

同州本郷村
無宿
巳之助
未弐十六才

浪人木村喜一郎与申立候
無宿
喜一郎
未弐十五才

東京ニ而捕縛

本郷中之郷八軒町
弐番地借店
鈴木丑五郎厄介
武田岩吉
未弐十五才

上総国木更津
無宿
和田芳五郎
未三十七才

鉄炮洲船松町
無宿
定吉
未弐十四才
（朱筆）「蒲生郡西老湊村ニ而召捕
五月十四日入獄
七月二日東京府江引渡」

静岡藩
進藤銀治郎厄介
弟子
進藤志津蔵
未弐十弐才
（朱筆）「沼津にて捕縛相成候」

深川下大嶋町
無宿
市蔵
未弐十六才

（朱筆）「大溝藩ニ而捕
五月廿六日入牢
七月二日引渡」

芝中門前伊兵衛店
寅治郎悴
彦松　未弐十弐才

武州越ヶ谷
無宿助次郎事
金次郎　未四十壱才

三河町
無宿
山本由次郎　未弐十五才

（朱筆）「大溝藩ニ而捕
五月廿六日入牢
七月二日引渡」

浅草田嶋町
無宿
平山宗吉　未拾八才

陸前仙台
無宿
小野伊之助　未弐十九才

麹町八町目
無宿
山田弥五郎　未三十四才

三河町三丁目
忠兵衛店
源治郎悴
兼吉　未弐十八才

下総臼栗村
無宿
小曽野彦八　未三拾四才

武州雑司ヶ谷村
無宿
森熊治郎　未十八才

（朱筆）「［ムシ］
七月十一日
東京府江召連帰」

京都川原町
無宿
吉五郎　未弐十六才

江州丈上郡今村
無宿
竹川当五郎　未弐十六才

（朱筆）「未五月十六日入獄
七月二日東京府権大属大岡多兵衛へ
引渡候事」

麻布龍土町
無宿
山田寅吉　未三拾才

浅草寺中
勝蔵院地借
金子喜三郎店
福田茂三郎　未弐十六才

物計弐拾三人之内、当月十六日江州大津村ゟ致上陸候、

五人連［ムシ］（之者カ）人相左之通、
一年齢四拾才位　壱人
疲顔　浅黄縞袷着　小倉帯ヲ〆
紺脚半　同足袋　但風呂敷包携
一年齢弐拾四五才位　壱人
顔　細長キ方　惣髪　紺脚半同足袋
一年齢弐拾四五才位　壱人
顔長キ方　細帯ヲ〆
但髪結職人之風体ニ相見江、素足胸ゟ手先迄彫物
有之、
一年齢弐十四五才位　壱人
手先彫物有之、博多帯ヲ〆　菅笠ヲ持
但素足其余不詳
一年齢弐十五六才位　壱人
顔丸ク　色白ク　紺無地袷着其外不詳
都合五人
右之外拾八人之人相未タ難相分、
右之通刑部省村上逮部権少佑・磯部逮部東海道三嶋駅
出役先ゟ四月十九日四ッ時出之書状、廿三日四ッ時着
ニ付、左之通、

手当方　四月廿三日ゟ
見張　巡羅掛壱人
（朱筆）「捕亡方」下目付壱人
黒門　炊番壱人
雇手先壱人
小関　巡羅掛壱人
炊番壱人
雇手先壱人
八町筋旅籠屋郷宅船場三井寺下□観音并四宮町・
甚七町・真町、昼支度水茶屋向、御両□下村之番
人、外ニ近江国藩々并出張所江懸合、
但京坂両府江者御役所ゟ仕立を以手当方懸合有之候事、
旧幕中修覆相成来リ有之候御蔵表御門東脇高塀
続ゟ元組屋敷表門迄、境目高塀扣柱朽腐西之方
江倒懸ケ、所々壁裂、押瓦破損シ有之候付、打
倒候而者官費多ニ相成、早々御修覆御申立被成候
ハヽ、減費相成候与心付、此段申之置候、以上、
辛未五月九日　取井　清
佐久間琢蔵
右者私共ゟ申立候義ニも無之候得共、何連ゟも申立候
者も無之、御役所修覆方も扣相見不申候付、三宅早太

郎懸リニ而小嶋岩雄ゟ談シ有之候付差出置候事、

一五月十八日夜南風烈敷候事

牢医　浅井東医

薬煎　神原啓輔

右両人共御都合ニ寄辛未五月晦日被免候事、

医局
薬煎

寺町家持　越前屋佐兵衛

右之通辛未七月八日被仰付候事、

写

凡在官之者病気不参五十日ニ満ハ辞表可差出、若其侭保養可遂様被
仰付候於而者又五十日療養いたし、其上全快不致節者再辞表差出可申事、
但保養可致様被
仰付候節、居所ヲ移シ療養等致度候ハヽ、願出へく、尤五十日未満与雖モ病状ニ依テ日夜可被勤候事、

辛未七月

右之通被　仰出候間、御心得与して申入候也、
（朱筆）「但七月廿七日廻達有之候事、」

司法省

卿
掌聴判執法申律折獄断訟捕追

大少輔
掌同卿

右之通候条相心得相達候事、

辛未七月　太政官

今般弾正台ゟ取調相成居候、諸事件一切司法省江可差出事、

辛未七月　太政官

一八朔御礼之義者五節句同様可相心得旨御達有之候付、

一同知尽之外廻勤無之事、

先般貫属卒被

仰付候元大津附同心、其外之輩帰農商相願致者者其段
可願出候、尤当未年中願出候義、兼而
被仰出候御規則之通、本資令被下候間、此旨可相達候
事、
　但帰農商相願候者給米被下方之義者、右相願候前月
　迠月割を以被下候事、
　辛未八月三日
　大津縣廳
別紙之通御達相成候、就而者帰農商願不願与も御決意
壱人別書取を以庶務懸リ迠御申出有之度、此段為念申
入候事、
　辛未八月三日　庶務掛
岡本　晋　佐久間琢蔵　田中久兵衛　山田豊作
八戸　要　上原與七郎　一井　清　安井重郎
気山又太郎　佐久間勇助　多賀千之助　赤井　尚
村治唯一　手塚太郎蔵　岡田光太郎　内田健蔵
一井常次郎　一井健治郎　一井友治郎　高橋多門
手塚熊蔵　内堀新太郎　（朱筆）「〆弐拾弐人」

出勤中帯刀差許候事、　吉田周敬
寺町住居　西　謙蔵
当分御雇を以牢人壱人胗祭申付候事、
但出勤中帯刀差許候事、
　山田幾治郎
牢吏差許、炊番小遣兼申付候事、
　作蔵
炊番差許、牢吏申付候事、
　辛未八月十七日

未八月十五日
鞫獄掛被差許
訴訟掛被仰付　松井四郎
同日
東京詰被仰付　中村少属

今般当縣判任履歴御編制相成候付而者、縣令前ニ相成
候迠裁判所之節御出仕被成候月日并職掌等巨細御記し、
当局へ早々御廻し有之度、此段申進候也、
（朱筆）「辛未」

八月廿日　　簿書掛

明治元戊辰年四月八日
　監察筆生被申付
同四月十八日
　同断吟味役兼務被申付
　　佐久間琢蔵

右之通大津裁判所江御採用相成申候、以上、
　辛未八月廿二日簿書掛へ差出候事、

散髪・制服・畧服・脱刀共自今可為勝手事、
　但礼服之節者可致帯刀事、
　辛未八月廿二日　太政官

帰商入籍奉願上候書付　佐久間琢蔵

私儀
先般当
御縣廳貫属卒被
仰付難有仕合奉在候、然ル処方今之御主意拝承仕候付
而者、大津御蔵町江入籍之儀示談仕候処、町内ニおい
て差支無之由申聞候間、帰商仕度奉存候ニ付、此段御
許容被成下候様[ムシ]（奉願カ）上候、以上、
　辛未十月廿二日
　　岡本晋
　　佐久間琢蔵
　　一井清
　　成瀬操蔵
　　加藤文吾
　　田田健蔵

右願之通御聞済相成候事、

明治四
　辛未十一月二日、御蔵町年寄菱屋多四郎ゟ人員書町
　内江差出呉候様談ニ付、左之通書出し候、

近江国滋賀郡大津今堀町
一浄土宗今熟寺　佐久間以時　未四十四才
　妻りき　未四拾才
　忰佐久間寿太郎　未拾六才

（挿入剪紙）「明治九年十二月改メ
文政十一年子
六月廿五日生　佐久間以時
四十八年七ヶ月
天保三辰年
二月十一日生　妻　りき
四十四年十一ヶ月
安政元年辰
二月八日生　寿太郎
二十年十一月
文久元酉年
八月十三日生　武次郎
十五年五ヶ月」

様之御拵積奉伺候旁、昨日断然散髪［ムシ］、左様御承知可被成下置候、右等々之情実者御地官員［ムシ］与［ムシ］江公然御申通被下置候、弥右大臣公ヲ奉始洋行御発し相成申候、

辛未十一月十四日

谷口友三郎
竹中斧太郎
橋本萬助
右当給を以当分牢吏　吉田多助
坂田信太郎
右御日雇を以当分牢吏　大田新七

右同断下用掛　村多長治郎
佐野屋彦造
右同断仲番　井上直吉
右同断煎薬方　酒井佐兵衛

是迠牢吏不都合之義出勤差留、謹慎申付候事、

辛未十一月廿五日

任大津縣令
従五位　松田道之
任大津縣参事
神原煌
任大津縣権参事
正七位　桑田安定

右
宣下候条、此段相達候事、

辛未十一月廿二日
式部寮
大津縣

追啓少参事有之事ニハ候得共、参事殿帰縣相成候迠者
諸局長ニ而無差支諸事取計置候様、此段可申遣旨参事
殿被申聞候、向々江御伝達有之度候也、
　辛未十一月廿六日　（朱筆）「大津縣東京詰」　中村少属
　　庶務局御中

私儀
（朱筆）「辛未十一月廿八日着之事」
今般別紙之通蒙
宣下候ニ付、此段御届仕候、且又趣任之儀者追而日限
取定メ御届可仕候、以上、
　辛未十一月廿七日　　従五位　松田道之
　　大津縣廳
　　　御中
　　　　従五位　松田道之
任大津縣令
右
　宣下候事、

　辛未十一月廿三日　　太政官
　　　　各局
従五位松田道之ヨリ別紙之通届書差越候ニ付、為心得
此段相達候事、
　辛未十一月廿八日　大津縣廳

為手当金千五百疋遣之候事、
　辛未十二月廿五日　大津縣廳
辛未十二月廿四日付を以明廿五日第十字御用之儀有之
間、礼服着出張可致旨御達ニ付罷出候処、右之通各通
ニ而参事榊原豊御達之事、
　一金百五拾両
右者本資金与して明治五壬申年正月十日御渡しニ付
請取、一同請書差出、令松田道之・参事榊原豊・権
参事桑田定雄廻勤致候事、
　但旧権知事朽木殿江も罷越候事、
申付ル儀有之間、明十日第八子刻後ニ而出廳可致候事、
　壬申三月九日滋賀県廳

佐久間以時
当縣十二等出仕申付候事、
明治五年
壬申三月十日　滋賀縣廳

佐久間以時
聴□(訟カ)課申付候事、
明治五年
壬申三月十日　滋賀縣廳

佐久間以時
小分課可為鞫獄専務事、
明治五年
壬申三月十日　滋賀縣廳

右之通被仰付候事、

鞫獄専務下司掛
磯野伊兵衛
冨田甚吉
小村藤治郎
寺尾豊吉
早瀬藤蔵
膳所村住
山川勇吉
木下村住
吉坂清吉

徒刑下用掛
井上長治郎
西川藤作
勝山作弥
小嶋茂平
中ノ庄村
望月市五郎

牢獄賄方
谷口友三郎
井上半七

牢番
橋本万介
吉田多助
太田新七
坂田信太郎
木村徳二郎
今井次平

囚獄所門番
竹中斧太郎
山本惣助

炊番
小使　兼弐人
村上仙右衛門
小林捨吉

右之通、壬申四月晦日相達相成候事、

佐久間以時
任権少属候事

壬申五月十三日滋賀縣廳

一玉目拾匁筒　壱挺
右者私所持仕居候間、此段御届申上候、以上、
壬申十月九日　佐久間以時印
勧業専務
御中

一西洋十連発小銃　壱挺
一和規銃　壱挺
右之通私所持仕候間、此段御届申上候、以上、
壬申十月十七日　佐久間以時
勧業専務御中

一明治五壬申年十一月中新暦御改被仰出候付、同年十二月三日明治六年一月一日
年始式
一日

一官員一同礼服ヲ着シ、午前第八時出廳雑事専務、其旨ヲ令参事ニ告リ、

(挿紙)
「近江国滋賀郡大津町之内第三区
御蔵町弐拾八番屋敷住居
実父当国栗太郡笠村
元膳所藩代官横井弥右衛門二男
養父旧幕代官石原清一郎支配同心
佐久間啓助亡
滋賀縣十二等出仕　佐久間以時
壬申四拾五才
当国栗太郡内川村
農吉国仁平治三女
商
妻りき
壬申四十壱才
長男寿太郎
壬申拾七才
二男武治郎
壬申拾二才
氏神大津四宮社
浄土宗大津今堀町今然寺
」

次ニ

正廳次ノ間江判任ヨリ等外官員迠着席、雑事専務其旨ヲ令参事ニ告リ、令（参欠カ）事一ノ間へ出席シ椅子へ路（踞カ）ス、雑事専務二ノ間左側ニ椅子ニ路ス、続テ十五等以上官員一同二ノ間ニ進ミ、数行平面ニ列立、筆頭官員ゟ年始奉賀ノ旨ヲ述ハ、一同磬折シテ拝ス、此時令参事立テ受ク、

二日

一当番官員一人・縣掌一人礼服ヲ着シ出廳ス、
　但午前第八時ヨリ午後四時迠

三日

右同断
但右断

四日

一政始メ、官員一同礼服ノ着（ママ）シ午前第八時出廳、雑事専務其旨ヲ令事（ママ）ニ告リ、
　次ニ
　官員一同正廳二ノ間ニ出テ数行平面ニ椅子ニ踞ス、
　続テ令参事一ノ間ニ出テ椅子ニ踞ス、直ニ御誓文読知、続テ当縣職制巻首文読知令読之、

六日

一午前第八字貫属・士族正廳二ノ間ニ於テ賀新年儀一日ニ同シ、
　畢テ
　令参事退席、
　次ニ
　地券取調用掛、二ノ間ニ於テ賀新年儀式前ニ同シ、
　次ニ
　各区々長・副区長二ノ間ニ於テ賀新年儀式、前ニ同シ、
　畢テ
　令参事退席、
　次ニ
　午前第十一字官員一同正廳ニ於テ新年宴会ノ賜饌ヲ拝載ス、祝酒、

右之通相定候事、

明治五年十一月廿四日　滋賀縣令松田道之

今般於史官府縣職員録編正（ママ）ニ付、各員生年齢等左之雛形之通記載、来ル廿七日中当専務へ御差出可有之候也、

明治六年
三月廿三日　簿書専務

生年　年号・幾年・干支・何月生
年齢　幾年・幾月
権少属佐久間以時
文政
天保十一丙子年六月生
年齢四十四歳十ヶ月
右之通ニ御座候、以上、
権少属佐久間以時

権少属上等之月給賜候事、
明治六年
九月五日　滋賀縣廳

一明治七年二月廿三日官員并当分出仕書記ニ至迄、午前
九時出廳可致旨御達ニ付、一同出頭仕候処、
此度佐賀縣ニ於テ同縣貫属凡弐千五百人計リ寄集リ、
党ヲ企、御政体并朝センセイハット（朝鮮征伐）唱江、陸軍兵与
戦争致シ居候付、取締向等種々御達之事、

一明治七年九月十八日十二等出仕之節印鑑返上、雑事専
務毛利へ相渡候事、

一和銃玉目拾匁筒　壱挺
一西洋十連発小銃　壱挺
右之通所持罷在候間、御届仕候也、
明治九年三月廿二日　滋賀縣第三区
御蔵町
佐久間以時

屋敷江分家為致候条、此断御届申上候、以上、
明治十年一月廿日　御蔵町
弐拾弐番地
佐久間以時
御蔵町
戸長御中

（剪紙）
「中保町十三番地戸主
実父姓名本人ハ何男カ
分家之年月日　佐久間武治郎
壬申戸籍改之節、居住之町村右本人ゟ書面ヲ
以戸長ニ届書三十日限可差出様御返達之事」

右剪紙之通、十四年八月廿七日申越候付、左之通認メ
差出し候事、

届書

第三組
滋賀郡御蔵町第弐拾弐番屋敷住

一私実父佐久間以時二男ニテ、明治十年一月廿日同町第
拾八番屋敷江分家仕候処、明治十二年十月中右居住地
鉄道線路御用地ニ相成候付、同郡第九組中保町第拾三
番地へ移転仕候条、此段御届仕候也、

明治十四年八月廿九日
滋賀郡第九組中保町第拾三番地住
佐久間武治郎印

中保町
戸長御中

御詫願書

一客月中私分家仕候処云々届書可差出旨御達ニ付、詳細
取調届書差上候処、明治十三年八月中届書と齟齬致し
候旨（趣）御達ニ付恐縮仕候、其際取調之節御蔵町戸長□中
□実父以時トモ（両人共）他行中ニテ分家届棚書不見当、明治九
年三月廿四日分家居宅新築落成相成候ニ付、其節分家
届分書差出相成候与相心得（在年被致月日）、届書差上ル義ニテ篤与人
念取調筈（可差上）之処、誠漏之候段深ク（奉恐縮仕）御詫申上候、客月廿
九日届書差出候通相達無御座候間、客年八月中差上候
届書御取消被成下度、此段奉願上候也、

明治十四年九月二日
滋賀郡第九組中保町第拾三番地住
佐久間武治郎印

中保町
戸長御中

明治五申年分
明治九年四月改メ御蔵町戸籍簿写

文政十一子年六月廿五日生　佐久間以時　四十五年九月
天保三年二月十二日生　妻　リキ　四十二年一月
安政三年二月八日生　長男　寿太郎　十八年一月
文久元年八月十三日生　二男　武治郎　拾四年七月
是ハ明治十年一月廿日、十八番地へ
分家相成候付届出候事、
〆四人　男三人
女壱人

滋賀郡第弐区錦村
第拾弐番地
農若林甚三郎二女
ちか
十九年三月
明治十年四月六日縁付
警察署へ届書出ス、

（付箋）「

送籍證

滋賀縣平民
近江国滋賀郡大津中保町
第拾壱番屋鋪
佐久間以時
氏神三尾神社
（朱筆）「文政十一年六月　生」
妻　りき
（朱筆）「天保三年二月十二日　生」
長男寿太郎
（朱筆）「安政三年二月六日　生」
婦　ちか
（朱筆）「安政五年二月　生」
孫　俊吉
（朱筆）「明治十一年十一月十一日生」
〆五員

右者今般其町第三拾弐番屋鋪之内壱番へ致転宅候条申出、曽障之御筋無之ニ付当町致除籍候間、其町へ御編籍可有之、依テ送籍、如件、

右町撰下
戸長代理
出役　奥野靖之
明治十三年
三月三十一日
同郡大津上北国町
戸長御中
」

一明治十五年六月二十三日、主人以時所用ニて下笠村俣井時和方ニ罷越、仝月二十七日帰宅ノ上実印革文庫へ秘蔵いたし置、当七月十四日学掛台講当リ鬮金受取ノ為メ実印取出シ候処、不図リキ外包ヲ脱シ紛失いたし候、家内捜索いたし候、到底所在不相能、依テ西原篆刻師羽倉可亭ニ彫刻セシメ、左之通リ届置候事、

改印届

一　印

私義従来佩用之印影客々ヲ二十五日后於自宅紛失候付、
今度右之通リ改印致候、此段御届申上候也、
滋賀郡大津中保町第十三番邸佐久間武二郎方寄留

明治十五年七月十九日　佐久間以時［改印］

滋賀郡大津上北国町
仝　郡　中保町　戸長
［各位］　御中

又江越日報ノ広告欄ヘモ出し置候事、
生誕来佩用ノ印影客事二十五日后紛失、字后右ニ付
何等之件湧出スルトモ一切関係ナキモノトス、此
段予メ江湖諸責ニ告ク、
明治十五年七月二十日
中保町
佐久間以時

一明治十五年十月十四日朝九時十分出航船星龍丸ニ投シ、
以時・武二郎両人長浜神祭ニ罷越、仝月二十二日后四
時帰宅、二十三日朝以時皮文庫カバン抔取出シ候際不
図旧実印畳上ニ落シ有之、依テ揣摩いたし置候、是迠
旗入物悉皆捜索セシ、一朝畳上ニ落シ有之ハ奇怪ノ事
ニ候也、
一明治十六年十一月七日、和洋銃三挺所持罷在候、動ナ
キ旨戸長役場宛届出候、

戸主替御届

一私儀今般家事之都合ニ依リ長男佐久間寿太郎江戸主相
譲リ相続為致度候ニ付、此段御届申上候也、
滋賀郡大津上北国町第三拾弐番地
明治十六年十二月十五日　旧戸主佐久間以時印
新戸主佐久間寿太郎印
滋賀郡大津中保町第拾三番地
親戚　佐久間武治郎印
同郡大津観音寺町
親戚　赤井清俊印

滋賀郡大津上北国町
戸長
西村卯兵衛殿

（朱筆）「書面之趣承置候事
明治十六年十二月十五日」

譲與ニ付
地券所有主変換御確認願
滋賀郡大津上北国町第拾四番
持主　佐久間以時
一宅地三畝拾四歩
地価百弐円六拾八銭
譲受人　佐久間寿太郎
右之地所今度長男佐久間寿太郎へ譲渡候間、券証所有
主変換御確認之御延印被下度、此段相願候也、

明治十七年二月一日　滋賀郡大津上北国町
譲渡人　佐久間以時印
同郡仝町
譲受人　佐久間寿太郎印
同郡中保町
親戚証人　佐久間武治郎印
同郡観音寺町
親戚証人　赤井清俊印

滋賀県滋賀郡長木村廣凱殿

（朱筆）「但二月六日変換確認印下ヶ渡し相成、印鑑参候儀相納メ
壱厘三計手数料」

建家譲渡証

印紙
一建家三ヶ所　滋賀郡大津上北国町第拾四番　持主
佐久間以時
此坪数三拾六坪　八合三勺
右我等所有之候處、今般長男寿太郎へ譲渡し候処確実
也、依テ建家譲リ渡券如此候也、

明治十七年二月一日　滋賀郡大津上北国町
譲渡人　佐久間以時印
同郡大津中保町
親戚　佐久間武治郎印
同郡大津観音寺町
親戚　赤井清俊印
譲受人長男佐久間寿太郎へ、
前々之通相違無之候也、
戸長西村卯兵衛印

土地譲渡證

印紙
一宅地三畝拾四歩　滋賀郡大津上北国町第拾四番　持主
佐久間以時
此地価金百弐円六拾八銭
右我等所有ニ候処、今般長男寿太郎へ譲リ渡候処確実
也、依テ土地譲リ渡券如斯候也、

明治十七年二月一日　滋賀郡大津上北国町
譲渡人　佐久間以時印
仝郡大津中保町
親戚　佐久間武治郎印
仝郡大津観音寺町
親戚　赤井清俊印
譲受人　佐久間寿太郎へ

前書之通相違無之候也、
戸長　西村夘兵衛印

建家譲渡之絵図面弐葉差出ス、内壱葉ハ戸長役場江残
し置、壱葉者戸長捺印之上本人へ下付、

分家御願

一私儀今度都合有之、妻リキ携帯私所有滋賀郡大津中保町第拾壱番地へ分家仕度、別紙戸籍写相添へ、此段相願候也、

明治十七年二月一日

滋賀郡大津上北国町
佐久間寿太郎実父
佐久間以時印

仝
戸主　佐久間寿太郎印

仝郡大津中保町
親戚　佐久間武治郎印

仝郡大津観音寺町
親戚　赤井清俊印

滋賀県
滋賀郡長木村廣凱殿

前書之通ニ付奥印仕候也、

戸長　西村夘兵衛印

（朱筆）「巳第二二壱号
書面聞届候事」

（朱筆）「明治十七年二月六日　郡役所印」

改名御願

祖先ヨリ累世義字ヲ名乗来候付、右義字因襲セザレハ家系ニ触レ不常無不尠候間、今度義寛ト改名仕度御聴届被成度、此段奉願候也、

明治十七年三月八日

滋賀郡大津中保町第十三番邸
佐久間武治郎印

滋賀県
滋賀郡長木村廣凱殿

前書之通ニ付奥印仕候也、

右町
戸長一井重威印

（朱筆）「巳第四三七号
書面ノ趣聞届候事、
明治十七年三月八日　郡役所印
印刻」

改名御届

中保町
佐久間武治郎

私儀今度御願ノ上義寛ト改名仕候、此段御届申上候也、

明治十七年三月八日

右
佐久間義寛印

中保町戸長一　井　重　威殿

一明治十七年三月廿六日付ヲ以佐久間以時并妻リキ両人本籍上北国町ゟ中保町第拾壱番地へ送籍相成候事、

一義寛明治十七年五月廿一日鈴木用恭長女ヤス娶妻候付、即日先方ヨリ送籍相成、則左ニ、

送籍状

滋賀郡坂本村第弐百三番屋敷

氏神　早尾神社　　鈴　木　用　恭

天台宗　盛安寺　　長女や　す　慶応三丁卯年六月生

右之者今般旗町第十三番屋敷ノ内、夘壱号佐久間義寛方へ縁付為致度旨申出候条、当方ニ於テ差支筋無之ニ付当村除籍致候間、其御町へ御編籍可有之候、依テ送籍証、如斯候也、

明治十七年

五月廿一日　　右村戸長　勝　見　秀　信印

滋賀郡大津中保町

戸長役場御中

西端

表口四間弐尺二寸
五畝十七歩　奥行三十七間四尺
弐百四円四拾銭
北川藤兵衛
裏口四間弐尺

表口六間三尺壱寸
奥行三十五間　七畝十九歩
弐百八拾弐円弐十銭
寺野磯次郎
裏口六間三尺四寸

表口四間壱尺八寸
四十間五尺七寸　五畝十三歩
弐百拾円五十九銭
鍵屋町　木村モト
裏口三間四尺

東端

表口四間壱尺八寸
四十間五尺七寸
五畝十三歩
鍵屋　木村丑太郎
弐百拾円五十九銭
裏口三間四尺

用紙半紙弐ツ切

印鑑証明願　横町之宅地建家売渡之節 登記所之節印鑑証明書

近江国滋賀郡大津中保町第弐十一番屋敷
印　印鑑　佐久間以時
横一寸

（朱筆）戸長役場割印

竪五寸

用紙厚紙下ヶ紙

右印鑑《カン》御証明被成下度奉願候也、
明治廿一年　近江国滋賀郡大津中保町第廿壱番地
十一月　佐久間以時印
滋賀郡大津今堀町内弐十九ヶ町村
戸長郁田六之助殿
右印鑑相違無之候也、
明治廿一年　滋賀郡大津今堀町外弐十九ヶ町村
十一月廿一日　戸長郁田六之助印

印鑑証明願

印　印鑑　近江国滋賀郡大津中保町第弐十一番屋敷
佐久間以時

右印鑑御証明被成下度奉願候也、
明治弐拾弐年　近江国滋賀郡大津中保町第弐拾壱番地
月　日　佐久間以時印
滋賀郡大津今堀町外弐十九ヶ町村
戸長郁田六之助殿
（朱筆）「明治廿二年六月三日
右証明書者字西山町
磯崎紀二殿上町江金貸廃絶ニ付大桝廃絶へ出ス」

一明治廿壱年三月廿三日戸籍調巡査大沢某当町日御前社図子 磯崎抄詰家住 種々咄しノ際銃炮所持之旨尋ニ付、則兼而届済之炮所持致し居候趣申聞候処、該品者当時警察署管理ニ付所持之炮数手帳ニ認呉候様被申候付、左之通記載致シ置候付、後日為心得認置候、但銃持参届出候様巡査大沢ヲ以口達左之届書ヲ以指出候事、
和玉目拾匁筒砲　壱　西洋拾連発砲　壱
仝規銃　壱　〆三品

御届

一玉目拾匁和銃　壱挺　此分番号有之
一西洋十連発銃　壱挺　仝断
一和規銃　壱挺　無番号 凡壱匁
右之銃私所品可致持参ニ而、御口達ニ付持参出願仕候間、此段及御届候也、
明治廿三年三月廿七日　大津大字中保第廿壱番屋敷平民 佐久間以時印
大津警察署御中
右届書を以罷出候処、署長一応第百号調四匁以上銃和銃タリトモ軍用銃ニ相立候旨被申聞、直様持帰リ候様被達候事、

一小生儀曽テ本縣尚武義兵へ賛成出金致居候処、今般都合ニ依リ相断リ度候間、右之趣談有之御通知方可然御取計有之度、此段及御依頼候也、
明治廿四年三月十三日　大津町大字中保 佐久間以時印
大津町長邨田六之助殿

廿五年十月廿四日左之通
後見変文願　村長宛壱冊

遺産子銃登記願　壱冊　地所三拾一筆 建物拾壱ヶ所

史料五　『御組出役定書』

（表紙）

御組出役定書

一　〔目録〕

目録

常例之部　壱

病気之部　五

但麻疹流行御番儀三人ニ而相勤、組頭ゟ当番役
東御番助ヶニ勤候定書仕ス、

神事之部　七

御案内之部　十

御通り之部　十二

見習衆勤之部　十八

検使之部　廿

欠所廻り之部　廿二

捕之部
并取鎮メ事

倹約并武芸出情之御□

二　［定］

定

常例之部

一元日ゟ五日迄御役所御番麻上下、六日羽織袴、七日麻上下着用之事、

一広間詰元日ゟ七日迄〇《八朔》麻上下着用両人宛、并所司代・京都町奉行衆御順見之節当御役所江御立寄之節、是又麻上下着用、両人共出勤、

一広間詰式日并御番次□御入来［ムシ］、出勤いたし候事、

　但正月十五日者壱人詰候事、

一常躰ニ而諸出勤順小口之儀左之順々之事、

舟木行　検使　地廻り　三井寺御案内

膳所・勢田・坂本遠方御案内　京都行　広間詰

御林山見分倹使　御景札払　当番　夕番　御用番、他捕者有之候ハ、御用番・跡御用番勤口其外順々出勤之事、

当津御出立先払　当津御出立問屋場

草津・坂本・伏見・京・宇治・石山御出立先払　同問屋場

神事立会廻り　二五十月(日カ)欠所廻り　火消道具改

町役中立会廻り　御番方立会廻り

　但諸御用常躰ハ先ツ一と役切りニ而、別之小口ニ候所ニて壱人江二役三役之小口続当り居候節、前小口・次小口之者ゟ速ニ勝手能キ方江参候様及論候得ハ如何ニ付、右書出置候、順続之通致出勤候様ニ為見合、右之通記置候事、

但宮川幸右衛門御案内小口ニ而広間詰出勤中ニ付、

　次小口ゟ罷越候儀御案内之部ニ記置候事、

一御番方町廻四日〆五日〆ニ出勤之旨定メ有之、無人ニ候へハ差略之事、

一舟木詰支度引日数、大ノ月ハ廿七日ゟ［ムシ］(小ノ月ハカ)、廿六日ゟ之積り酉六月相極候、尤大通りニ而［ムシ］合之節ハ別略之事、

舟木帰り四日ゟ出勤之［ムシ］(積リカ)酉六月［ムシ］(相極カ)被申聞候事、　但銀納ハ当津両替屋包ニ而納［ムシ］悪銀［ムシ］有之［ムシ］、追而舟木雇人へ申懸、替へ［ムシ］両替へ屋江［ムシ］、

一御組他出目限ニ御番并諸出勤ニ当り候哉之儀を相考へ、当り候ハ、内代頼置相伺御下知を請ヶ可致他出候事、

一御組他出後俄ニ出役、諸星小口之出役等ニ相当り候共、前段之通御下知之上ニ候へハ、次小口之者江当テ星茂其仁江掛ヶ可申候事、

一相撲廻目付方・御番方立会廻相止ミ、目付方一人出勤、踊廻りハ例之通目付方并御番方立会候事、
但安永九子年ゟ極ル、

一相撲廻り町役中・御番方立会候事、
但町代待番大口弐人、床仲間年寄壱人、平ラ壱人召連候、

一町役中町廻り右同断候事、

一御茶壺泊り・御名代休泊ハ風廻出ニ而可有之候間、若出火其外変事有之候ハヽ、御［ムシ］御頭御口上申込ミ返事之上、其休泊り［ムシ］見合相扣候事、

一御林山御用ニ而他所役人立会之外御［ムシ］山王御神事、大通り所司代御順見之節［ムシ］山王出勤候儀天明二寅年ゟ例ニ成候事、

一諸出役順例之通出役当テ候上、無人之節見習衆并明番且出役之仁ゟ順々出役当可申候事、但見習衆ハ御番入無之節之事、

一御番操(ママ、繰カ、以下同)・助番当テ候順之儀、見習衆并宮川幸五郎且又明番書役順々ニ御番当テ候事、但見習衆ハ御番入無之節之事、

一宮川幸五郎御番目当テ之儀明番之日翌日共二日休日、其翌日ゟ組合せ当テ可申候、尤助一番勤済候ハヽ、其助番明之日共二日休日取り可申候事、
天明四年辰八月十五日より
但手塚喜市郎同断、右両人諸御用向後相勤候事、

天明二年寅十二月十九日ゟ
一多胡甚助御組並ニ被　仰付、諸御用［ムシ］申合之事、仁蔵暮御礼之節之跡［ムシ］
舟木御用　検使見分之地廻并三［ムシ］(井寺御案内カ)
遠方御用　膳所・勢田・坂本・山科御案内
京都御用　御広間詰　札弘　四宮神事
山王神事　榊迎送り　御頭様御船［ムシ］
但此ヶ条之外御組並ニ承合候勤筋有之候ハヽ、御組同様ニ相勤被申、ヲ正月十五日談合有之候事、

一牢舎人病死之節ハ検使立会御用番ゟ壱人出勤之近格ニ候事、但相談之上御用番ゟ［ムシ］候義ハ相止、此小口ゟ出勤致候様未十一月廿日請取置候事、

天明四年
辰十一月九日ゟ
一御用番其外会士有之出役無人之節、高田幸五郎・手塚喜市郎差加へ出候様組頭中ゟ被申聞候事、
右両人舟木除詰御用向後相成候事、
天明八申年五月高田源蔵舟木詰番被仰付、初メ罷越候、
同十一月手塚喜市郎同断、

一御組諸出役親子兄弟組合之儀、向後相除候様享和弐戌年九月神明講之節取究候事、
但御用番相組之儀、無人ニ而跡御用番無之節ハ為相組置、
両人立会出役在之節ハ前段之通相除候儀故明番之仁与振
替可申、尤明番外出役江出切候ハヽ、其日御番之[ムシ]
勿論御番者操不申候事、

享和三癸亥年四月
一諸出役有之御番繰候節、翌月人[ムシ](番ニ而もカ)候とも御番組小口ニ候ハヽ、明番ニ而も夕[ムシ]相当可申段、詰合談之上相究候事、
但当亥山王神㚑之節出役有之御番繰相立候、一隼氏明番
之処、御番組小口ニ付夕番相勤、

享和三亥年五月九日
一麻疹《はしか》《ましん》殊之外流行、御番方病気引多く在之御番方三人ニ相成候ニ付、組頭・目附・横目・書役・御番方御役所江相寄、相談之上助番左之通振鬮を以相究候事、
但全快出勤之儀ハ御番方五人ニ相成候へハ、助ヶ番相止候事、

一日々御番方壱人役方助ヶ壱人ニ而候事、
但御番方手熊・安角氏・岡本氏
但夕番・当番・泊番とも、
(付紙)「御番方手熊氏
但安角氏　三人ニ付
岡本氏出勤」

一御番方壱人明番ゟ御用番[ムシ]

一不時出役有之節ハ御番方[ムシ]取之、御番ハ助ヶ方ゟ勤候事、

一右無人中出火之節、御蔵詰之事、
但近火之節ハ格別之事、

御番組
壱横目役　高田吉右衛門
二書記方　柿沼小平太
三目附方　多胡甚助
四組頭　赤井平六
五目附方　多賀喜間太
六組頭　高橋角左衛門
七組頭　佐久間正蔵
八横目役　手塚傳十郎
九書記方　川島文左衛門

文化元年子八月六日　組頭江談之上取究
一宮川栄太郎御番取方江洩、御番組之内三人引在之節者

明ヶ番罷出［ムシ］当テ可申、弐人已下引之節者明ヶ番［ムシ］二日休日相当可申事、

但し宮栄氏者諸御用向不相勤候、

文化十酉三月九日
一相対死仕損之もの上百石町辻ニ而三日之尋晒有之、町掛り目付御番方立候者罷出候ニ而者御番方出役旧例無之ニ付、組頭中江申談候処、御用番次小口ニ而出役可致旨川嶋惣右衛門被申聞候事、

無人之節他領出火并津内
捕もの等有之節出役定

一無人ニ而御用番壱人之節、他領出火有之候ハヽ、壱人罷越可申、尤品ニより其節組頭中江談之上、壱人ハ書記方ゟ出勤可致事、

一無人ニ而両人共明ヶ番ゟ御用番相勤候勤之者、朝五ツ時交代不済内ニ候ハヽ、前日之［ムシ］(御用番カ)場所江罷越可申、壱人ハ明ヶ番ゟ御用□(番相勤カ)候ハヽ、是又前日御用番先小口之仁ゟ［ムシ］御用番之仁与両人場所江罷越可申、右之通出役いたし、引取り五ツ時過候ハヽ、右出役之仁当日御用番持切ニいたし可申、若其仁御番当り居候ハヽ、諸御用不勤仁、且其日明番之仁両人之内御番組先小口ゟ右介番相勤、御用番帳江書出し、星掛ヶ可申事、

但津内捕もの、其外出水等有之出役
致候節共、本文之通相心得可申事

右箇條文化九年申九月御番方一同ゟ組頭中江談之上相定候事、

一津内出火之節者御蔵江当番・夕番之者ゟ両人宛相詰ニ来候処、目付方番入中御番ニ当出火有之節ハ目付より之相士一同御蔵江相詰可然哉、又者場所罷越可申哉之旨目付方ゟ組頭江［ムシ］有之候ニ付、目付方ニ而も御蔵江相詰ニ［ムシ］可有之旨答置、

但三人之内壱人者舟木詰又ハ出役病気引、壱人者御番之
節ハ如何可致哉之旨茂□有之候ニ付、手塚氏組頭役相
兼被勤候而茂可然旨申答、

右者文化十一年戌四月五日談有之候旨、組頭川嶋惣右衛門ゟ達有之候ニ付、留置候事、

御茶壷泊　御名代休泊ニ風廻出勤候間、於宿出火其

外変事有之候ハヽ、御旅宿江[ムシ]御頭様御口上申込、返答之上其休泊近辺ニ見合相扣候事、

右之通定書有之候得共、一概ニ右之通ニ而已御心得有之候而者差支可申、右定書之意者御休泊之節御本陣近辺ニ無之町端出火等之節、若心得違御本陣捨置程隔り候出火場所江可罷越哉と、先輩被記置候儀与相見ヘ候得共、御本陣近くハ不及申御道筋出火之節ハ早速駈着消留、御通行不差支様為可取計人足召連出役之事ニ候処、右定書ニ泥ミ御本陣江罷越出火捨置候而者不都合之事ニ候間、以来御心得方左之通、

一御着以前追分膳所境ニ御扣之節、御道筋近辺出火之節者早速場所江駈着消留[ムシ](可申事カ)、

一御着之上御本陣近辺関札内者不及申、御道筋近辺とも出火之節者是亦早速場所駈着消留可申事、

一御本陣者不及申、家中旅宿ニ而も出火之節者一ト通及挨拶取懸り可申事、

一先払之方者右等之節も場所江不罷越、御着之上ニ候ハヽ、早速御本陣江相詰、出火之様子ニ寄不危道筋江御立退之節按《ママ》内可致事、

一辻固之方者未御着間合も有之候ハヽ、早速場所江駈着消留可申事、

但御本陣御着之上近辺出火有之候得者いつれ御立退之事ニ付、辻々ニ相固メ御道筋混雑無之様ニ取計可申事、

右荒増御心得方得御意置候間、其節之時宜ニ寄権衡之御取計可有之候、

右文化十三子年五月組頭中[ムシ](寄合カ)書付を以被達候付、記置候事、

一無人ニ而夕番ゟ出役有之候節者御[ムシ]小口を以相当、番組ニ不拘由之処、左候而者懸[ムシ]星小口之出役有之繰候節差支可申哉[ムシ]御用番帳ニ不拘夕番跡小口之仁出役有之候而可然哉、

一是迄幼年ニ而御抱入有之候得者、諸出役相除御番計ニ付明番其翌日相立御番当テ、無人之節者明番相立御番当候仕来ニ候得共、御番繁く相当り候而者諸稽古等閑ニ相成、武芸・算筆不如意ニ而者御用向模通りも不宜候間、以来者御番組之所ニ而番為致、其余者容捨いた

し、諸稽古事出来候様いたし候ハヽ、仲間相互之助合
深切之情も相届可申哉、
右愚意之程御談申候間、各様之段［ムシ］之所、無御
遠慮可被仰聞候、以上、
右之通文化十三年子六月組頭［ムシ］被談、一統
評議之上可然旨及返答、以来［ムシ］之通相定候付、
記置候事、
文政二夘年十一月十五日夜
牢抜之もの有之、無人ニ付組頭中ゟ被達旨書付、左ニ
記、
此節御番方無人ニ付享和三亥年麻疹流行ニ付、無人之
節例を以御番介左之通振鬮を以被相究候事、
一日々御番方壱人介方壱人差加、夕番・当番・泊番共相
当候事、
但御番方五人以上ニ相成候ハヽ、介番相止候事、
一御用番之儀御番方明番ゟ壱人持候事、
一不時出役有之候節者、御番方先小口ゟ出役御番介より
相勤候事、
一出火之節御蔵詰無之、
但近火之節ハ格別之事、
振鬮順
壱 横目 岡田六右衛門　弐 同 一井隼人
三 書記方 手塚熊太　四 書記方 多胡吉右衛門
五 書記方 安井一太郎　六 組頭 川嶋惣右衛門
但横目方之儀壱弐之順ニ候得共、差略ス、
〆
辰五月五日
一牢内見改之儀、壱ヶ月之内三四度宛目附方立会、御番
方・御用番・先小口ニ而罷越候処、時ニ寄幾度茂相続、
同仁被越成在之、左候而者如何ニ付〇以来〇御用番先小口ニ
当候共、同仁両度於及見候節者相除、跡小口之仁罷越
候様一統談之上相極候事、

寺田源蔵舟木詰番被仰付、初メ罷越ス、同断

病気之部

一病気并痛所有之節御番計ニ而道小口、其外断相立候事、
一病気ニ付道小口断相立及永引得与快気も無之、其当人茂致退屈候節、御組頭相談之上舟木詰番伺書出、若も不被　仰付候共、其訳道小口断相立候事、
一病気引籠在候節、為保養他出并他所養生相願い叶候事、

天明三年夘正月ゟ
一病気ニ付道小口断有之候ハ、、常式出勤組合之外間夕を見合、御番組江名前入置、壱番余計相勤可申候事、

但（以下の部分原文抹消）

天明五年巳
一手塚喜市郎・高田幸五郎右両人舟木詰除、外諸御用向後相勤させ候様組頭中被申聞候事、天明八申年五月高田詰番被仰付、初而罷越、同十一月手塚右同断、
一中嶋辰三郎義御番之義ハ明ヶ番相立、翌日より御当可被成旨組頭中被申聞候事、

天明五年巳四月十二日
一手塚喜市郎・高田幸五郎義中嶋辰三郎御番組合ニ可成候ハ、、中嶋氏其侭ニて外繰越代へ可被成候様組頭中被申聞候事、

天明七年未九月
一高田源蔵・手塚傳十郎・岡田吉十郎右三人御番并諸出役共可成躰者振替極不申、差支之節ハ御番出役共相組御当テ可被成候事、
一中嶋辰三郎・川嶋覚治郎・岡田吉十郎右三人相組之儀者御除可被成候事、
右之通組頭中ゟ被申聞候事、

神事之部

一山王榊迎・送り之節、上坂本ハ山役人与申者八人、下坂本ハ浜役人与申者八人致警固候間、若上下坂本之者・山之者・神輿かき之者此方之もの共与及論ニハ、其場所々々ニ而右役人江掛ヶ会候様天明弐寅年ゟ相究り候事、
一山王榊迎之仁前日当番・夕番・泊り番相勤、翌日休日相立候事、

一山王榊送りニ付、塩屋町ゟ榊之次ニ坂本行御役両人ニ
鉄棒引無之、其仁之供致[ムシ]（鉄カ）棒引弐人、鑓持弐人、
御組頭両人、同御番ゟ両人、供之者雨具持与並ひ候事、
一山王榊送り○前日泊り番ハ除之翌日ハ休日無之候事、
但榊送御番方并目付方出勤之仁者前日夕番ハ[ムシ]
御船江御案内之仁も榊送り同様之事、
一四宮神事日限明ヶ番之仁小口ニ不抱御用番勤候先格ニ
候処、近来明ヶ番除御用番帳常例小口之仁ゟ御用番勤
来り候近例ニ候事、
一同断日限ニ無人之節ハ明番ゟ御用番勤候儀、古例之通
ニ候事、
一四宮神事日限ニ無人ニ候ハヽ、見習衆中を助ニ取、神事
廻り相除候古例ニ候事、
但外神事廻無人ニ候へハ立会勤候、是又古例ニ候事、
一検使見分指掛り星小口ニて出勤有之番ニ当り居候得者、御番次小
口へ操○越可申候事、

御案内之部

一御年礼御案内小口之仁御番ニ当り居候ハヽ、御番振代
御案内出勤有之例、且其節御番方無人ニ付見習衆中御
番入中ニ候事、
但天明元丑正月始り候事、
一御通り之節御案内ニ出勤候ハヽ、其前刻ニハ出役当テ
中間敷候事、
一問屋場其外星なき諸出役共帰り掛俄ニ御案内当候ハヽ、
重役ニ而茂星掛り候得者、星小口之仁相勤可申候事、
但明和九辰四月山王神事ニ付、御番赤井太郎兵衛・宮川
新五左衛門・片岡藤五出勤帰り後御印[ムシ]有之、
直々御案内ニ参り候様組頭中達有之、星ニ成候間勤候
様被申聞候、且丑三月廿日近格有之、尤此外星小口之
儀ハ右ニ准シ可申候事、
一是迄大通り之節ニ而茂御案内相当居候もの前日当番ニ
候へハ泊り番介取来候処、大通り之節ハ御組一統罷出
候儀ニ候へハ、泊り番も相勤可然旨組頭江申聞候付、
天明八戊申年五月七日御老中松平越中守殿御登之節、
川嶋右之通ニ而相勤候事、
一寛政十戊午年五月十四日所司代堀田大蔵大輔殿御下之

節、宮川幸右衛門当番ニ候処、御案内小口故当番・泊
り番共くり可申哉之段組頭江相尋候処、前記之通川嶋
前日泊番被相勤候儀極、右ニ准シ泊番も為相勤可然様
被申聞候ニ付、以来見合之ため記置候叓、
　　十四日当番　一井介九郎
　　　　　　　　宮川喜右衛門
　但享和元年酉六月廿三日所司代牧野備前守殿御下之
　節一井隼太前記之通相勤候事、
一寛政十二年申正月二日長崎御用申［ムシ］組頭松
山惣右衛門殿登当駅泊之処、
御頭様御本陣江御越罷成候ニ付、御案内宮川幸右衛門
小口之処、御広間詰出勤［ムシ］次小口佐久間官吉致
出勤候事、
右者差掛り候御案内ニ而、右躰先例組頭詰合談之上相定
メ候事、
享和弐戌年九月神明講之節相談ル
一御頭様地廻御案内之儀一端御引取之上、其日御再出有
之節者寂初小口ニ相当候もの御案内為相勤、弐度御出
門有之者其仁江星弐ツ掛候様取究候事、

御通り之部

一振鬮日限前日当番御組頭立会ニ而究メ、役付致候事、
一振鬮除置候仁之儀、惣堅メ之節目付方一人、且又御通
り早ク済、夕番ニ可有出勤程之刻積りニ候ハヽ、其日
之夕番ニ当り候仁御役所近キ所江出候様右之振鬮除ヶ
置、懸り罷帰り候様御役当テ可申候事、
　但是迄之通可相勤候事、
一明番之仁其日当番之処、御往来［ムシ］ニ付出役及
論ハ、朝五ツ時ゟ当津御泊り之御方御出立ニ候ハヽ、
明番之仁場所［ムシ］いたし候事、
一同右明番出役詰切り四人代り会、刻限之儀ハ常例之通
四人申合、間違無之様ニ相勤可申候事、
一大通り同日ニ小臣之御方御通行ニ付、先払問屋場出役
取り形、
　振鬮之上ニ而
　　大通り先払、風廻り、次ニ
　　小臣之方、先払問屋場、
　　其次ニ而辻堅メを取可申儀
　　天明弐年ゟ究り候事、
一辻堅メ操《(ママ)》越之儀水戸様御妹女國姫御方

菊亭様江御入御登之節、俄ニ巡礼観音江御参詣、辻堅メ手当テ致候間も無御座候ニ付、振鬮小口星合ニ不抱近キ所且勤済候仁、又ハ八町筋ゟ振代りニいたし、札辻ゟ観音迠御参詣、御□人とも辻々相堅メ候事、但後日ニハ俄之先格、古ニ茂相成可申哉ニ付、記ス、

一大通り并御茶壺・八朔御馬其外通行出勤之節、当番ハ九ツ時過、夕番ハ七ツ時過候ハヽ、出勤なき先格候事、

一昼風廻ゟ夜風廻江壱人当り候儀、安永九年井伊玄蕃頭殿　上使之節当り候ニ付不致持越、次小口より致出勤候近格ニ候事、尤委細之儀ハ右之節帳面共糺可申候事、

一右御帰り御休之節風廻持越、先払御本陣ゟ相代り候事、

一右御帰り之節当番を書役ゟ詰切之例ニ候処、御本陣江名前書指出し候得共、無出勤故御忌後代り書役方ゟ出役可然旨、多胡氏ゟ当番江談之上辻堅メ出勤有之候事、尤此已後右躰之代合ハ御忌後其日之刻限ニ寄り、夕番ニ而も当番ニ而茂代り共申候事、但右之節之儀糺度候ハヽ、[ムシ]被成下候、

一名前替へ御通之方江出役多くいたし候ハヽ、御番ゟ為致出勤、其跡御番代り明ヶ番[ムシ]御番組先小口ゟ出勤之上道極、星取之候事、

一無人ニ候得共御用番ハ両人有之、御通り又外ニ出役有之ハ、本御用番両人之跡小口之仁出役当テ候事、

一御用番之儀　上使　御三家　親王宮方　宮御門跡方御休泊り之節惣堅メ、近廻り当り堅メ候衆中ゟ先格之通御用番兼帯之仁も参り、御通り当日ハ右御用番持切、翌日御出立被成、辻堅メ帰り之上後御用番別段ニ御用番帳小口を以当テ可申候事、

一先払延続之儀、安永十丑四月仁和寺宮様石山江御参詣之節御休有之、此節ゟ先払延続之格ニ相成候事、

一先払代り之儀、右御同所様同丑四月[ムシ]之節、石山ゟ唐崎江御参詣ニ付、膳所尾花川町迠壱組、尾花川町ゟ追分迠壱人先払致出役候事、但余り長途[ムシ]間茂有之節之事、

一先払之儀、泊り之形ニ而諸御役人方其外諸家之方々俄ニ宵ひ立被成候ハヽ、翌日立之形ニ而先払当り居候仁勤可申候事、

一問屋場之儀、諸御役人方諸家之方々泊之形ニ而、俄ニ
宵ひ立ニ候ハヽ、翌日当り居候仁問屋場両人幾度ニ而
茂致出勤、其外之役者当申間敷候事、
一問屋場之儀、前夜御用番ハ明ヶ六ツ時切、翌日当津御
出立問屋場ハ相除ヶ、前日御用番持越、前日明番之仁
問屋場江致出勤可申候事、
但無人之節ハ明番ゟ御用番当テ可申候事、
一問屋場名前替へ之儀、無人ニ候ハヽ、其日之当番、前日
御用番、其日之明ヶ番、六人之方御下り、問屋場江出
役刻限申合次第当テ之仁も、名前替へ計之儀ニ候へハ
小口ハ不及頓着相勤申候事、
振鬮無之大通
一所司代御巡見之節出役相当テ候儀、明番・夕番・当番
とも御用番帳星小口ニ而順々相当テ可申事、
但所司代稲葉丹後守殿御巡見届被成候節、右之通相当テ候
事、当番詰切近例之事、
文化二年
丑九月三日
享和二戌四月廿五日
土井大炊頭殿御越之節
無人ニ無之候得共
当番詰切

（頭註）「但振鬮之部ニ順シ、此外当御番・夕番者先払・風廻り
相除ヶ候事」（全体を抹消）
（「」部分全体抹消アリ）
「振鬮大通之事
一当番・夕番之仁先払風廻りニ相当り候ハヽ、当番・
夕番之仁者先払・風廻りを相除ヶ、辻堅メ相当テ可
申事、
文化二丑五月五日相定候事」
右箇條文化三夘年正月廿八日所司代阿部播磨守殿御登之
節、役割差支候ニ付、一同談之上相止候事、
一大坂御城代当宿泊り之節、役割之儀近例之通り名前替
ニて出役相当テ可申様、文化七年午十月御城代大久保
加賀守殿御登之節、当番ゟ組頭衆江談し之上取究メ候
事、
一上使并御三家方姫君通行之節、先払已来麻上下着致し
度旨伺候処、御聞済、尤宮門跡・堂上方通行品ニゟ麻
上下着致候様達有之候事、
文化十五寅年正月十八日

一文政二年夘三月十六日松平大膳大夫殿御下、当駅御休ニ付、八戸皆右衛門問屋場相当り居、目録方柿沼小平太夕番ニ候処、内紕もの有之御番相除呉候様被申聞、則御番組小口皆右衛門ニ候得共、名前書も差出有之、其上見立之もの茂罷帰り同人出勤被致候事故、組頭手塚傳十郎江相談シ候処、御番操次小口岡本弥一郎夕番ニ出勤可然旨被申聞候付、右之通取計ひ候事、

但 問屋場引取後ニ候得者御操不申例有之候得共、出役中ニ候間、引取何ニ時ニ相成可申哉難計候ニ付、御番操候事、

文政三年辰八月廿五日

一新金銀登下之節継所見廻り、以来駄数拾五駄以上者両人相当テ候様組頭中へ談シ之上取極候事、

一天保四巳年二月晦日松平栄翁殿遺骸登休之節、御林山方御用中之処、御用番跡御用御林山方次ニ夕番ゟ出役有之、

一天保七申年三月廿二日、松平豊後守殿下休之節、御林山方御用引中之処、御用番跡御用番夕番・当番、次ニ御林山方当テ候様取極候旨、組頭岡田氏被申聞、猶順小口之儀者日記御一覧御承知可有之候事、

但無人ニ而跡御用番之人有之、

見習衆勤方之部

一見習衆御番入之儀、前々ハ四人御用引有之候得ハ御番入ニ候へ共、近来三人御用引候へハ御番入之例ニ相成候事、

一見習衆明番之日御番助ニ当テ不申相除可申候事、但前々三人之節ハ明番立不申候得共、当時見習御番方壱人ニ付、右之通相成候事、

一見習衆御番入中ハ御番方同様小口ニ而御用番・諸出勤共当テ可申候事、

一舟木両度引中其外出勤有之候節、無人ニ候得共、見習衆御番入無之候ハ丶、明番[ムシ]先江見習衆出役当テ可申候事、

一御番助差懸り御番操候節者、病気引取も壱番介当テ候

事、
一船木替り合介番之義ハ、参り候もの介之儀者休日ゟ晦日迠、帰り候もの助之儀朔日ゟ四日まて右同断ニ相当候ハヽ、介取可申事、
右取方古例ニ付記置候事、
一見習衆御番入ニ無之時、明番之仁出役当候ハヽ、明番之仁ゟ見習先江出役ニ相当テ可申事、
一見習衆検使見分ハ出役相除ヶ、四ノ宮神事見廻り・欠所見廻り是迠相除ヶ候得共［ムシ］（向後カ）出役当テ可申事、
但右弐ヶ條文化二丑九月九日ゟ相究メ申候、
一見習衆御番入無之節、御番繰助番之儀［ムシ］候而明番ゟ出役有之節者見習先江取、尤無人ニ而茂御番有之節者明番ゟ御用番繰見習差置、明番□ゟ御用番繰候節者見習御用番跡小口為持置、出役有之節取方之儀者常例之通、且又其日差懸り御番繰候共、助ニ当り不申候様可致事、
右之通文化十一年戌三月十八日一統ゟ組頭江談之上取究候事、

文化十一年戌七月七日
一目付中内紀引之節、見習介番取不取之儀、以来内紀引ニ而も御用引同様御取計候様一統談之上取極メ候事、

検使之部

一検使帰り　御前不済内御番操之当番ニ当り候ハヽ、相除ヶ可申候事、
一検使帰り之節、夜明ヶ候ハヽ、翌日休日之事、
一検使掛之間、諸出勤相除、夕番ニ当り候ハヽ、相勤可申之事、
但検使帰り之上御前ニ而御承知被仰渡□右端之間［ムシ］夕番ニ在之候処、右詰ニ候間夕番操□候様被申候ハヽ、次間高田氏夕番出勤之事、
一検使遠方帰之節、夜九ツ時過候［ムシ］、休日之事、
但此例ハ石山・坂本ゟ帰之［ムシ］御座候得共定り有之候、古例故記置、
一広間詰ニ出勤致居候内検使有之候ハヽ、［ムシ］（広間カ）詰之中食後ニ而も小口ニ候ハヽ、検使之［ムシ］江被参候事、

但安永四未九月九日宮川幸左衛門御番方之節、中食後ゟ検使ニ参り、跡之広間詰之小口を以岡田市右衛門出勤之古例也、且寅八月朔日赤井平六広間詰相済、七右衛門方より検使小口ニ付出勤致候事、

一御林山ニ而変死之者検使并見分ハ、品ニ寄組頭中宛歟目付方歟壱人、御林方壱人立会候儀、別小口等有之候事、

一享和三亥年五月十五日松平出羽守殿御登泊之節、一井隼太問屋場相当り、見立之もの不帰以前検使有之、同人小口ニ候得共本陣江名前書差出有之候故、次小口手塚熊太検使ニ罷越候事、

但会所小口ニ而濡水町ニ井戸はまり有之、

文化元甲子年五月七日

一町預ヶ之もの并町方掛り合ニ付、杢本馬場村預ヶ之もの病死・変死とも会所小口ゟ出勤可致候、

同

一検使有之諸出役帰り後御番繰当り候ハヽ、出勤可然旨、組頭談合之上相究候事、

但子五月七日赤八氏夕番之番検使有之[ムシ]、問屋場帰り後御番繰高好氏夕番出勤[ムシ]、

欠所廻り之部

一欠所廻り二五十月(日カ)二有之、翌日江残り候ハヽ、持越シ、掛りニ相成出役有之候先格之事、

捕もの之部并取鎮メ之事

一捕もの之儀ハ御用番・跡御用番助口与定メ席順ニ不抱致出勤候事、

一取鎮之儀　紀州御家中谷仲八与申仁東宿ゟ乱心躰ニ而当津会所江罷越、乱心相募り会所役人を切殺候様申募り追廻り、御役所御門前江罷越、夫ゟ膳所江越、膳所之役人付添大塚屋嘉右衛門江連参置帰り候処、又々乱心募り、大江下之者手ニ合不申候ニ付為慎、目付方多胡甚左衛門・高田武左衛門早速出[ムシ]候事、

一捕もの之儀、小堀和泉守殿家中[ムシ]訊与[ムシ]もの暮方ニ川口町定旅宿江泊り有之家来を切り殺シ、其外旅宿女房津内之[ムシ]三人手疵負セ迯去り候ニ付為捕、同夜中御組赤井平六・宮川新五左衛門・安井

喜右衛門・中嶋安次郎弐組ニして、待番壱人ツヽ、供壱人ツヽ、大江下之者弐人ツヽ召連、津内夜中明ヶ迠無悲灯尋ね廻り候事、

但右被切殺且手負之者為倹使目付方弐人、御組頭壱人、御番方三人川口町・中保町・升屋町江弐人ツヽ、三組立会ニて即刻罷越候、東今凪町ニも少々手負候もの有之候へハ、別ニ倹使不参候事、

一其節日々昼夜風廻有之、佐久間氏・手塚氏右之噂承り、直ニ風廻り暮六ツ時ゟ出勤有之、右捕方四人、風廻弐人とハ夜中出会申合等無之候事、

天明元丑十一月廿二日節分之夜暮過時

一捕もの之儀、入牢盗人庄蔵・吉次郎・惣八・大吉・藤助五人牢抜、吟味場鑓を取出シ迯去候旨牢番床仲ヶ間訴出、即刻捕候様御組江被　仰付候ニ付、左之通道小口少々差略ニ而足付次第方角無限参候事、

伏見口ゟ西 岡田六右衛門 多賀喜間太　勢田口ゟ東 佐久間正蔵 岡田六平

坂本口ゟ北 八戸宇右衛門 多賀喜間太　京口ゟ [ムシ] [ムシ] [ムシ]

右八人江金子壱両ツヽ為手当請 [ムシ]

勘定有之候事、

待番新沢弥七・伊八・文七、大江之者弐人ツヽ、供壱人、床仲ヶ間弐人も召連候事、

一右四組之内正蔵・幸次手之内ゟ廿五日頃山中与申所ニ而惣八を捕へ、幸次召連帰り候事、外三組之方江ハ足付不申、翌日追々罷帰り候事、

一右牢抜為届、所司代江牧川左一兵衛、待番喜兵衛召連登り候事、但心得ニ記置候事、

一右牢抜東江足付候旨正蔵・幸次ゟ申越、大江下之もの翌日東江被遣候処、草津ぐれ宿ニ吉次郎・大吉・藤助泊り居候を悲傳院之者大吉ハ取迯シ、吉次郎・藤助弐人捕京都江引候旨、大江下之ものより申越候事、

一右吉次郎・藤助当御役所江引渡シニ付、宮川幸左衛門・多賀喜間太為請取罷登候ニ付、待番大江之もの召連候事、

一右大吉ハかゝみ宿辺ニ而床仲ヶ間 [ムシ] 両人参捕帰り候事、

寅十二月廿八日

一岡田幸次儀、合役佐久間正蔵東筋ニ無宿 [ムシ] 尋罷在候ニ付、幸次・供壱人、雨具持壱人、床仲ヶ間三人、大江下弐人○伺之上召連、又々東江州ゟ伊勢・伊賀・大和・河内在々大坂辺尋候得共足付不申、正月十四日帰

り候事、
　但為路用金子請取、差引勘定帰後之事
同廿九日
一赤井平六、供雨具持・床仲ヶ間・大江下之者同様召連、無宿庄蔵為尋大坂辺江被遣候ニ付、醍醐・伏見・大坂・河内竹内上下ゟ大和奈良へ越、くらかり峠又河内、大坂・海士か崎（尼崎）・西ノ宮・兵庫・天王越有馬・丹波江越、笹（篠）山・亀山・京都在々江罷越尋候得共、足付不申、正月十五日帰り候事、
　但為路用歩金三両請取、帰後差引勘定仕立、弐両入用残壱両致返納候事、
同廿九日
一手塚源次郎、供雨具持・床仲ヶ間・大江下之者同様召連、奈良辺江無宿庄蔵為尋被遣候事ニ付、勧修寺・伏見・奈良、大和・伊賀上野、伊勢山田、津、関東、江州路宿在々尋候得共足付不申候、帰り候事、
　但為路用右同断請取、帰後差引勘定仕、[ムシ]致返納候事、
一右無宿庄蔵名護屋（名古屋）ニ致入牢居候[ムシ]坂[ムシ]官助書状認為飛脚、待番喜兵衛聞合ニ[ムシ]相違趣ニ付、床仲ヶ間平七為下見内々頼置候上、地方木村和太右衛門を以内々ニ而御渡被下候様頼被遣、熟談之上ニ而左之御組被遣候事、
目付方
　川嶋　惣右衛門　三人江会所供壱人ツヽ、雨具持弐人、内壱人ハ行ク先々ニ而宿継、
御番方遠方小口ゟ
　佐久間正蔵　床仲間三人
同断
　手塚源次郎　大江与五郎、同下之者弐人
　　待番喜兵衛
右下り道中日数二日、三人共駕籠三挺ニ而通シ、上り道中日数三日、三人江駕籠壱挺被下、弐人ハ囚人駕籠ニも、引ニ而付候様被仰付候事、
一木村和太右衛門右同道、駕籠、
一請取渡之節、囚人駕籠ニ乗置、御城大手和太右衛門江引渡、御組同罷出請取、直ニ帰り候事、
一道中止宿ハ宿預ヶ之躰ニ而同家ニ泊り[ムシ]
十一月七日
一大坂町奉行衆ゟ御差立之囚人未十一月青木楠五郎殿元〆・手代三人、右町奉行組与力・同心差添ニ而通行之

節、問屋場見廻り・待番・鉄棒引召連罷出候事、

未十二月十一日
一京都町奉行衆ゟ御差立之囚人未十二月十一日右町奉行与力・同心差添ニ而通行之節、同様差出候事、

寛政元酉五月十二日
一当津上大谷町ニ借宅、歩荷物（〇渡世）〇罷有候与之助・佐兵衛与申もの、荷問屋ゟ京都江差送り候荷物之内真綿三貫目程并空箪笥壱ツ右両人申合取逃いたし、紀州江罷越伊都郡橋本村ニ而被捕、吟味之上於右地悪吏無之ニ付、当役所江引渡ニ相成、右両人之もの共為請[ムシ]（取）高橋角左衛門・手塚傳十郎被差遣候吏、尤道中上下六日両人江宿駕籠壱挺被下候吏、
　但し下り之節者伏見ゟ昼船大坂着、登りハ盗賊両人とも駕籠ニ乗セ、止宿者宿預ヶ之体ニ泊り、大坂ゟ夜船ニ而伏見着連帰る、
　　待番壱人足軽代りニ而帯刀為致、并大江村年寄与五郎是又道中帯刀ニ而、外ニ大江下之もの三人召連る、
　　　但供壱人ツヽ、召連、雨具持壱人ツヽ、是ハ宿々ニ而人足を取為持候事、

寛政三亥年五月
一下東八町菱屋庄右衛門借家木村屋治郎兵衛儀博奕宿致し、其上倶々交り致勝負候趣、勤メ向召捕吟味伺之上隠岐嶋へ流罪被　仰付候、
右御仕置之義京・大坂ニも類罪之もの有之、便船有之ニ付治郎兵衛儀も大坂奉行所江引渡候様御下知ニ付、奉行所江懸合相済、受取渡シ十二日相究、則大坂詰付添宮川幸左衛門、遠方小口ゟ手塚傳十郎江被　仰付、召連十一日出立訖、道中上下三日伏見ゟ夜船、先格紀州行之通、待番一人、小屋頭一人帯刀、同下之もの三人召連る、
　但供壱人宛召連る、雨具持弐人、是ハ宿々ニ而人足江為持候事、

寛政三亥九月十一日
一此節京都并田舎向甚物強之趣風聞有之、於当地て紛失物訴等在之、不安心ニ被　思召候付、目附方宮川幸左衛門・高橋角左衛門、御番方多胡甚助・高田源蔵・岡本多内・手塚傳十郎・川嶋覚次郎　御前江御召出之上盗賊[ムシ]御手[ムシ]（臨時夜廻り）被仰付、夜分及深更町方見廻り随分無油断出情召捕候様、且捕違ひ等不苦旨被仰渡候事、尤目附方役筋之儀者格別、其外横目役・書役之もの等有之義ニ候得ハ申合、不指支様可致旨是又

被仰渡、但目付方佐久間氏舟木詰、
右被　仰付候付、目附方・御番方共御番引、横目・書役ハ外也、毎夜両人宛三組被出ル、其後物静ニ付、其段申上候処、目附壱人・御番方壱人弐組向後可罷出旨被仰渡、

但壱人ツヽニ相成候付、番方御番入之事、

同廿七日
右七人共　御召出之上、此節紛失物無之静謐ニ付見廻り之義見合、尤不時申付候義も可有之候ハヽ、其旨相心得被在候様被　仰渡、

倹約并武芸出情之事

万石以上以下末々ニ至迠常々分限ニ応、可相成程ハ倹約を用、勝手向取乱不申、御奉公出情相勤候心掛専要候、倹約を相守候とて知行高相応之人馬武器等不相嗜候義ハ有間敷事候、

一文武忠孝ハ前々より［ムシ］第一之事ニ候へハ、別而心懸可申義ニ候、若キ面々ハ平日武芸等も随分出情可致候、乱舞其外ハ畢竟慰之筋ニ候得ハ程能相用可然候、専ニ致候而ハ自然と武道うすく可相成間、其所ニ心を用候様可致候、

右之通被　仰出候間無怠惰可被心懸候、
右之趣向々江可被相触候、

未六月

右之趣所司代戸田因幡守殿ゟ天明未年六月廿四日被仰出候ニ付御［ムシ］被仰渡候付、相記置候事、

一御頭様御組一統被召出、江戸表ニ而被　仰出候御書付御写壱通、猶又御直ニ被仰渡候御書付、左ニ記ス、
武芸等出精等之儀ニ付、当六月中江戸表ゟ御書付を以被　仰出候処、猶又此度別紙之通被　仰出候ニ付、為心得写相達置候、学文武芸等別而其道ニ出精并師範等いたし候もの者名前等委細申上候様ニとの御事ニ而、誠以難有儀ニ候間、別而武芸之儀出情其外共随分心掛相嗜候様可致候、勿論御掛物之儀御為第一必至ニ存込、厚ク心を用ひ、格別出精相勤、且倹約を相守、聊栄

耀ヶ間鋪儀無之様可致候、以上、

八月

御書付写

文武之道ハ誰々茂相嗜候儀勿論之事ニ候得共、別而当時其道ニ精并師範等も致し候もの候ハ、、其者之名前頭々支配々々ゟ書出し候様可被致候、

一学文致指南候程之もの、且講釈等いたし候程之もの并軍学・天文学之類も右ニ准し候事、

一武芸・弓馬、剣・鑓・柔術・大術之類当時別而出精いたし候もの御名前認、目録を得指南等いたし候者之事候へ共、学文・武芸とも其師之名前并流儀之名、且其者之年齢共ニ書出し候様可被致事、

右之趣頭々支配々々江被相達候、

近年凶作等打続、不時御物入莫大ニ及候付、去々未年ゟ三ヶ年之間厳敷御倹約被　仰出候処、諸向御役人末々迠一統出情致し御取〆宜相成候付、去年去々年至而御繰合不宜処、格別之御差支無之儀ハ一統出精之儀ニ思召候、乍然連年打続御繰合不宜、殊ニ以前ゟハ御取箇も減少致シ、御入用者相嵩候付年々御不足有之処、享保之度御世話有之候御有余を以て年々御繰合有之程之儀ニ付、急速御勝手向旧時ニ難被渡候、依之来戌年より来ル寅年迠五ヶ年之間猶又御倹約被　仰付候間、一統出精可被相勤候、近年ハ物毎手重ニ相成候ニ付、無益之費用も有之御用弁も不宜候、見分書面躰之儀ニ拘り実支取失ひ候儀ハ御趣意ニ背け候儀ニ付、右等之趣被相弁、成丈御費無之様可被心得候、被　仰出候御用度ニ而茂御費用之筋ハ、勿論御手元之儀ニ而茂御倹約之筋心付候儀ハ役所限り之存念を以可被申出候、瑣細利勘之筋をのミ専一与いたし候へハ、吝嗇之趣ニ茂相成候儀ハ心得可有之儀[ムシ]一時一已之[ムシ]ニ不拘実事之御倹約[ムシ]（取カ）行候儀専一ニ候、

酉九月

近年御物入相重り候上凶作等打続、御手当御救筋及莫大候付追々御倹約之儀被　仰出候得共、天下之御備御手薄ニ有之候而ハ不相済儀

思召候、依之享保之御例を以上納米者可被　仰付候得共、当時不如意多之儀、且凶作等ニ而難儀之砌ニも候得者不被及御沙汰候、乍然広大之御備之儀ニ候得者、当時之御倹約のミを以其御手当ニ可被　仰付様も無之候間、高壱万石ニ付五拾石之割合を以来戌年ゟ寅年迠五ヶ年之間面々領邑ニ囲穀いたし候様被　仰出候、尤
於
公儀茂右程合を以御備米被　仰［ム］［シ］ニ候、元非常之御備之儀ニ付、其領邑ニて面々備置候へ者天下之御備ニ相当り候儀ニ而御安心之儀ニ
思召候、天下之御用度ニ被為当候節ハ勿論之儀、其領邑非常之節ハ御沙汰之程も可有之儀ニ候条、一統節倹相用ひ、右躰有用備向等専一ニ可被心掛候、

　酉九月

去ル未年より当酉年迠三ヶ年之間御倹約被　仰付候得共、御勝手向御充実ニ無之候間、来戌年ゟ来寅年迠五ヶ年之間御倹約之儀被　仰出候、依之猶又一統倹約相用ひ、面々勝手向取置候儀専一ニ可被心掛候、依之右五ヶ年之間ハ老中招請之儀も見合候様可被致候、且又此度囲米も被　仰出、尤程合［ム］［シ］之儀ニ者無之候得共、不如意之輩ニハ夫迚茂難渋たるへく候間、少々表立候事ニ而も無益之失費有之事ハ老中迠内意ニ被相伺、省略可被致候、

　酉九月

一囲米之儀、領分半毛損亡之分ハ其年囲米ニ不及事、
一御手伝相勤候面々ハ、其年ゟ三ヶ年之間囲米ニ不及事、
　但右両余いつれも年延ニ五ヶ年都合高ハ囲ひ可申候、尤用捨ニ不及午年之通用ひ候共、是又勝手次第之事、
一囲米之儀成丈ヶ籾ニ而可被詰置候、籾ニ無之分ハ年々之詰かへ可致事、
一来ル戌年ゟ囲候様被　仰出候へ共、当年より囲ひ候儀、是又勝手次第之事ニ候、尤年限ハ五ヶ年同様之事、
一囲蔵等差支迷惑之儀も有之、向寄御蔵納被致度面々ハ其趣被相伺候、御蔵御差支無之時者伺之通被　仰付候事、
一拝借金有之向皆済迠ハ囲米高半減之積可心得候、尤定

石之通り囲ひ候へ共、是又勝手次第之事、

一兼而被　仰出候酒造之儀、過造隠造無之様厳重ニ被相改、米穀猥ニ費不申、江戸・大坂其外廻米相増候様可被心掛候、

一年々囲ひ高等御勘定奉行江可被届事、

　酉九月

三［文化九年御書付写］

文化九年申正月江戸表ゟ被仰出御書付二通於組頭部屋一統被達候、則御書付左ニ記置候事、

　御書付写

風俗質素之儀、前々被　仰出茂有之歟、兎角外見を取錺奢侈ニ流れ候様ニ相成申候者、分限の嗜茂薄く、又者身分不相応之儀も有之哉ニ相聞候、以来相互ニ心付銘々分限を相守、万事質素誠実ニ基候様厚く心掛有之度存候事、近年度々御倹約被　仰出候得共、不時之御物入とも莫大ニ而御勝手向御不都合［ムシ］、依之来申年より五年を限、猶又［ムシ］被　仰出、御手元之儀を始惣而格別御省略之事ニ候間、御入用方之面々者不及申、諸向此上別而出精いたし、少も失費無之様心掛、年限中御倹約御趣意行届候様可被致候、引続如此被　仰出候事候、思召ニも応せす候得共、年々不時之御用途ニ差続、此通ニ候而ハ後々非常之御備、又者御家人御扶助等之御手支も難計不容易事ニ付、一通ならす御減省有之、立直候様との御沙汰ニ候条被存、其趣自分ニ茂弥無油断節倹相用候様可被致候、

右之通万石以下之面々江可被相触候、

上使并御三家方姫君通行之節先払、已来麻上下着致し度候旨伺候処、御聞届被下、宮門跡・堂上方通行品ニより麻上下着いたし候様達有之候事、

　文化五寅年正月十八日

四　［年中着服御定書］

（中扉）「

年中着服御定書　　　当番所附

」

朝散大夫たり共御旗本者熨斗目長上下
御目見以下者熨斗目半上下
諸御役所詰八日ゟ十五日迄ハ絹小紋裏付上下
二月　朔日　十五日
今日御礼服紗小袖麻上下、尤半上下也、
三月　三日　　但朔日者上巳迄ニ付御礼なし
今日御礼熨斗目麻上下　十五日服紗小袖麻上下
四月　朔日
今日ゟ袷着用　　十五日服紗袷麻上下
五月　朔日
今日ゟ単物附不苦　服紗袷麻上下
端午　晒浅黄紋付帷子長上下
但御目見以下半上下　今日ゟ常服単継上下
十五日　晒染帷子紋付麻上下
六月　朔日　　十五日
染帷子麻上下
但暑気甚けれハ越後帷子御免被　仰出、
七月　朔日
染帷子麻上下　　七夕　無紋白帷子麻上下
但御目見以上長上下　暑中故十五日御礼無之、
八月　朔日
白帷子長上下　御目見以下半上下
十五日　染帷子麻上下
九月　朔日
服紗袷麻上下　　今日ゟ常服裏付上下
菊節句　薄花田服紗小袖長上下
但御目見以下半上下　今日ゟ与力以上ならてハ薄花田
着用不相成、
十五日　服紗袷麻上下
十月　朔日
服紗小袖麻上下
玄緒　　紫裏　黒小袖麻上下
十一月朔日　　十五日
服紗小袖麻上下

十二月朔日　十五日
同断
廿八日　歳暮御礼熨斗目長上下
右之通可被相心得、尤裏付上下着用之時者朔日十五日
十八日者絹小紋裏付可為着用、

五　［被仰渡御手扣］

被仰渡御手扣

近年打続御物入多、殊ニ異国船渡来御備筋等之御用途莫大之義ニ付、御倹約被仰出候折柄ニ候得共、御旗本御家人等勝手向困窮之趣被及　聞召、格別之以思召万石以下御旗本之面々并御家人沾拝借金被仰付、小給之者末ニ至り候而者又々御金被下候旨被仰出候、右様格別之御仁恵を蒙候上者、兼而被　仰出候非常之心掛ヶ専一致、弥以質素節倹相用ひ、武器分限ニ応し誠実ニ相嗜候様可致候、万一心得違之者有之ニおゐて者急度御沙汰之品も可有之事候条

御主意ニ不違様可相心得旨被仰出候ニ付取調申立置候処、今般組之ものニ金三両、見習金壱両弐分宛之積を以御金被下置候間難有存、
御趣意ニ不違様相心得可申候、

佐久間啓助
八戸皆右衛門
一井常次郎
佐久間又兵衛
岡本多門
手塚門次郎
川嶋惣右衛門
手塚熊蔵
柿沼平一郎
岡田六郎次
一井松二郎
安井太郎右衛門
一井健次郎
八戸重之助

多賀覚次郎
上原丹三郎
上原廉三郎
高橋五三郎
赤井弥惣次
岡本尉之助
手塚太郎蔵
川嶋辰之助
佐久間琢蔵

嘉永七年寅閏七月十七日右之通於
御前ニ一統ニ被仰渡、御金夫々頂戴仕候事、

石原清一郎江

此度諸組与力・同心并御徒党等西洋伝流陣修行可致旨
被
仰出候付、御貸筒等之儀ニ付石原清一郎御願候書付各
江相達取調之上、則江戸表江相達候而者組同心弐拾人
江御筒弐拾挺御貸渡相成、以来玉薬被下候儀者伏見奉
行組同心并各組同心江被下候類例茂有之候付、年々玉
薬被下候、且在来矢場屋敷埋角場ニ相用候儀都而願之
通、右御筒等出来之上各より引渡候様年寄衆より申来
候間、得貴意清一郎江可被申渡候、
右之通脇坂淡路守殿以御書付被仰渡候付、此段相達候、

四月

奉行所掛ゟ元〆手代柴山順右衛門江相渡候書付写也、

文武御教育筋之儀ニ付、是迄度々厚キ被　仰出之趣茂
有之、殊ニ近来格別　御世話有之講武所御軍艦操練所
蕃書調所等御取立、夫々修行被　仰付候儀ニ候得共、
方今之時勢弥以文武御隆成無之候而者難受場合ニ付、
既ニ　御直ニ茂夫々御世話被為在候程之儀ニ付、既ニ
無懈怠相励御趣意行届候様、厚ク心掛可申候、尤人才
御引立御武備御厳整之御趣意ニ候得者、文学之儀者文
弱ニ流れ得、武術之儀者[ムシ]片寄らす忠誠を
[ムシ]与いたし、真実ニ修行を遂ヶ文武並ひ行者御趣
意ニ不違様精々可被心懸候、

右之趣組支配末ニ至迠急度可被申渡候、

　西三月

右之通被仰出候間、一同厚ク可被心掛候、

　　西三月六日

　　被仰渡御手扣

此節物価格別高直ニ相成、小給之もの共者別而[ムシ]之趣被為及　聞召候ニ付、莫大御物入相続候折柄ニ者候得共、格別之以　思召部屋住勤之外三百石以下御籏本之面々并御家人江拝借金被　仰付、百俵以下之もの共者又々御金被下候旨被　仰出、右者厚キ　御主意を以被　仰出候事ニ付、一際質素倹約相用候様可致、万石以上之者有之ニおゐてハ急度　御沙汰之品も可有之旨被　仰出候ニ付取調申置候処、今般組之者江御金六両宛被下置候間難有存、　御主意ニ不違様相心得エイ、

　　　　　　　　佐久間啓助

　　　　　　　　八戸皆右衛門

　　　　　　　　一井常次郎

岡本多門

手塚門次郎

手塚熊蔵

柿沼東一郎

一井小隼太

安井太衛門

一井健次郎

上原甚八郎

高橋五三郎

川嶋道之助

佐久間藤太

赤井半之進

上原与七郎

多賀十之助

岡田常太郎

文久弐年戌六月六日於　御前ニ一統ニ被　仰渡、

夫々御金頂戴仕候事、

水和泉守殿御渡御覚書

御政事向御改革之儀今度被　仰付候［ムシ］向者、
大凡寛永以前頃之振合ニ基キ格別簡易相成候様可被致
候、難決議儀者見込之趣、早々取調可被申聞候、尤組
支配有之向者末々迠不洩様可被相達候、

五月

右之通御書付出候間、此段相達候、

六月十六日

（裏表紙）

町方

御役所

史料六　明治五壬申年（一八七二）二月『鞫問帳』

（表紙）

壬申二月

鞫問帳

佐久間㊞

一　［粟田郡出庭村年貢米不納ニ付鞫問一件］

粟太郡出庭村
新　助申口
申六十三才

私義御上納米并其外諸掛等不納致し候始末、御吟味ニ御座候、

此段御高弐拾石余諸事、忰夫婦・孫壱人二男共
五人暮ニ而農業罷在候所、〔庄屋重右衛門在役中去ル〕慶応三夘年ゟ去未年〔中〕
迠庄屋重右衛門在役中御年〔上納〕貢米并〔村方〕諸入用米代
銀其外共不納〔元り合〕〔差遣候而相成〕銀弐貫四百六拾四匁六分不納致し
候付、同人相願〔被及〕今般被及出願ニ候ニ付御糺合
之上御召出之上、早々出銀可致旨〔皆勘定〕厳敷御利解を
得奉恐入候付〔奉承服〕、重右衛門へ段々〔示談〕相願、〔来月中ニ〕半金差入、
残金之義者来ル五月中皆勘定可仕分〔旨〕示談相整候
段申上候処、御上納米之儀者〔其外諸懸り等〕年々皆納可致筈之
処、無其儀等閑ニ致し置打過罷在候付数年不納
致し候始末不束ニ候条、御吟味を請奉恐入候、

十一月

粟太郡
出庭村
文　蔵申口
申五十五才

私義
此段御高拾石七斗所持、家内三人暮ニ而農業罷在候所、
庄屋重右衛門在役中元治元子年中ゟ去未年迄御上納米
并村方諸入用米代金其外共元利合銀《銀》四貫四百拾八匁三
分四厘不納、前同文言畧之、
中野駒三郎
申五十壱才
弟　久　七
二月十二日
栗太郡出庭村
皆済
高六石五斗所持　四人暮農業　太田太左衛門
申四十六才
五月廿九日勘定約束
高九石六斗　三人暮農業　同　安三郎
申弐十九才
五月皆済約束
高拾六石四斗三升三合　七人暮同　同　久左衛門
申三十四才
五月廿九日
高六石六斗五升三合　七人暮　戸田政右衛門
農業
申弐十三才
皆済
高九石八斗所持　八人農業　要吉後家うた
去ル午年三月中要吉相果
申四十七才
代
岡田彦兵衛
申三十五才
皆済
高拾四石弐升三合　九人暮農業北野弥左衛門
申四十才
皆済
高五石七斗　七人暮同　小嶋源七
申四十四才
皆済
高弐石七斗　六人暮同　太田新介
申四十弐才
皆済
高弐石六斗五升　四人暮同　岡田佐兵衛
申五十九才
高五石壱斗　六人暮同　山本安右衛門
申五十才
高三石六斗　拾壱人暮同　山本伊三郎
申五十七才
付添
庄屋喜兵衛
願人
蔵右衛門

二　［古着質入ニ付鞫問］

二月廿三日

寺内西町
橘屋源兵衛借家
越前屋平　助
妻む　め
申三十四才

爰元惣七引合

去ル午年二月八日同町黒鍬働近江屋市兵衛方ニ同働罷在候付、知ル人惣七木綿藍抱形・男古綿入壱入質之義被相頼、私置主ニ相成菱屋彦兵衛方へ七〆五百文入質致し候後、銭八貫文同人方へ売払、世話料与して百五拾文貰請、

二月廿三日

石川町
美濃屋久右衛門
申五十三才

古着売買渡世罷在候、知ル人惣七去午年正月不日覚木綿竪横結城嶋綿入置

松屋町
△宇　吉
熊　吉

△熊治郎なし
惣七
卯吉妻
○む　め帰国
△又　吉なし
博労町
九郎兵衛倅
△國治郎
山中信治郎
松治郎
福田吉五郎
△新　吉
○印助三郎
△秀　藏
布施屋町
抜路子
亀　吉
葛原町橘屋菊治郎
葛原町
松屋町
惣　七
四　郎

寺内北町
庄五郎

葛原町
池田佐吉

正田兵藏

奥村亀吉

三 [廻り角賽・カッパ賭博一件ニ付鞫問]

三月十四日

家内五人
妻子十三人　歩行荷持
菊次郎
申四十六歳

妻子供壱人共
家内三人
歩行荷持稼
佐　吉
申三十八歳

妻幷子供二人共四人
歩行荷稼
弓谷宗四郎
申四十五歳

妻子供三人
家内五人　日雇
兵　蔵
申四十四歳

妻子供三人
家内五人
前同断
亀　吉
申三十八歳

八百文ゟ弐百文迄

昨年五月十六、七日頃高観音山ニ而博労町八百屋吉（廻り角賽持参）五郎・葛原町亀吉・菊治郎・助三郎・寺内彦五郎、葛原町亀次郎、葛原町亀吉

二　一同六月日不覚、（橋本町仲士部屋）廻り角賽博奕百文より弐百文迠葛原町菊次郎・同佐吉・同亀吉・同町幸次郎・同町兵蔵・松次郎〆六人

二　一同六月日不覚馬場（松本〃〃）村山ニ而廻り角弐百文ゟ四百文迠賽博奕ニ而葛原町亀吉・同町菊次郎・同町佐吉、松尾町熊次郎・寺内庄五郎・松次郎、松本村文次郎・生所不分亀与申者八人手合ニ而、

五　一同九月日不覚、橋本町部屋ニ而五拾文より弐百文迠ニ廻り角賽博奕ニ而、葛原町菊次郎・同町佐吉・同町兵蔵・松次郎、葛原町宗次郎五人手合、

母并妻子供三人共
家内六人鳥屋渡世

博労町
八百屋
吉五郎
申四十七歳

妻并家内二人
歩行荷持稼

同町
山中
信太郎
申二十五歳

独身ニ而
鳥屋渡世

松屋町
〇宇吉
申四十歳

三
一昨未七月十八日葛原町松次郎宅ニ而カツハト唱へ候博奕弐百文ゟ三百文迠へ松次郎・信太郎・助三郎・秀吉四人手合ニ而

三
一同月十九日寺町迠乗持、本堂後口ニ而カツハト唱へ候博奕弐百文ゟ三百文迠、葛原町松次郎、博労町信太郎、松屋町宇吉、博労町國次郎四人手合セニ而、

大津寺内西町
大橋屋庄五郎
（旲名新亀
旲名役割事三吉

森川屋半治郎
寄子

葛原町
布施屋町
内抜路子

歩行荷物稼
妻并子供二人
〆四人

米賃搗渡世
妻并子供二人
〆四人

小魚商ヒ渡世
独身

雑菓子売渡世
妻并子供三人
〆家内五人

寄子

四
一八月十五日助三郎宅ニ而、とみ・与太郎・三吉・助三郎・松次郎五人手合ニ而カツハト唱へ候博（弐百文ゟ三百文迠之義ニ而）

博労町
与太郎

八百屋吉五郎妻
とみ

松本村
松本屋文治郎

寺内西町
大橋屋庄五郎
申二十八歳

同町
堅田屋亀吉
申四十三歳

寺内西町
木屋三吉
申四十五歳

葛原町
米屋与太郎
申五十歳

博労町
福田彦五郎妻
とみ
申二十八歳

奕、

農業透間ニ
下肥運送売買渡世
妻并子供三人共
〆五人
松本村
近江屋文治郎
申三十七歳

酒醤油小売渡世
独身ニ而
布施屋町
藤原伊兵衛
申四十六歳

四 ［流罪人覚］

甲賀郡朝宮村ニ而去ル申年
種蒔勝之助似ニ濱泰之進与申者与鬥敲および壱岐国
へ流罪相成候所、此度大赦帰国仕候、
去八月日不覚手合候而、五、六人 名前不存候得共、壱
貫文ゟ弐貫文迠之賽長半博奕いたし、

同 五、六人 名前不存
一 霜月廿日頃手合候而、壱貫文ゟ弐貫文迠之長半与唱
へ候賽博奕いたし、 〈ママ〉葛

（以下記述なし）

五 ［丹後天田郡今西村亀吉召捕書付］

三月廿四日
百助□

丹州天田郡
ヤクノ庄
今西村
百姓亀助倅
亀吉
申廿七才

付箋

「（付箋）九月廿七日召捕
十月朔日 西大路方へ
引渡」

両親共三人暮ニ而農業罷在候所、母きさ義者不身持ニ付 幼年之節不縁ニ相成 十七才之節、去
ル辰年六月中 元福知山藩家来名前不存 文二郎 嵩高ニ相成、五月中父亀助相果 巳年十一月中奉公罷
在、帰村農業日雇罷在、玄米、六月下旬 村内庄屋新三郎付添 孫左衛門持参 福知山魚 目方八貫匁計同
人分家 郷宿渡世 ケ棚大工喜助方へ持参り、夫ゟ孫左衛門方ニ罷在候者、糸引女四人

舟井郡ヤチ谷村ヲトミ与申市助方へ送り届、庄屋孫左衛門方ニ而（家事御入用金三両）飯米七升代金三両、都合金六両借請、
道中方弐貫目計り　福知山段須町

六　[元旗本家来加納夘十郎一件鞫問]

寺内南町
加納夘十郎
（午年十一月弥一右衛門方後日入籍）
寺内南町
申弐十才
（母りん去ル十二月ゟ徳次郎方ニ隠居ニ相成御座候、）

私儀盗致候始末有躰可申上旨御糺合ニ御座候、此段元籏本西尾金三郎（寄合役禄四千四百石）家来ニ而東京[ムシ]吉岡町町家住居罷在、父才三郎五十六石弐人扶持歩兵頭相勤居候所、去ル辰年九月金三郎[ムシ]美濃国江罷越御暇出、四月才三郎[ムシ]江罷越候旨申聞、罷越候処不立帰、無致母りん洗濯雇、私義者水遊人形拵、細々取凌罷在候処、近年[ムシ]（親）類家小笠原名前不存、家来本多周三郎与申者、去ル午年七月頃在方ゟ引取、父才三郎義者大津駅井上弥右衛門方ニ厄介ニ相成居候趣承り候旨申聞候付、家財[ムシ]、同十月中東京家老弥一右衛門方閏十月廿一日着相尋候処、御年寄不申趣申聞候付、申年ゟ名前不存者ゟ弥一右衛門相移被呉、御当棚へ御届被呉候処、八丁近江屋幸助方ニ廿日計り御粥助を請、其後弥一右衛門后障ニ相成候付（宅ニ廿日計候内）、弐人夫々奉公致し、母者弥一右衛門方ニ厄介ニ相成、私義者丸屋町掻屋重助方へ（山田次郎作世話ニ而）奉公申候、以上、

一去未十月上旬ゟ（当正月十日迄）松田五郎右左殿方へ奉公致し居候所、都合も有之候旨申聞、暇を貰、

一去十二月十三日方箪笥引出しニ入有之候銘（商計衣服箪司ニ入有之候預り之分単物）取出し、箪笥を明ヶ青梅女袷壱、質屋徳次郎方火鉢引出しニ寺内北町柏屋源助方へ質通有之、是を入替出し、同人方へ（源助下代松之助）弐両弐貫弐（三）分ニ売払、

一同月日不覚、金巾大巾ニ裂、六人計り張籠ニ入有之盗取襦袢ニ致し置候（〃〃）、着用後母りんへ預ヶ置候処、

同人ゟ入質致し候旨、十一月松田ゟ貰請、（被遣是籠物）

菊　十二月日不覚、白縮緬裾除壱盗取、徳二郎（南町）寄子きく相頼代金弐分ニ柏屋源介方へ売払貰、世話料与して銭四百文呉遣ス、

菊　正月六日頃（十二月中旬与見る）張籠ニ入有之候ふく紗、（弐百文障布子町買請）竪嶋女引砕表裏浅黄ニて盗取前迠きく共相糺、弐分ニ京都商人ニ売払、世話料与して弐百文呉遣ス、

一正月八日頃箪笥ニ入有之分、

遍建替所　挟縮緬女綿入壱　徳三郎方火[ムシ]ニ入有之候質通取出し

松原伊吉　弐両弐分ニ入質　正月十日嶋三両ニ売払　柏屋源助方へ

伊与三方　五、六日頃

米取　越後結城白紬壱　弐方ニ入質致し　正月十日頃ニ三朱壱価取之都合弐方三両　弐百文　米村屋市介

新吊南町大和屋　[ムシ]

十二月ゟ正月へ懸ヶ一五、六ヶ度　弐朱三ヶ度　壱分弐ヶ度　酒肴代

四月廿九日吟味　南町木村吉之助　木村屋徳三郎寄子

野州郡大仙村出生　市川きく　六十三才

夫茂八両人暮、木挽職渡世罷在候処、弐十ヶ年已前為両様大津寺内布施屋町（土東八丁悴菱屋弘兵衛持家）借請、歩行荷物稼罷在候所、八ヶ年以前夫茂八相果、寺内南町木村吉之助寄子ニ相成、按摩渡世罷在候、

十一月不覚、政十郎罷越、（親類病気ニ付）余人衣類借り請ヶ[ムシ]申持参候、

寺内北町　岡本源助　三十才

夫婦子壱人、下男・下女共五人暮ニ而質屋・古着売買渡世罷在候、

（朱筆）「十二月十一日　銀六十匁（八十匁立）」

一白ちりめん内々上京町い勢屋政吉へ売[ムシ]（払カ）

りん
四十九才

筒紬襦伴　浅キ藍立嶋引碑
紫服さ単羽織　表［ムシ］

四月晦日

寺内南町
大和屋岩吉妻
ひて
三十才

夫婦暮ニ而青物売買渡世罷在候処、三井寺 見知候向町 隣家夘十郎当二月日不覚罷越、母病気候得者、薬買銭等ニ手詰り 米沢女袷壱北町柏屋津類方ニ入質致し有之候付、母りん病気薬買銭等ニ手詰り候ニ付、服さ単羽織与差出入替ニ致、売払之義者相頼候□（得カ）者、請出し神出村出郷真町、当時南町改［ムシ］かき餅屋藤兵衛方へ金三分ニ売払遣し〃〃候内、為世話□（料カ）えり弐分ト筒小袖源助方へ相渡、残夘十郎へ相渡三朱銭百四拾文為世話料貰請、

寺内南町
八木藤兵衛
申四十四才

此段夫婦子供弐人共四人暮、かき餅渡世罷在候処、当

十二月廿一日同町ひてゟ書なと米沢女袷壱枚、代金三両買取所持罷在候所、

七［賭博始末ニ付御紀］

吉身村
≡栗本喜介≡　栗太郡 出庭村　作兵衛　済

辻村
≡太田新治郎≡　済　申四十弐才

≡國松治兵衛≡
≡國松友右衛門□≡　一
二與治兵衛　太田松治郎　済　申弐十九才

≡神四郎≡

〆拾壱人　五　≡国松吉松　済　吉右衛門悴　申弐十六才

≡四郎右衛門　青山夘之助　済　申弐十七才

四吉兵衛　松村吉五郎　済　申廿九才

同郡
辻村
＝近藤松治郎　済　申四十七才

京都角力頭取
鯨波
弟子
〓若湊辰之助済
申弐十七才

右申口

私共儀、賭博致し候始末有躰ニ可申上旨御糺召御座候、此段新治郎儀者御高弐石七斗所持、家内六人暮、（与次兵衛）松治郎儀者御高五石所持、祖母并母夫婦共四人暮、（〃〃〃）音松儀者御高九石所持、両親兄弟方共八人暮、（伊右衛門）夘之助儀者御高七石所持、夫婦子供壱人共三人暮、（兵衛）吉五郎儀者御高三石三斗所持、母夫婦子供共四人暮、（何レも）松（農業）治郎儀者無高、夫婦子供弐人共四人暮、木挽職罷在候処、

八　[草津宿ニ而盗ニ付吟味一件]

栗田郡第四区
北野村
西村新町
妻のゑ申口
申四十九才

付箋
一夫婦子供弐人共四人暮、高三斗所持農業逗留、古付着売買渡世罷在候処、
（付箋）「一当三月日不覚、草津宿宮前野路屋（原文欠字）方へ買物ニ罷越候所、台所ニ有之候木綿藍竪嶋単羽織壱盗取、大津金塚町弥助方へ金壱分ニ売払、」

笘井忠藏
申七十三才

夫婦暮ニ而農業并雑菓子売買渡世罷在候処、去未九月中兼而取易致し候、

二月ゟ
四月中　網野氏方へ奉公

才吉妻
てる
申四十三才

夫婦子供弐人共四人暮ニ而
御高八石余所持、農業罷在
去未五月中ゟ

栗太郡
野村
佃弥右衛門　申三十四才

父弥市
両親兄弟六人
弟庄五郎
去ル卯年二月中本家庄左衛門借家ニ
被成候ニ付及相談罷在
夫婦子供弐人共家内四人暮ニ而御高弐（十）石五斗所持、農
業罷在候処、

一去辰年七月中父弥市（廿一日弘法へ参詣致引取懸ヶ大津）
玉屋町魚屋清三郎立寄酒呑一泊付、翌二十二日帰村懸
ケ出屋走村増右衛門方ニ而木川村茶碗屋孫三郎出合酒
呑合、夕七つ時前ニ帰宅仕、兼而脇差弐本有之候内壱
本宜敷品与存居候を持帰候而者、弟庄五郎之物ニ相成
候をヲシク存、酩酊之余り取替、御様ニ而所持之脇差
持参、父弥市郎ニ取替呉候様申聞候得共取替呉不申候
付、所持之脇差を為掛抜刀いたし候所迯去候付、隣家
喜太郎・甚兵衛両人罷越取押、所持之脇差取上ヶ庄屋
（佐右衛門）方へ持参り、帰宅後同夜庄屋佐右衛門ゟ呼仕参り罷越、
段々利解之上脇差預り置、其後渡し申候、
一去未三月馬廻組ニ而、隔日ニ驛場へ（馬連稼ニ）弟庄五郎罷越候、

引取馬不洗候所、弟庄五郎不洗候抔与申聞候ゟ互ニ争
論致し、私儀者鍬庄五郎義者棒を持、互ニ敲合居候処、
父弥市取押ニ罷越候付、兼而同人義弟庄五郎愛候を心
ニク、申居候を逆恨之後、親与知りツ、手ニ而打、私
義迠棒ニ而左迠天窓ニ被疵付、翌日母・庄五郎罷越、
木鎌を持庄五郎疵付候積りニ而同人門口潜居罷在候、
一去ル午年二月、今走村井ノ口町（下出町）太左衛門山本実郎方ニ
而米四俵代金無利足ニ而弐十匁壱分借用、（住家壱ヶ所月当ニ差入七月）証文差入候
節、（五日渡）庄屋佐右衛門奥印ニ而証文差入置、則佐右衛門無
断印形角ニ有合之印形を居、謀判致ス、年寄清兵衛方
へ田地字名代、
壱間半（半）右米代清兵衛へ相渡、同人ゟ下笠村百
姓へ約ス也、七月朔日二日両日之切、
親類弟
庄五郎印

一当三月日不覚、草津宿宮ノ前野路屋方へ買物
いたし候而罷越、台所ニ有之候木綿竪立嶋男
羽織壱盗取、金塚町弥助方へ壱匁ニ売払

九 ［京都府掛合中吟味書付］

京都府へ懸合中

異名 蜂　若州三方郡
三方村
農彦右衛門倅
坪田伊太郎
申三十四才

巳年
十月頃京都江罷越壱ヶ月計り
乞食徘徊罷在、元非人役千本鍋屋町
屋根葺与唱へ候長家千本西へ忠次郎去年七月迠罷在、
大吉世話候而鞍馬江小家頭重次郎方ニ
青物買調町々売歩行、古藁沓草城等拾歩行、
左官屋売払、七月晦日東京罷越候旨、重治郎へ
申置出達、

五
目細十九才奈良徒刑脛
紀州　〃おくね申立方、銭弐百文貫請
十九才徳吉
膳所杜林五月中旬　着物を持歩行
下ニ上之着物を着　弐三度
上ニ蒲圃を着　相臥
五月頃　膳所石田屋前之裏ニ而古着を持、上之
カンコ
着物を着迯去
包丁
駒吉所持
源吉事　小刀　出刃庖丁
馬吉　弘吉
栗太郡神領村
寺町ニ而者取
農甚五郎倅
西井豊吉
申十九才

午年
千市大預り未正月
敲
おい之三ウ
平吉　甚五郎兄
同辰吉
トラ
本千本　伯父村内　寅吉
両親兄弟弐人妹壱人七人暮ニ而農業罷在候所、
ハナヤラニヤ　未
巳之介父甚五郎義者去六月病気ニ付四国順拝ニ罷越、
未行衛不相知、同年十月中母相果、兄巽吉義者同
二月不沙汰ニ立出、弟秀吉相果、
閏十月朔日
直々致し取請鉄輪十一月廿日鉄輪免、午年十一月廿日不沙汰立出、
妹もん村内薬罐屋常治郎方ニ奉公罷在、
難渋ニ付難賄談同年十二月廿一日　弟平吉者壱人ニ而村内乞食罷
在
私并弟平吉同道不沙汰ニ立出、去正月六日同
〃〃　両生
人連ニ罷越、両人同道ニ而乞食罷在、
四
去ル巳年五月中不沙汰ニ立出、所々乞食罷在候者、盗致候付、
午年正月十八日京都府へ被捕、五月廿三日近江国十之進村役人
へ御引渡相成候得共、難渋ニ付難賄談、父甚五郎へ申置、所々
乞食ニ罷出候処、〃〃

註〉

一七月廿八日京都へ罷越候所、同五月中旬非人持ニ而
同所六破羅小家ニ八月十五日元膳所縣へ御引渡相成

候、尚又村役人へ御引渡、十日計庄屋善右衛門方ニ
世話相成候へ共難居逢、其後伯父寅吉方ニ農業罷在
候へ共、難居逢九月二日朝ニ不沙汰ニ罷出京都へ罷
越、非人体ニ而千本相附、十月中旬非人持ニ而膳所
へハ後帰籍同月中、○

○〈頭
「○逃出、同月中京都へ罷越、立帰り候へ共、不立入候付、尚又出、京都へ罷越、又候非人持ニ而前同様引渡 相成」（上部に横書にて注釈）

ドロ　壱ヶ年住所
寅吉　三月頃ゟ帰村茂吉方小屋ニ罷在
弘吉　四月十日
ゴリ　一当四月中旬ゟ京都寅吉弐度千本ニテ京都府へ被捕鳥井川村ニ而出逢、同人
政吉
七月十一日頃
徳松　申合、五月中九月書屋町・丸屋町・寺町一六市日ニ罷
七月十四日
平野屋へ越、弐朱ト九百文多葉粉入ニ有之候盗取、寅吉
伺て奉公
チンバ　義者壱歩壱朱盗取候趣申居候、
喜三吉
一五月中ニ日不覚、一六日ニ金壱朱銭八百文盗取、
弘吉
太兵衛　同日私義者百七拾文抜取
三分
六一六月朔日、銀弐貫文盗取候を四百文ニ買取、　壱本コリ政吉
翌日
上　百石町九品寺図子東南餝屋壱〆文ニ売払、十五文
銭ニ而請取、　受吸口銀中ゟ四分一

六月十九日
吉田喜助
申四十九才
母夫婦子供弐人餝屋職罷在候　拾取候旨
申聞
一同月六日、三朱ト五百文三ヶ度ニ盗取
一同月十一日、膳所拾文札六枚、銭壱〆八百文七ヶ度
ニ盗取、
一同月十六日銀烟管壱本四月などニよゟ膳所中庄村西村江　土山壱枚　真鍮
伊勢屋町友七　三ヶ買取□□ニ売払
同壱本　材木町　手拭壱筋盗取
金鍔与申所の道具屋へ弐貫文ニ売払
遣古シ、　夫婦子供弐人古道具屋致し　伊セ屋町
売買渡世　友七
二十九才
十一六月廿一日、金壱朱壱分銭弐〆五百文八十一〃ヶ度ニ抜取、
一同月廿六日、金壱歩弐朱銭六百文三ヶ度ニ抜取、
一七月朔日、金壱歩壱朱銭壱〆弐百文三ヶ度抜取、
受吸口銀余者真鍮　単奴事音吉ニ呉遣ス
弘吉相紀事
一同月六日銀烟管壱本弘吉ゟ三朱ト四百文ニ売払　七月六日　真鍮
○烟管弐本、前書道具屋弐百四十文ニ売払、金
三朱銭七百文五ヶ度ニ抜取、
一同月十一日、猟師町角力稽古場へ罷越、見物人
弐分弐朱壱ヶ度ニ抜取、

一同月十六日、金壱分壱朱弐ヶ度ニ盗取、
△一同月廿一日、徳枩寅吉・弘吉罷越候へ共、私義者腹
痛ニ而不罷越候、
一同月廿六日、金三歩銭壱〆五百文七ヶ度ニ抜取、
一八月朔日、金壱歩銭壱〆弐百文三ヶ度ニ抜取、
一八月六日、金壱歩壱朱銭三百文弐ヶ度ニ盗取、
一八月十一日、金三朱盗取、
七一六月十一日、松本村宝浄院金三朱盗取、
八一六月十七日、三井寺ニ而女袂、丁稚腰下ケニ金壱
朱札三枚、銭壱〆七百文計盗取、
九一同夜、寺内芝居小屋ニ而角力場ニ而金弐朱札盗取、
又四一同御前御遷宮之夜、金壱歩壱朱、掃先入有之櫛
者捨申候、
五一同三日、銭五〆文男壱人荷物中ニ有之、盗取、
六一銭拾貫五ニ而壱朱札ニ而五枚、銭壱〆四、五百文、
手拭弐筋盗取、土手拭雪ちんお惣々ニ壱筋、
一同次之夜、金弐朱札盗取、

廿五日
一寺内芝居ニ而金札三朱盗取、
一中町角力場へ七、八度参り、金壱両弐歩弐朱、
真鍮きせる壱本代三百文売払、加州音吉徳四郎 此者迯去候旨申出候、
七月十日
一三井寺千日参りニ付、金札四朱盗取、
一八月五日、川口町地先大正寺白巽神事之節、金
壱歩三朱四ヶ度盗取、
四一四月十九日、日吉神事之節、七本柳ニ而金弐朱盗
取、
△一四月山王神事之節、弘吉ゟ〃吸口銀銀きせる壱本弐百文
かし之代りニ取、加州出生京都出生音吉江呉遣ス、
壱一午年八月下旬、誓願寺境内ニ而女六条村昊名頬羅り両人申
合、女旅人京都之者緋縮緬帯上下、中ニ者拾両
壱分替申候、
内四両壱分豊吉六両ホカムリ、

弐╱一同年九月廿五日、北野天神宮参詣人多葉粉入
遊弐人
ニ有之候金七両三分、銭弐貫五百文盗取、

三╱一同年十月廿一日、参寺弘法江参詣人多葉粉入ニ
有之候弐両三分、銭壱〆五百文四人有之候、

╱七月廿九日夜、首清吉従豊吉《セタ》・弘吉下小宮町
醤油屋与兵衛方裏江壁切破り這入、壱貫六百文盗取

一紺浅黄色竪嶋男単物壱　弘吉分ヶ取　徳夽受助

合一浅黄立嶋女単物壱　清吉分ヶ取
西宮ら通り遣り　［ムシ］

一土刕小倉男帯弐筋　内豊吉　弘吉　清吉分ヶ取同人ら　貰請

一白木綿晒下帯壱筋　豊吉仕直シ　加州出生　音吉預ヶ候処　持去ル

弘吉持参一白木綿三人帯

一金壱歩三朱　清吉　三人分ヶ取　弐朱半豊吉　弐朱半弘吉　弐朱豊吉

一銭六〆文　同断　同断

○───〆六品

一八月二日、首清吉従豊吉・弘吉・徳松・定吉・
喜三吉中堀町飯田藤七方表戸辻下臥シ、

一木綿紺男筒袖半着　壱　合弘吉△□□□ニ而　金壱朱四百文売払

一木綿男紺藍嶋はり物壱反　喜三吉　切懸ヶ嶋対ニ　致し品物

一々男竪嶋　単物引解壱　徳夽

一々花色裏引解壱　徳夽受貢　徳夽　弘吉　両人之内取調　分ヶ取

一々茶紺嶋行解女物壱　合豊吉所持

一々花色嶋継々裏　壱　合清吉らとよへ呉遣ス　所持

一同花色切々少々　合豊吉所持

一　下帯　弐筋　弘吉分仕直シ　喜三吉仕直シ

一木綿浅黄竪嶋男単物壱　徳夽

一々　男襦袢　壱　切り□ニ而売払　清吉

一皮田葉粉入　きせる　壱〆弐百文　豊吉買取　六人分ヶ取　所持

〆十弐品

一金壱両弐分　清吉隠し置候分弘吉申聞　両人銀壱人参り候小遣ニ致ス

一銭八貫文　六人分ヶ取

╱一八月三日、首清吉従豊吉・弘吉・喜三吉・徳夽
五人、寺町中駒西側肴屋方へ表格子戸明ケ立入、
小村佐助方

一生ふし八本　五人食用

一煮はす　五ツ　清吉持行　道中ニ而永落し
一出刃包丁壱丁　弘吉所持
一西瓜　弐ツ　五人食用
一八月四日、首合喜三吉従豊吉・合定吉・ゴリ政吉・
徳松五人、上原町上野利助方表口戸明ヶ立入、
一銭七百五拾文　五人分ヶ取
一八月六日、首合喜三吉従豊吉・合定吉・政吉・徳枩
銀屋町大嶋次郎右衛門方
一銭拾貫文　五人分ヶ取
一木綿紺筒袖襦袢　政吉
一紺木綿吊風呂敷　徳枩分ヶ取、所持
〆
一同夜、首豊吉従喜三吉外三人、馬場丁下堤駒井喜兵
衛方裏戸明ヶ立入、
一木綿縮紺無地女単物壱　喜三吉分ヶ取、所持
一木綿ト絹与混合　女こし壱筋　合定吉
一紺弐巾前懸ヶ壱　合同　引□所持
一壱朱札　壱枚　五人分ヶ取

銭弐〆文
〆
一八月七日、首豊吉従合喜三吉・合定吉・政吉四人、
中保町夷嶋屋仙兵衛表戸明ヶ立入、　池田みき
一木綿女綿入半着　壱　〃〃〃〃〃
一々　女袷　壱　とよ&四貫文ニ売払　四人分ヶ取
了徳町　銭四貫文同人へ　壱〆文　呉遣ス　定吉

「（挿入紙一枚目）
御召ニ付罷出候　布施屋町
紀州亡善五郎娘
まつ
八月八日
是ハ膳所ニ奉公罷在
候ニ付呼ニ参申上哉奉伺候
はねて　中山與七
代喜助
両親姉弟共五人暮ニ而農業仕罷在候処、
大津布施屋町伏見屋伊兵衛部家借り請、背負稼罷
在候中、姉まつ・私并弟千蔵出生、五人暮ニ而同稼（九才之節不沙汰ニ立出）
罷在候処、父善五郎四ヶ年前相果、大津并京都乞
食徘徊致し候談、京都」（以下記載なし）

「（挿入紙二枚目）

一八月十日夜、首駒吉清吉従豊吉・清吉・弘吉・定吉五人、上北国町田中茂八方壁切破り（表く、り直し）立入、

五人、

騒□

○一木綿紺織包男単物壱　駒吉分ヶ取

一帷子　男半着　壱　同人分ヶ取

○一紺　小倉男帯　壱　同人分ヶ取○印（邸中へ捨）　（四〆文　遁中ニ売払）

△一嶋□絞り三人帯　壱　駒吉分ヶ取

△一紅木綿腹巻　壱　同人分ヶ取（△印堀中ニ而取落し）

一手拭　美　ムシ　合弘吉分ヶ取　仕着有之

〆七品

一銭壱〆文　五人分ヶ取

祐天上人守り致不申　駒吉ニ承り尋候事

一同夜、首清吉従駒吉外三人、北国町森田源七方裏（□□駒吉・清吉　清）

口戸明キ有之候付、立入、

一大和嶋男絣単物　壱　豊吉分ヶ取着用

一銭弐百貫文　五人分ヶ取

一八月十一日夜、首馬吉従駒吉・豊吉・徳㕛・弘吉五人、柳町庄野伊助方表上ヶ立明ヶ立入、（戸　庖丁遣イ）

一銭七拾貫文　五人分ヶ取

〆

昨年来ゟ五月中迄（当）金百拾両程抜取候者申立候事、

右口々掏摸之儀ニ付

被告主取調方不行届

（挿入紙終）」

栗太郡古馬村

くに

申三十四才

番人

与三吉

千野村

妹　ゑん

ちへ

両親女三人五人暮ニ而、〃□（元）番人罷在候処、母十九才之節相果、継母房の与申者貰請気合不致、妹ゑん両人不沙汰ニ罷出候後、父与三吉儀共家内不残今宿村へ罷出、夫々所々番人方ニ世話又者乞喰罷在、廿二才之節大津罷越乞喰ニ相成、丸山御旅寮与申者之世話ニ而小家 ムシ 弐ヶ年計り罷在、夫ゟ菊之方

世話ニ相成、去未八月中ゟ定吉女房ニ相成、
一七月廿八日出産致し　定吉廿一才
伊那
婆　義母五十三才

清吉申口
直吉同道ニ而横濱へ罷越

午年四月下旬被捕
同七月四日ゟ従拾年
未六月六日被捕
同十二月廿六日妹八十
陶摸（ママ）　异名ドラ口
三犯　〃　寅　吉
問合中にて　申弐十五才

一五月十一日、書下町ニ而多葉粉入中ニ有之候金壱歩、
銀耳かき壱本、服鏡　壱盗取、
此ハ途中ニ而取捨申候、
耳掻石川町　〃　紬石川町　外方へ四百文売払、
妻つう
一同月十六日、丸屋町多葉粉入中ニ有之金、金三
朱抜取、
一同月廿六日、丸屋町ニ而金三歩壱朱盗取、
一六月六日、寺内芝居囲外ニ立見致し居候金壱歩弐
朱盗取、
一同月十六日、同所ニ而金壱歩三朱盗取、
丸屋町
一同月廿一日、同金弐朱盗取、〃〃
一七月朔日、同金弐歩弐朱盗取、
一七月十一日、同金三朱　掏模
一同月十六日、同壱両壱朱
一同月廿六日、同弐分三朱
一同月晦日、庄吉町へ罷越　砥石・剃刀所持

神崎郡川並村
亡彦兵衛二男
塚本喜助申口
五十五才

私儀、蒲生郡安田徳埊を及致告候始末御吟味御座、
母さと先夫男子四人有之候所、伊八死後蒲生郡牧村方
伊八　三　女子壹人
此段両親妹壹人共四人暮ニ而農業罷在候所、彦兵衛
私并妹壹人相来八人暮ニ而　并卯類売買　与申者
七才之節父彦兵衛相果候得共、伊八子供追々
〃〃〃〃〃〃〃
成長致し候而者家内気合不致、五才之節父彦兵　貰請
聟養子ニ
蒲生郡　農業其外
衛母さと・妹こま召連八幡中村別宅、内府村罷在候所、
〃〃
七才之節彦兵衛相果候後、私儀者同郡川原村元番人治

郎兵衛方へ養子罷越、母妹義共神崎郡須田村元番人政
吉方へ縁付両人共、十三才之節
相果　五
蒲生郡原村番人ニ罷在候、
養父治郎兵衛十六才之節相果、壱ヶ年計番人致居
藩中山口弥内方ニ五ヶ年計中間
候へ共、男仕度後播州明石中又背奉公江州地　奉公
〃〃〃〃〃〃〃　罷在
所々髪結職罷在候所、甲賀郡大時村元番人藤　候後
同村ニ
〃〃〃〃〃〃〃
七方江立寄、同人世話を以所々髪結職罷在候後、蒲
〃〃
生郡土師月村元番人庯吉去ル子年六月中手下ニ相成、
□□後兼而病身暮し
三ヶ年計り相成、又者所々中間奉公致居候所、庯吉病
去ル
気同居致し居、巳年八月中徳杢乞喰ニ而罷越候得共、
若年之者ニ付日雇稼為致候ハ、、遣走与得拾上ケ世話
甲賀郡音羽村ゟ
致居候所、聊之稼も不致候付、林守り菴歩行為致候ハ
音部羽村迠
、、随分御計も相定候付可致旨申聞、銭四貫文かし上
翌午年三月中
置、鎌掛村番人房吉方へ暫時世話ニ参り居候所、庯吉
追々病気重り看病致し呉候様申越候付立帰り候所、徳
差
松見苦敷風躰致し居候付、私儀者房吉方へ差懸り、去
候付
ル四月中□□（房吉カ）相果神崎蒲生郡山本村番人喜内方へ世話
〃〃
へ致相勤も
ニ罷越居候所、女ニ而村方ゟ被申候付、とめ義徳杢を

呼寄、

城州伏見宿藤之森
鳥居元町
左官職
伊賀屋宇八悴
喜三郎申口
申十七才

私儀盗致し候始末有体可申上旨御吟味御座候、

此段両親弟壱人共四人暮ニ而左官職罷在候所、所々
奉公ニ者被差遣候得共難居遂、去ル八才之節不沙汰
盗いたし
ニ罷出、所々乞喰罷在候中盗いたし候付、伏見宿ニ
去ル午年正月中
〃〃
四月十八日
候付同所ニ而
而去ル午年二月廿三日御召捕、同四月廿三日を以ふ
京都府へ御差出
しミ迠往復、五月下旬猪出、尚又盗致し候付、十月
被仰付
八日同府へ御召捕、同閏十月八日ゟ徒刑壱ヶ年被仰
付、去未十一月十七日徒刑ニ付復籍、同十二月七日
頃猪出、所々乞喰徘徊、当七月廿九日大津宿江立入
翌九日
候所、兼而見知候神崎村豊吉ニ出逢、同人其外又者
掏摸
〃〃〃又者
十分ニ而盗致候件之、左之通、
庄助母

神領豊吉同類　午年二月入牢　喜左吉

一当五月十六日、大坂天《満》神橋《南》西詰ニ而、田舎之者買物
致し居、弁当箱ニ入有之候銭弐〆文盗取、
一七月廿八日、大坂八軒家船場《〃》旅人《フチニ着》、船賃《〃》ニ差置候
金壱歩盗取、
一同月廿九日、伏見京都壱丁目米屋□□（奉公カ）店先ニ有之
候宮米壱升盗取、大津江八ツ時ニ罷越、嶋ノ関ニ而
豊吉・同人妻おとよ・寅吉、チヤラチン神戸豊吉
一宮、
一八月四日《セ》、豊吉・徳枩・定吉ヨリ政吉・喜三吉《首》、
銭壱〆文盗取、
一八月六《六》日、馬場町下抱駒井喜三郎方定吉、コリ政
吉・豊吉・徳枩・喜三吉《首セ》、
一同夜、元之所わ八百屋方ニ而、《升屋町大嶋喜三郎》
銭拾〆文　〃〃〃〃〃〃　弐〆五百文拾口へ分ヶ
風呂敷　筒袖襦袢

左官道具
一　桶屋町廻付分
弘吉・清吉《首》・豊吉《イケ》・徳枩・喜三吉
一銭弐〆三百文程
一木綿裂　□とし　弐ツ
一　中保町
九吉・徳右衛門《イケ》・喜三吉・豊吉《首》・定吉
半天
単物　七月一日四〆文ニ而売払、

清吉

一午年四月神領横濱出生、直吉清吉《廿一才》申合、横濱太田、
一七月晦日、首清吉、従《合》廣吉・徳枩・喜三吉、井筒
町吉田屋勝次郎方店先雇参候、明後日八月三日出
立ニ而神戸へ罷越、九日朝（朱筆）「西宮ニ而駒吉ニ逢候」両人　大津へ着

大坂上町
前　廣嶋縣管下
一大坂上町出生ニ候得共両親名前不存、父者幼年、

母者六才之節相果候付、吉子ニ被拾上、十六才四
月中迠旅舟ニ乗り、同月ゟ大坂表へ罷越、去未二
月中ゟ乞喰ニ而堺、

一鉄骨扇子　壱本　駒吉分ヶ取　捨
一黒革提多葉粉入　分ヶ取
一　但煙管付
　内壱ツ　堺ニ而態与御遣□　非人　弐両ニ売払
一手拭　壱筋　横浜分ヶ取
七月廿日頃一分ニ而、右同人方へ家内始三人、銭
弐十七〆文盗取、堺・大和持下ス鑑居、

甲賀郡
下池田村
亡林治右衛門悴
幼名豊吉事
菊治郎
申廿四才

壬申十月十日入獄

一小風呂敷　壱　壱ヶ寺分　八幡増治郎　三百文ニ売払
一木綿紺紺女単物　壱　所持之小倉帯壱筋　寺内士の分清吉方へ　［ム］［シ］　壱朱売払
手拭　壱筋　仕□□□　属□□

脚半□　壱ツ　いな屋　本町名前存呉服屋方へ持　壱両壱歩弐朱買取
金壱両ニ□□約束
十八才之節
父繁蔵母熊十四才之節、兄亀松午年六月相果、弟権
吉行方不相分、留吉出家ニ相成行方不相分、伯父民
蔵世話ニ相成、
去未三月九日伯父民蔵庄屋太兵衛へ引渡ニ相成、
二月廿八日七十杖之上廿九日藩
両親并祖母兄弟弐人共七人暮ニ而農業罷在候処、十
四才之節、七月中日野丹田権左衛門方へ奉公ニ罷越、
同人出店甲府柳町四丁目相勤、十七才之節十二月中
帰国、母ひさ、文久三亥年八月中、祖母とま元治元
子年月日不覚相果、父治右衛門義者慶応元丑年正月
中相果、兄亀太も村ゟ庄屋喜兵衛方へ奉公、留吉者
同郡こも枝村寺号不存寺院方ものニ相成、弟権吉者
村内親類方江厄介相成、家屋敷之借財之方ニ差出、
絶家ニ相成、権右衛門方ニ奉公、十八才之節暇出、

日野新町油屋九兵衛方ニ奉公、同人出店勢州川崎ニ
軒茶屋酒店ニ相勤、十九才之節、未二月十七日同宿
呉服屋渡世小川屋方ニ而盗致し候付、元亀山縣ニ而、
（以下なし）

伊三郎

去ル午年六月中京都府ゟ藩処送りを以、元小浜藩
江藩処送りを以引落相成、庄屋六兵衛江引渡相成
候処、日数九日相立候処、尚又、

一月九日初吟味　滋賀県第十六区
木戸村
亡亀吉倅
長谷川房吉
廿才

一月六日入獄

此段祖母・両親・兄壱人・姉弐人〔末渚〕・妹壱人共八人暮ニ
而山稼罷在候処、十一才之節兄亀吉儀者相果候後、
兄長次郎跡相続罷在、去申二月中ゟ同郡南比良村荷
物運送渡世、石類并木品売買渡世中村利右衛門方雇
人中給金酒食ニ遊捨候所、兄長次郎儀

家内多ニ而　ニ付同人并母せつ　送　旨
も極難渋者にて、給金〔ムシ〕越候様母せつゟ厳
得共、前者　遣走候ゟ　不図
敷申候、不計も悪心差發り盗致し候件、

左之通

一去申二月十七日夜、南比良村氏原半次郎船ニ
有之候木綿竪横嶋男単物壱盗取、給金を以八幡町ニ而買
中ノ橋
調候旨、母せつ兄長次郎八嶋持帰置候後同十月中着用単物
致し候付、村戸長中村太郎兵衛方江被取上、

十月単物着
壱一同夜、同村高山久左衛門私ニ有之候木綿嶋・
古蒲団壱帖盗取、前人分ヶ取、

弐一同久右衛門私ニ有之候木綿・小紋・古蒲団壱
帖盗取、

〆三品盗取、給金ニ而買調候旨申偽為次り

栗太郡
太子田村
伊　蔵
申三十五才

母者野洲郡野洲村
川端源右衛門娘
姉三星次郎兵衛
姉小嶋杢右衛門へ縁付
つ　か

私儀出生之儀者同郡勝部村小林治右衛門二男ニ而、両親・兄姉（弟三人）弐人共七人暮ニ而、御高弐十四石所持農業罷在候所、父者九才、母者十才之節相果候後、姉弐人共縁付、兄弟三人暮ニ而罷在候、廿一才之節今岩村徳厺平吉娘小かう姦通致し（を以憤り、寄付不申候付、村内親類喜左衛門扱ニ而）、同年八九月頃右方へ罷越同人相頼、十三才之節送籍を以今岩村村木へ十五才之節別宅、其後同村農亡弥七娘いつ弐人（〃〃）男女弐人出生農業牛換渡世、兄次平去巳年四月中相果、午年五月中ゟ兄次平相果候付、私難渋付、御牛方後見御計方へ手後ニ付、

一四月十四日ゟ五月十三日頃迠三十日計り、

一八月三日錠明ヶ見候処米（米入）無之候也、

内々ニ男子弐人（権吉・音吉）女壱人（きん）出来、（きん義）気山村名前不存者へ奉公、弟弐人者宅ニ相成、継母と気合不致候付、所々奉公罷出、

幼名長吉事
伊三郎　佐柿村元小浜藩陣屋粕屋四郎兵衛方ニ奉公、村内彦右衛門薄縁ニ付、幼年之節世話ニ相成、

市左衛門方ニ一ヶ年奉公　弥　助

彦次郎方へ一ヶ年　平兵衛

庄屋
岩次郎
申十七才

両親共二人暮ニ而農業罷在候処、父者五才之節相果、同年母（名前不存）私儀者何レ歟罷越、親類も無之京都へ罷越乞喰徘徊罷在候所、去ル午年中庄屋久七へ御引渡相成、村方取扱助を請、所々農業日雇罷在候処、当正月四日不沙汰ニ立出大津宿江罷越、所々乞喰徘徊罷在候義申立候事、

解題と研究

解題

渡邊　忠司

はじめに

ここに翻刻する史料は大津代官所の同心佐久間氏の記録である。史料は佛教大学附属図書館所蔵で、『大津代官所同心佐久間家文書』と称される。収集は古書店からの購入によるが、これまで知られていなかった大津代官所同心に関する初めての記録類である。総点数は一〇〇点弱であるが、大津町方の取締・治安維持、また盗賊の捕縛と吟味、その他祭礼や宿場としての大津駅の統括など、徳川政権直轄地大津の支配、町民の統制の実態を解明する重要な史料群といえる。

また王政復古後の維新政府は独自の治安維持機構を持たなかったが、この事態に対し、京都では元所司代・町奉行また二条城御門番組などの与力・同心らを用いて警察・治安維持の要員として登用した事例が知られる(1)。大坂・奈良・堺なども同様であり、大津でも同様であった。佐久間氏は代々の同心であったが、維新後の佐久間家の琢蔵は大津縣貫属卒として、大津市中の治安維持・警護の役職に任命され、職務に就いていた。

その経緯をみると、琢蔵は慶応四年（一八六八、明治元年）五月三日に三人扶持・金一〇両で町方取締を命じられ、次いで六月九日に町方助役、七月二日に町方見廻り頭取吟味方、八月十日には扶持なしの第九等守倉、明治改元後の十月二十日に守倉を免じられて鞫獄・町方・駅逓兼帯、十二月七日には還幸の駅逓兼監察御用掛、十二月二十七日准八等中断獄下調方、明治二年正月から三人扶持、三月四日御東幸中駅逓・下調方兼勤、四月二日准八等上断獄方、四月五日徒刑場兼勤、九月十八日権大属鞫獄掛と、短時日で頻繁に役職を替えられている。この事実は維新政府が大津市民に対する警察・治安維持の態勢構築に苦慮し、混乱していたことを示している(2)。

近世大津の町と周辺地域に関する諸研究は『大津市史』『新修大津市史』の近世編に集成されているが、大津代官配下への同心の配属という事態はこれまで詳細に検証されたことはない。両市史には大津町奉行・大津代官、また京都町奉行の支配とその後の世襲代官石原氏に続く経緯が詳述される。特に『新修大津市史』は大津代官と代官所の変遷および同心の配属と変化について詳述するが、石原代官に配属された同心の勤方とその実態についてはほとんど触れることがない(3)。

これはいわば当然のことで、大津代官所同心に関する記録が未発見であったからである。その意味で、佐久間家文書は大津代官と同心の特質解明にとって貴重な史料群であることを特徴とする(4)。徳川政権のもとでは、与力・同心は、遠国奉行あるいは遠国役人の官吏としては基本的には奉行ないし町奉行と称される役職に配属されている。代官に手代、手附ほかが配属され、実務を担当するが、その代官に同心の配属という大津の事態は異例である。これは徳川政権の大津支配・統制機構整備の経緯と関連しているが、徳川政権の地域支配のあり方を考察する貴重な材料でもある。

この史料のもう一つの重要性は、大津町方と周辺地域の支配・統制について、大津代官から京都町奉行、さらには大津代官へと変遷する過程に関する記録という点にある。大津は豊臣政権時の浅野長政（長吉）領から徳川政権に代わるとともに大久保長安、その下での代官小野宗右衛門による町方支配、代官兼帯、また享保七年（一七二二）からの京都町奉行支配、明和九年（安永元年、一七七二）からの世襲代官石原氏の支配へと変化した。(5) 特に『仲ヶ間申合條目此外預り畑一件覚』には、享保七年以後と天明五年（一七八五）以後の大津代官所同心の勤方に関する規定が取り決められ、その内実と変化を知ることができる。

本書で紹介する史料は六点であるが、いずれも代官所同心の職務と勤務実態に関する記録である。以下、大津代官に同心が配属された経緯を検証し、合わせて翻刻史料の内容を紹介し解題に代えよう。

一　同心記録の概要

掲載史料それぞれの内容を紹介する。

（一）　史料一『仲ヶ間申合條目此外預り畑一件覚』

この記録は、宝暦十一年（一七六一）十月に始まり、文化十年（一八一三）に至る記録で、大きくは職務に関わる「仲ヶ間申合條目」と、天明八年（一七八八）の元大津御蔵屋敷跡地利用の経緯記録から成る。

「仲ヶ間申合條目」は同心仲間内の祝儀・葬礼などの儀礼や勤方の規範・基準を了解しあった覚書である。当然のことながら、同心仲間でしか通用しない仲間内の規約である。これは原題は「覚」と題され、第一条に仲間の番代（同心役職の相続）と組頭代（組頭役の交代）の祝儀を樽・肴代百疋、第二条では嫡子と養子の披露に対する祝儀百疋とするなどを規定し、嫡子元服の祝儀や御頭・御家門通行などへの臨時出役（勤務）への手当、父母死去などの香奠金百疋などのほか、すべてで二一ヶ条が規定されている。

大津の町は享保七年（一七二二）以後に京都町奉行所の支配となるが、そのとき与力・同心が大津の管轄に派遣される形式となった。これを受けて、宝暦九年版の『京都武鑑』こと「京都御役録」には、大津御役所が「京都御兼帯」として記載されている(6)。

大津御役所　京都御兼帯、同心十石　三人扶持、与力一騎ヅ、　御番十五日替り

これによると、京都町奉行所から与力一騎が一五日代わりで大津に出向し、大津同心を統括していたことが確認される。これでみる限りは、京都町奉行所の同心が与力とともに大津に出向していたと解釈されるが、与力は「一騎ヅ、」と明記されているのに対し同心の人数は明記されていない。この点は疑問であり、確かな検証が必要である。「仲ヶ間申合條目」は享保七年に大津が京都町奉行所の管轄となって以後、大津の同心等が取り決めた儀礼や勤務のあり方を取り決めた覚書であった。

この後も明和八年（一七七一）には「明和八夘春再相談極ヶ条」として、家督相続や御役転役、番代、養子・嫁取、葬礼などの祝い方・祝儀や香奠などの規定一二ヶ条が取り決められ、この前年同七年には番方仲間が無人の際の臨時出役のあり方一一ヶ条を取り決めている。このほか婚礼・家督相続、転役などの倹約や、御用材木を管理する近江高島舟木番所詰番の勤方などの規定も取り決められている。

（二）　史料二　天明五年（一七八五）『町方御用留』

これは大津町方の管理・統制に関係した記録で、［吟味裁許記録］と［吟味・諸伺・口上他覚］六四件に大別され

る。

[吟味裁許記録]は大津町内で起こった盗難・盗賊の吟味・裁許記録である。大津だけではなく、大坂・京都での窃盗犯が大津で捕縛された事例もある。その場合、大津と大坂・京都町奉行との間での吟味取り扱い方をめぐり、支配国との関連から吟味・裁許引受の確認が遣り取りされた事例ともなっている。たとえば天明四年から五年にかけて、大津代官と大坂・京都町奉行の三者間で上方八ヶ国の異変等取捌方に関する書簡が取り交わされている（本文史料四九～五一、五二～五三頁）。

これは大津町方の管轄が大津代官に移されたことと関係している。享保七年（一七二二）上方八ヶ国と西国の支配体制が再編成されたことによって、京都町奉行の支配国は山城・近江・丹波・大和、大坂町奉行は摂津・河内・和泉・播磨の四ヶ国に限定されることとなった。このとき大津も京都町奉行の支配地域に組み込まれ、与力一騎が一五日交代で出向させられることとなった。この支配と勤務状態が明和九年（安永元年、一七七二）に改変され、大津代官のもとに同心が配属される機構となった。それに対応して天明五年に勤方の規定が確認された記録である。

[吟味・諸伺・口上他覚]は内容から六四件に区分される。大津町方の火災や家数・人数改め、御用材木を管理する舟木役所詰、また所司代や大坂目附など幕府役職者の大津駅通行時の出役記録があるが、ほとんどは盗賊捕縛と吟味の記録である。

特に注目したいことは、大坂・京都町奉行所の支配国とその管轄についての三者間の取り決めと、盗賊犯人の取り扱いをめぐって取り交わした書状である。これは享保七年の国分け以後の管轄地域に関する協調・対立の実態を検証できる記録となっている。

（三）　史料三　天保三年（一八三二）『西山町字大濱一件留』
（元禄十二年〈一六九九〉～天保三年〈一八三二〉）

これは、史料一に記された天明八年（一七八八）の畑預かり一件に関わる詳しい記録で、その経緯を天保三年（一八三二）にまとめ直している。大津代官所同心は設置当初に専用の居宅がなく、町方商家の借家であった。そのため専用住宅の確保のために、元大津蔵奉行の屋敷跡地を居宅とする際の経緯と、その後の変遷を記録した留書である。記録は慶応二年（一八六六）の写『仲ヶ間申合條目此外預畑一件覚』があるが、翻刻はより原型に近い状態を示している天保三年の留書を用いた。この点については翻刻史料に付記した注釈（史料一末尾、二二頁）を参照されたい。

場所は大津字大濱という地区で、記事は大津蔵奉行が廃止された元禄十二年（一六九九）から天保三年に至る。御蔵奉行屋敷跡は元禄十二年四月に大津御蔵奉行が廃止され、大津代官兼帯となって以後明《（空）》屋敷となっていたが、同十五年七月に大津代官雨宮庄九郎預けとなっていた。跡地の利用については、大津が京都町奉行の支配下になったとき京都祇園の清水屋九郎兵衛の借地願いがあったが、享保五年（一七二〇）に同心屋敷地となり、延享二年（一七四五）に至って小屋建てとなり、同三年に引越となった。その後、小屋の雨漏りなど修復の費用の工面がつかなくなり、文政十三年（天保元年、一八三〇）になって大津百艘仲間が仲間会所の用地として願い出、請地となったが、天保二年になって取り上げ返上となったとしている。

（四）　史料四　明治四年（一八七一）『御用記』

記録は慶応四年（一八六八）から始まり明治二十五年（一八九二）に及ぶ。いずれも新政府になって以後の佐久間琢蔵と、その相続者以時が書き留めた捕縛・吟味の記録や新政府になって以後の大津の治安維持・事務方役所官吏編成、また佐久間以時家の宅地・戸籍などの記録である。

佐久間琢蔵は大津縣貫属卒として、大津市中の治安維持・警護の役職に任命され、短期間で配属を替えられながら種々の職務に就いていたが、明治四年八月二十二日には太政官宛に卒を離れ「帰商」したい旨の願書を差し出している。この跡を継いだ以時は明治五年三月九日に滋賀県庁に呼び出され、十二等出仕を命じられ、翌十日に「鞫獄専務」に就いている。

琢蔵は慶応四年から明治二年までの間に一月ないし一〇日で替えられ、一〇の役職に就いている。頻繁な役職移動であるが、これは王政復古に際して、新政府が町方・村方の人々にとっての警察・治安維持機構を持たなかったことと関係している。そのため、この記録は京都の事例のように、新政府が大津の同心らを用いて大津町方の治安維持に対応した事例とみることができる。

(五)　史料五　『御組出役定書』

これは基本的に勤方に関する定書で、「常例之部」「病気之部」「神事之部」「御案内之部」「御通り之部」「見習衆勤方之部」「検使之部」「欠所廻り之部」「捕之部并取鎮メ事」「倹約并武芸出情之事」に分けられて規定されている。またこのほか「年中着服御書付写」には儀礼服のほか季節に応じた勤務時の衣服が規定されている。

たとえば「常例之部」をみると、年始や八朔などの儀礼服の規定、番方入・見習勤務への出方、町廻り・風廻りなどの人数と態勢、所司代巡見の際の勤方手順など、おそらくは大津同心が設置されて以後の定例と、天明二年（一七八二）以後文政年間（一八一八〜一八三〇）ごろまでに新たに定例化された勤方がまとめられている。

また「御通り之部」には、御本番や助番順を決める振鬮の仕方や大名衆の大津通行に際した臨時の勤務手順などが規定され、「被仰渡御手扣」には、凶作に当たって公儀から指示された囲米・備蓄米、それと関わる倹約などの手続きも記されている。

いずれも通常の勤務態勢、また臨時・非常事態に対応するさまざまの勤方、出役の規範を規定・確認しているが、天明以後の規範も多く、大津代官所同心となって以後の勤方規範を新たに規定し直した定書といえよう。

（六）　史料六　明治五壬申年（一八七二）二月『鞫問帳』

明治新政府のもとでの元大津同心らの職務実態がみえる記録である。新政府は当初独自の軍隊と警察治安維持機構を持たなかった。京都では元所司代・町奉行また二条城御門番組などの与力・同心らを、洛陽隊から平安隊、警固方へと名称変更しながら京都府兵として、また警察・治安維持の要員として登用した(7)。これは与力・同心の大坂・奈良・堺なども、また大津でも同様であった。

記録は王政復古ごろから明治五年（一八七二）まで残るが、年貢米不能（納）に関する聞き糺しや博奕・盗みなどの吟味内容・裁許が記されている。大津のほか草津や京都など他地域に関する吟味、また日雇人・農業従事者また乞食などの身元確認作業などに及び、徳川政権のもとでの同心らと同様の職務に従事している。佐久間氏もまた大津縣貫属卒としてこれら種々の職務に就いており、明治五年以後も卒として勤務している。

二　同心記録の特徴

大津代官所に同心が配属された事情や要因については、今後の検証に俟たなければならないが、翻刻史料はその重要な材料となると考える。とりあえず、ここでは翻刻史料から確認される事実と特徴をいくつか紹介しておく。

一つは、同心の配属された年次に関する記録である。同心の配属については、『寛政重修諸家譜』（以下『諸家譜』）によると、小野宗左衛門貞勝が父の初代大津代官貞則の跡を継いで代官となった寛永五年（一六二八）で、人数は二〇人となっているが、(8)天保三年（一八三二）『西山町字大濱一件留』には文政十三年の「奉願口上書」に「寛永四夘年大津同心初而被　仰付候節、拝領地無之、銘々町方ニ借宅住居仕」とある。(9)この記録は同心の居宅を大津西山地区に新設する際の経緯を記すが、寛永四年に初めて配属された当初は町方に借宅していた事実も記している。

また同心の配属年次が寛永四年で、『諸家譜』の記す同五年とは相違している。これは配属を命じられた年次が四年で、五年は実際に大津に着任した年次であろう。ともかく寛永五年には大津代官に同心が配属されていたことになる。以後、二〇人の同心は大津町方の警察・治安維持に専念し、明治維新を迎えたのである。

二つには、史料解説でも触れたように、天明五年（一七八五）『町方御用留』にある上方八ヶ国内の異変等の取捌方に関する大津代官・大坂町奉行の取り交わしに関する切紙の記録である。これは翻刻に当たり［上方八ヶ国内異変等取捌方申合ニ付大津代官・大坂町奉行取替切紙］と仮題を付けた。享保七年（一七二二）の国分け（支配国の変更）は、山城・大和・近江・丹波・摂津・河内・和泉・播磨八ヶ国における京都・大坂町奉行間の盗賊捕縛・吟味・裁許、民事に関する訴訟・裁許などの管轄分割であった。(10)

これに伴って、京都町奉行の支配下にあった大津代官もまた刑事・民事に関わる吟味・裁許の取り捌きに影響を受け、大坂町奉行との間で盗賊や金銀貸借に関する吟味・裁許・訴訟などを調整する必要が生じた。切紙の遣り取りは大津代官と大坂町奉行の管轄権が調整されたことを示す記録で、他に［上方八ヶ国異変等取捌方ニ付再伺］［摂州住吉郡百姓召捕ニ付大坂町奉行所へ伺一件］（いずれも仮題）などが見て取れる。

三つには、大津代官所同心らの維新期の実態が明らかにされることである。明治四年（一八七一）『御用記』には、さきに触れたように、同心が大津縣貫属として登用され、旧来の刑事・民事など警察・治安維持に対応する状況が記されている。

記録によれば、佐久間琢蔵は慶応四年（一八六八）五月三日に三人扶持・金一〇両で町方取締を命じられて以後、明治二年十月に至るまで短時日で頻繁に役職を替えられていたが、それだけではなく新政府になって新たに抱え入れられた者も含めて、旧来の同心が下目付に七人、牢吏九人、下用掛り六人、仲番二人など断獄方の勤務に就いていることを記している。明治四年二月には、大津県庁から大津付元同心に対して給米三石五斗で、大津縣貫属への任命が申し渡されている。(11)

大津附
元同心江

今般給録御規則被
仰出候付而者、猶追而申達候迄給米三石五斗ツ、被下、当縣貫属被仰付候間、此段為心得相達候事、
辛未二月　　大津縣廳

同年二月、佐久間琢蔵は大津縣権大属に任じられ、年額五〇石の給米を与えられている。この月給は三石五斗で

あった。元同心の給米が年一〇石三人扶持であったから、大津付の元同心らの月給三石五斗は大幅な上昇であったといえる。

記録は維新政府が大津市民に対する警察・治安維持の態勢構築に苦慮し、混乱していたことを示しており、その警察機構に同心を積極的に登用した一事例とみることができる。また明治四年以後の元同心らの職務や、大津県庁が大津県貫属から帰農や帰商を望む者を募るなどの対応をとっている事実など、興味深い記録がある。

おわりに

徳川政権の代官は、本来将軍直轄領のうち村方を支配・管轄し、町方を支配しないことが一般的である。大津代官は畿内直轄領の村方だけではなく大津町方の支配・管轄も職務とし、他の地域では見られない側面を持っていた。翻刻史料は、いずれもこの大津代官所同心の勤務実態を解明する貴重な記録である。

大津代官所と同心に関する研究はこれまで『大津市史』『新修大津市史』が中心であった。代官所同心による市中の管轄・統制という特別な事例については、これまで詳細に論じられたことはなかった。たしかに、『大津市史』『新修大津市史』、特に『新修大津市史』には大津代官の支配について、『大津市史』刊行以後の研究の進展を踏まえて述べられている。初代代官小野宗左衛門貞則による町支配、その後の変化・特質など代官支配の状況は述べられるが、代官所同心の職務の内実や実態はほとんど触れられていない。

その意味では、『御組出役定書』（史料五）および『仲ヶ間申合條目此外預り畑一件覚』（史料一）の「仲ヶ間申合條目」は代官所同心の勤方を規定した規則書で、これを分析・解釈することで大津町支配と同心の勤方を解明することができる史料といえよう。

註

（1）拙稿「徳川政権の解体と京都の与力・同心」（佛教大学『歴史学部論集』第四号、二〇一四）、「王政復古期の京都警固体制」（『鷹陵史学』鷹陵史学会、二〇一四）参照。
（2）佐久間家文書、明治四年（一八七一）『御用記』（史料四）。
（3）『大津市史』（昭和十七年、復刊昭和四十八年）中巻、『新修大津市史』第三巻近世前期（昭和五十五年）、同第四巻近世後期（昭和五十六年）。
（4）『大津市史』下巻、史料編には、同心関係の史料はない。また『新修大津市史』の史料編は三冊あるが、そこにも同心関係の史料はない。
（5）『新修大津市史』第三巻、第三章第一節参照。
（6）『京都武鑑』（叢書京都の史料7、京都市歴史資料館）。
（7）前掲拙稿「王政復古期の京都警固体制」参照。
（8）『寛政重修諸家譜』第一〇巻、一一六頁。
（9）翻刻史料三、天保三年（一八三二）『西山町字大濱一件留』による。
（10）『町奉行所舊記』（大阪市史史料第四十一輯）による。
（11）翻刻史料四、明治四年（一八七一）『御用記』参照。

［研究］

近世大津支配体制の確立

渡邊　忠司

はじめに

近世大津代官は、代官職・町奉行職・船奉行職を兼帯する近世徳川政権の特徴的な役職であった。職務内容からみれば、代官としては近江を中心にした在方直轄領を支配し、町奉行としては大津市中を支配し、船奉行としては琵琶湖の湖上舟運を担っていた「大津百艘船」と舟運全般を支配した。また町奉行・船奉行二職の実務機構は同心が担当しており、代官に同心が配属されるという態勢も特異であった。

この支配体制は徳川政権の直轄都市に置かれた遠国奉行の支配国・支配所を基軸にした支配体制に対応するとみてよいが、近世大津の支配体制を検証する場合、この特徴的な三職兼帯の態勢が形成される経過を確かめることが重要である。また大津代官の場合、その実務を担う同心の配属という態勢もあり、この整備過程の検証が必要であるが、本稿では、三職兼帯の形成過程に焦点を当てて検証していく。それは大津を拠点とした支配体制の確立が京都と所司代を基軸にした上方八ヶ国また畿内・西国の支配体制の整備と大きく関連しているからであるが、上方支配機構の研

表1　大津御役所同心一覧

宝暦九年	明和五年	安永七年
西　組		
組頭安井南兵衛	安井浦右衛門	安井浦右衛門
佐久間正蔵	組頭高田武左衛門	組頭高田武左衛門
中嶋新平	佐久間正蔵	佐久間正蔵
目付高田武左衛門	中嶋新平	中嶋新平
八戸友右衛門	八戸逸平	八戸逸平
安井彦也	安井立右衛門	安井立右衛門
高橋左平次	高橋清右衛門	高橋清右衛門
片岡定八	片岡藤吾	片岡藤吾
柿沼源太	目付柿沼源太	目付柿沼源太
東　組		
岡本平内	組頭多胡甚右衛門	組頭多胡甚右衛門
目付多胡甚介	手塚源次郎	手塚源次郎
宮川良助	岡本平内	岡本平内
赤井弥惣次	宮川良助	宮川良助
組頭手塚傳左衛門	赤井弥惣次	赤井弥惣次
川嶋専蔵	目付川嶋惣右衛門	目付川嶋惣右衛門
岡田六右衛門	岡田六右衛門	岡田六右衛門
宮川幸左衛門	宮川幸左衛門	宮川幸左衛門
多賀直右衛門	多賀直右衛門	多賀惣右衛門

備考：京都市歴史資料館『京都武鑑』上（叢書京都の史料7）による。

究では大津を含めた観点からの検証が多くないかららでもある。[1]

享保七年（一七二二）、大津は代官支配から京都町奉行の支配下に入り、明和九年つまり安永元年（一七七二）石原氏の代に再度大津代官の支配・管轄へ戻る。この事態もまた享保改革期の上方支配機構の改編と関連している。この享保の国分けは、遠国奉行の地域支配の確立と、その後の安永元年の大津における世襲代官石原氏の配下に同心二〇人の配属という支配・管轄機構の確定につながっている。大津の地域支配機構は、徳川政権の直轄都市としては他には見られない支配・管轄機構であり、代官の三職兼帯と同心の配属という機構にこそ大津の支配体制と行政機構の独自性があるといえよう。[2]

『大津市史』（中巻）『新修大津市史』（第三巻・四巻）は大津代官と代官所の変遷および同心の配属と変遷、および享保七年の畿内・西国の支配体制の改変に伴う京都町奉行支配下への移行と動向を詳述しているが、石原代官に配属された同心の勤方とその実態についてはほとんど触れてはいない。[3]特に安永元年以降、大津代官と同心は王政復古を迎えるまで、大津町方の治安維持、盗賊・凶悪犯の取締と捕縛・吟味・裁許に専従したが、その具体的な経過や職務の実態は明らかではない。[4]また大津代官による町方・在方支配という事態は、徳川政権の畿内・西国支配体制整備の過程と大津支配・統制機構整備の経緯と関連しているが、この実態についても詳細に論じられたことはなかった(5)。

近世初期の大津代官の三職兼帯や代官所同心に関する研究は史料の不足によるところが大きい。本稿では、大津の支配体制の確立を代官・町奉行および船奉行の三職兼帯の確立とみて、その態勢となった理由と背景を代官職と町奉行職の兼帯、次いで船奉行職兼帯の過程として検証する(6)。

註

(1) 畿内西国の支配機構は、非領国から支配国の概念を基軸に展開されてきた。最近では岩城卓二『近世畿内・近国支配の構造』（柏書房、二〇〇六）、小倉宗『江戸幕府上方支配機構の研究』（塙書房、二〇一一）らの研究を中心に、支配行政機構の問題として追究されている。

(2) 岩城・小倉氏らの研究は徳川政権の領主階層の統制体制と機構に関する研究であって、支配行政機構の執行機構を対象にしていない。遠国奉行である京都町奉行・大坂町奉行の職務執行には与力・同心が大きな役割を担っていた。筆者も遠国奉行が遠国奉行の役職として職務を執行するための実務官吏として与力・同心に焦点を当てて研究を進めている。拙著『大坂町奉行と支配所・支配国』（東方出版、二〇〇七）、拙稿「大坂町奉行所与力・同心体制の確立」（佛教大学『文学部論集』九〇号、二〇〇九）・「近世京都における与力・同心体制の確立」（佛教大学『歴史学部論集』第二号、二〇一二）など参照。

(3) 『大津市史』（昭和十七年、復刊昭和四十八年）中巻、『新修大津市史』第三巻近世前期（昭和五十五年）、第四巻近世後期（昭和五十六年）。『大津市史』下巻、史料編には同心関係の史料はない。また『新修大津市史』の史料編は三冊あるが、そこにも同心関係の史料はない。特に『新修大津市史』近世前期、第三巻第二章第二節。この状況はこれまで大津代官所同心に関する記録が未発見であったことによる。なお『京都御役所向大概覚書』（上下、清文堂出版、一九九三）の大津に関する記録にも、その成立年次が正徳から享保初年とされているので、当然ながら同心とその勤方の記事はない。また

『京都の歴史』（第五巻近世の胎動・第六巻近世の展開）にも記述はない。

（4）与力・同心が明治維新に際し、その政治変革にいかに対応したかについての検証は多くない。拙稿「王政復古期の京都警固体制」（『鷹陵史学』第四十号、二〇一四）では、維新政府と京都の与力・同心双方の対応状況を検証した。

（5）支配国とか畿内支配体制に関わる問題、また大津代官・同心についての詳述は『大津市史』『新修大津市史』第三巻・第四巻および『京都の歴史』にはない。但し『新修大津市史』第四巻近世後期には、享保七年の国分けとの関連で京都町奉行・大津代官の関係について述べる。これ以外には大津の京都町奉行支配やその研究は見当たらない。これらは史料の不足ないし未発見による。その意味で、佐久間家文書は大津代官と同心の特質解明にとって貴重な史料群であり、徳川政権の地域支配のあり方を考察する貴重な材料でもある。なお佐久間氏の記録は佛教大学附属図書館所蔵『大津代官所同心佐久間家文書』として整理されている。

（6）近世大津に特徴的な支配機構に、代官に同心の配属という機構がある。本来与力・同心は奉行および町奉行、遠国奉行・遠国役人の配属官吏として配属される場合が一般的であった。徳川政権の代官と町奉行の位置づけからみれば特徴的で検証に価するが、この点は職務や勤務実態等とともに別稿で検討する予定である。

一　大津代官の設置と役職「兼帯」

『淡海志』はその冒頭に「大津ハ洛陽ノ喉襟ニシテ東西北陸ノ会湊スル処、津々浦々ノ商船穀物ノ寄賑フ湊ナレハ、大津ト称スルモ宜ナルカナ」と記す(1)。大津は近世に限らず、古くから京都の玄関であり、琵琶湖の浦々はもちろん、東西・北陸の物資が集散する流通の要衝であった。これゆえにこそ軍事的拠点として、特に室町期以来戦略的拠点として重要な位置を占めていた。

徳川政権も大津を重要な政治的・軍事的要衝として位置づけ、直轄地とした。徳川政権の地域支配は特異な代官の三職兼帯という支配体制の始まりであった。まずはこれを検証しておきたい。

『大津市史』『新修大津市史』は近世初期の大津支配について、大津町奉行・大津代官また京都町奉行の支配とその後の世襲代官石原氏に続く経緯を述べ、特に『新修大津市史』近世編は近世初期豊臣期から徳川期の支配変遷について、軍事的位置づけから見た近江坂本から大津への拠点の移動として述べている(2)。

それによると、豊臣政権下では天正十四年（一五八六）ごろに浅野長吉（長政）が坂本から大津城主へと移され、近江・大津地域における軍事的拠点の変更があり、その後大津城主は同十七年に増田長盛、同十九年に新庄直頼、文禄四年（一五九五）に京極高次へと頻繁に替わり、さらに慶長五年（一六〇〇）の関ヶ原役後は家康の支配下に入り、同八年の江戸幕府開設によって徳川政権下の大津となった(3)。

大津代官の三職兼帯は、慶長六年（一六〇一）には大久保長安と代官小野貞則が配置され、奉行（国奉行・町奉行的職務）の下に代官という機構となったことから始まるが、職務区分の曖昧なままでの配置でもあった。この態勢は、豊臣政権を継承した徳川政権初期の支配行政機構未整備期の特例とも言えるが、これを引き継いで、代官の在方・町方支配兼務という支配形態が形成されていく。

大久保長安の大津配置は慶長五年以降の京都・畿内支配体制の整備の一環でもあった。家康は伏見城に城代と守衛番を配置し、慶長六年には板倉勝重を京都所司代に任命、また加藤正次・米津勝清を京都町奉行（ないし代官）として、京都市中と山城のほか近江・大和など京都周辺の軍事的行政的支配体制を整え、同時に同六年から八年にかけて二条城を築城している(4)。

大久保長安は家康の側近として、徳川政権初期の財政と地方支配の確立に尽力した。支配管轄領域は最大で甲斐・

信濃・美濃・越後・佐渡・伊豆・大和・近江・石見九ヶ国で、総高一二〇万石といわれた。甲斐から伊豆六ヶ国はいわゆる関東八ヶ国を取り巻く地域であり、家康の東国支配の拡大と関連しており、また大和・近江・石見は関ヶ原役以後の豊臣氏の領国縮小と関係している。大久保長安は、当初は「大津町奉行」「大津代官」とも呼ばれ、職務は大津と近江国と近国を統括する国奉行としての性格をもっていたとされている。[5]

また小野貞則は慶長五年に大津に配置され、『寛政重修諸家譜』（以下『諸家譜』）には「郡事」の沙汰を管掌したと記す。[6]

　慶長五年関原御陣のゝち、仰をうけて京極高次が立のきし大津の城にいり郡事を沙汰す。このとき騎馬の士三十五騎をそへられ、吹貫の指物をたまふ。のち彼地の御代官となり、かねて市中の事を沙汰す。

貞則は京極高次の立ち退いた大津城に入り、近江国高島・栗太および大和国式下三郡で知行五百石を与えられたことを記す。これは小野の祖立慶が守山で代官として管理していた家康の近江賄料と関連しているとみられる。小野は大津の富商の一族で、立慶の跡を継いだとされている。[7]

この時点では大久保長安は町奉行として配置され、町方と近江国を支配管轄する職務であった。またその下に配置された小野貞則は与力三五騎を配下に、大津城の管理とともに在方直轄領を管轄していた。代官職に相当する役職であったとみられる。大久保長安の職務は、その経歴からみても直轄都市に配置された町奉行であり、大津を支配所とし近江国を支配国として支配・管轄する、後に遠国奉行と称される役職の前駆的配置であったとみてよい。

大津代官の三職兼帯という職務からみると、大久保長安は大津町奉行と船奉行の兼帯、代官の職務は小野貞則の担当とみられるから、大久保長安の大津配置は三職兼帯の契機であったといえよう。『大津百艘船由来』（以下『由来』）によると、大久保長安が着任とともに船奉行を兼帯したことを記す。[8]

船改所　大津観音寺町
　　　改　役
慶長五庚子年二月より
寛永十一甲戌年四月迄十四ヶ年
　　観音寺朝賢
　　　長束又七郎
　　江州栗太郡芦浦住居
　　　大久保十兵衛尉
　　　　後に石見守
東照宮大権現
家康公御代
　　慶長六辛丑年七月
　　舟御高札御印紙前同断御立被下候事

記録は大久保長安が湖上船を支配し、高札・印紙（運行規則・規制などの制札の管理また極印打など権利の認可）などを管理・下付する職務であった。大久保長安は「舟御高札御印紙前同断御立被下候事」とあるように、慶長六年以前からの職務を継承し、徳川政権下ではその初代であった。

ここで注意しておくべきは「湖上船御奉行」とある「奉行」の意味合いである。湖上船奉行観音寺朝賢は豊臣政権下でその職に就き、その下に船役所と船改役が置かれていた。湖上船は室町期から琵琶湖舟運の主役で、徳川政権下の調査では猟船三〇八艘・艜船一二三八艘であった(9)。近世には大津百艘船として知られるが、百艘船は、湖上船が豊臣政権の大津城主浅野弾正長吉から軍用と諸大名往来のために近江浦々に百艘の調達が命じられ、その褒美に特権を与えられ、「百艘船持」と称するようになったことから百艘船と称するようになった(10)。その管理は豊臣政権下では浅野ら大津城主、徳川政権下では大津町奉行（代官）の支配下で「湖上船御奉行」が担当していた。『由来』には湖上船奉行が足利将軍十二代義晴の代から存在したと記される(11)。

これらによると、大津町奉行が兼帯する船奉行と「湖上船御奉行」とは別の役職であり、大津町奉行の百艘船支配は湖上船奉行を通して行われていたこと、同時に大津町奉行兼帯の船奉行は琵琶湖の舟運全般を管理する役職であっ

表2　大津町奉行・大津代官一覧

町奉行		代官	
大久保長安	慶長6年7月		
鈴木彦兵衛	慶長8年		
林三郎兵衛			
鈴木左馬之助	慶長9年	小島喜兵衛	元和元年
小野惣左衛門			
小野宗左衛門	元和3年6月	堀藤兵衛	寛永元年
		小島喜兵衛	寛永17年
		小島喜左衛門	正保元年
小野喜左衛門	慶安3年2月	馬場吉右衛門	承応元年
		今井平兵衛	承応2年
		加藤與兵衛	明暦元年
		加藤治左衛門	万治元年
		小野宗左衛門	寛文元年
小野半之助	寛文12年11月	小野長左衛門	（不詳）
雨宮庄九郎	元禄12年11月	雨宮源次郎	宝永2年
雨宮庄九郎	宝永4年12月	古郡文右衛門	正徳元年
雨宮源次郎			
古郡文右衛門	正徳3年8月 享保7年7月解任		
京都東町奉行	享保7年8月～		
京都西町奉行	明和9年	石原清左衛門	安永元年3月

備考：『大津市史』下巻「附載」による。

たこと、この点を確認しておきたい(12)。

そこで、大津代官と町奉行の職務が兼帯となった経緯をみると、その契機は大久保長安の死没である。大久保長安は慶長十八年（一六一三）に没し、大津の職務は小野貞則が継いでいる。『諸家譜』は「のち彼地の御代官となり、かねて市中の事を沙汰す」と記す。大津代官就任年次は明記されていないが、代官着任とともに「市中の事を沙汰す」ること、つまり町方を支配する町奉行としての職務も担うこととなった。

代官就任は大久保長安の没後とすれば元和元年（一六一五）ごろとみられる。『由来』には、小野貞則が元和三年六月に船奉行に就任したことを記し、奉行・代官と船奉行の兼帯となったとする(13)。

秀忠公御代

元和三年丁巳年六月より　小野宗左衛門

但御代官大津御奉行兼帯前同断御文言

御印紙御高札御建被下候事

ここにみられるように、小野は大久保の職務を引き継ぎ、御代官・大津御奉行を兼帯した。また「御印紙御高札御建被下候事」とあるように、船奉行は百艘船も含む湖上船と関係浦々など舟運全般に関する支配・管轄を兼ねていた。この時点で大津代官が三職兼帯の職務形態となったが、『由来』には湖上船御奉行の存在も明記されていることから、この時点では船奉行に包摂されていなかったことを示している。これは大久保長安の代からの職務形態で、船奉行兼帯が小野貞則の継承後も十全な意味では職務兼帯とはいえなかったことを示している。

小野の代官・町奉行職務の兼帯は、元和元年の豊臣氏滅亡を承けて、京都所司代の権限を肩代わりするかたちで、五味豊直が元和元年に河内代官、同二年に山城代官に任命され、同五年には伏見城代の廃止、大坂の直轄化と大坂城代・大坂町奉行の設置などと続いているから、これらに対応した役職任命であったといえよう。また元和八年になって伏見奉行の小堀遠江守政一が近江奉行に任命されているので、元和元年以降に進展する京都所司代権限の分割管轄体制の一環でもあった(14)。

註

（1）『淡海志』。引用は『大津市史』下巻、一三頁、「地誌」編による。

（2）前掲『大津市史』中巻、『新修大津市史』第三巻近世前期、第四巻近世後期参照。

（3）この後に大津城は膳所に移され、大津城跡は大津御役所（町奉行・代官）となる。『新修大津市史』第三巻近世前期、第二章第二節。同第四巻、近世後期第一章第一節。

（4）『慶延略記』（内閣文庫『史籍叢刊』81）、『徳川実紀』『寛政重修諸家譜』等による。

（5）『国史大辞典』第一巻。なお『大津市史』『新修大津市史』が検証している。特に『新修大津市史』第三巻第三章第一節参照。

（6）『寛政重修諸家譜』（以下『諸家譜』）第十、一一六頁。
（7）前掲『大津市史』中巻、『新修大津市史』第三巻近世前期参照。
（8）『大津百艘船由来』（以下『由来』、『大津市史』下巻）、一七七頁。
（9）『新修大津市史』第三巻、第二章第三節、二二一頁、二二八頁。
（10）『由来』、一七五頁、『大津百艘船由緒』（以下『由緒』、『大津市史』下巻）、一九七頁。
（11）『由来』、一七三〜一七四頁。
（12）三職兼帯を確認するには、船奉行と湖上船奉行が一体化すること、または船奉行の役職に湖上船奉行の役職が含み込まれることが必要である。この点は次節で検証する。
（13）『由来』、一七七頁。
（14）前掲『慶延略記』。拙稿「近世京都における与力・同心体制の確立」（佛教大学『歴史学部論集』第二号、二〇一二）参照。

二　大津代官と「湖上船御奉行」

（一）大津の船奉行と「湖上船御奉行」

小野貞則は大久保長安没後に大津代官として代官職・町奉行職および船奉行も兼帯して、寛永五年（一六二八）まで勤めた。貞則の跡は子の喜左衛門貞勝が継いだ。このときにも『由来』は船奉行と「右同断御代官大津御奉行兼帯」を記し、貞勝も貞則と同じく「湖上船御奉行」の職務は含まない、三職兼帯であった（1）。

貞勝が「大津御奉行」で町奉行であったことは、『諸家譜』には着任と同時に「同心二十人をあづけられ、大津を支配」したとあることでも裏付けられる。大津代官に同心の配属という事態の登場であるが、このとき貞則に配属されていた三五騎の与力は引き継がれず、その代わりに同心配属となったといえよう(2)。

貞勝は寛永十年に急死したため、再度貞則が同十七年まで勤めている。この後も小野氏は世襲代官として延宝八年（一六八〇）まで貞則の孫喜左衛門貞久、さらに同年からは分家で養子の半之助宗清が元禄十二年（一六九九）まで勤め、形式上は三職兼帯が継承されている(3)。

世襲代官小野氏の跡は雨宮庄九郎寛長で、元禄十二年から正徳二年（一七一二）まで勤めた。このときも『由来』には船奉行の就任と「御代官大津町奉行兼帯」を明記し、正徳三年からは古郡文右衛門が引き継ぐが、これにも「御代官町奉行船奉行兼帯」と記されている(4)。

また大津支配役職として船奉行を職掌としたことは、さきに触れたように、室町期以来の伝統的職務管掌であった。もちろん百艘船に関しては大津代官（ないし奉行）の下で湖上船御奉行が直接管理しており、船奉行と湖上船御奉行とは別の役職であった。それを含まない船奉行と代官・町奉行を兼帯することが大津代官の三職兼帯であった。

貞則以後は表面上三職兼帯となったが、『由来』や『由緒』には百艘船管理の「湖上船御奉行」が「奉行」の名目で存在し、大津奉行・代官の指示・指揮のもと百艘船を支配・管理していた。「定」「覚」「口上之覚」など大津代官からの触書・廻状などを伝達し、百艘船からの要望・願書などの差し出しを仲介していたと見られる。たとえば延宝九年には小野半之助・小野長左衛門・観音寺から公事船役の差し出しを命じられ、百艘船仲間から差し出しを極めた旨の「定」を掲げている(5)。

定

一観　音　寺様
一小　野半之助様
一小野長左衛門様
右御両三人様より御指船申来候は丶、公事船役に仕、船指し可申候、尤二度之御番衆に而も、御両三人様より申来候は丶、役船に可仕候、たとひ舟賃如何程被下候共、中間へ出し可申候、為後日仍如件、
延宝九酉の四月晦日に相極、

両三人とある観音寺は湖上船御奉行であり、小野半之助は貞勝の子貞久の養子で大津代官、長左衛門は貞則の三男で、近江の代官であった(6)。百艘船仲間からみれば、いずれも役所の役人である。「観音寺様」という尊称は観音寺氏が「湖上船御奉行」と称されているように、近江栗太郡蘆浦観音寺の住職で、百艘船仲間を管理する立場にあった人物である(7)。

ここで、大津町奉行（ないし国奉行）の大久保長安、それを引き継いだ大津代官・御奉行の小野貞則から古郡文右衛門までは船奉行を兼帯したが、「湖上船御奉行」を兼帯したのではないことを確認しておきたい。したがって百艘船の支配管理体制は、大津代官・奉行―観音寺―舟役所・船改役となり、その下に百艘船の年寄・船持・水主らが統制されていた(8)。

大久保長安の船奉行兼帯は三職兼帯の契機でもあったが、このとき大久保は町奉行的・国奉行的位置にあり、代官ではなかった。代官の職務は小野宗左衛門貞則で、さらに実務担当の与力三五騎が配属されていた。大久保は大津町奉行として近江と町中を、小野は「郡事を沙汰」すること、つまり在方を管轄しており、近江国と大津市中を分割して支配・管理させる態勢をとっていた。

大津代官が船奉行を兼帯して、実質的に三職兼帯となるには、湖上船御奉行が別の役職・職務ではなく、船奉行と一体化した役職・職務になることであろう。

（二）「湖上船御奉行」の職務と大津代官職務への包摂

『由来』には、大津代官・奉行・船奉行兼帯の記事とは別に「湖上船御奉行」の項に、さきにふれた慶長五年の観音寺朝賢、寛永十一年観音寺舜興以後の湖上船奉行と船役所・船改役も書き上げている（表3）。船奉行の職務には大津百艘船の統制管理もあるが、それも含めて琵琶湖の舟運全般、それに関わる浦々の支配管轄もあった。それには舟運に関する制札（荷物・運賃、旅人、浦々水主などの制約・規範）、船株の免許・極印などがあった。

表3　大津の湖上船奉行と船改役

湖上船奉行		船役所船改役	
観音寺朝賢	慶長５年２月	長束又七郎	慶長５年２月
↓	↓	片岡小兵衛	慶長13年
観音寺舜興	寛永11年４月	西川太郎右衛門	寛永９年２月
観音寺豊舜	寛文２年７月	↓	↓
↓	↓	西川権兵衛	寛文４年５月
観音寺朝舜	寛文５年10月	↓	↓
辻弥五左衛門	貞享２年11月	林藤兵衛	貞享２年11月
金丸又左衛門	元禄４年５月	依田伊右衛門	元禄４年５月
↓	↓	鈴木金兵衛	↓
石原清左衛門	宝永２年８月	遠藤弥冶兵衛	宝永２年８月
雨宮庄九郎	正徳元年７月	須川平兵衛	正徳元年７月
↓	↓	楢崎仲右衛門	正徳２年８月
雨宮庄九郎	正徳３年９月	↓	↓
↓	↓	服部丈右衛門	享保７年９月
↓	↓	下役北出利八	↓
桜井孫兵衛	享保７年10月	楢崎仲右衛門下役	享保７年10月
小野惣左衛門	享保12年４月	楢崎・服部（北出）	↓
玉虫左兵衛	享保12年10月	楢崎・服部（北出）	↓
鈴木小右衛門	享保13年７月	楢崎・服部（北出）	享保13年７月
石原清左衛門	寛保３年８月	服部丈右衛門	寛保３年８月
↓	↓	服部段治（北出）	↓
石原善之丞	安永５年７月	服部丈右衛門	安永５年７月

備考：『大津百艘船由来』（『大津市史』下巻）による。

『由緒』はこれらが天正十年（一五八二）に浅野弾正長吉（長政）から大津濱・坂本・堅田・木濱の船持に与えられた免許・制札によるとされ、他の浦々への着船も優先的に認められたことを記している(9)。

且又湖上舟着之浦に、滋賀、高嶋、淺井、

伊香、蒲生、神崎、野洲、栗太右八郡之湊へも百艘舟着勝手次第に舟差遣し、艫おり廻船仕、其浦々之船に准し順番之以御収納米・商売米、北国筋より登荷物・俵物等をも可積請段、御免許被成下、猶又権現様御代大久保十兵衛尉様より前条之趣被達尊聴、慶長六年七月二日先規之通御制札被為成下、其後御代々大津御奉行所より無断絶札御建被為下、今以百艘之舟株傳御用御役舟昼夜にかぎらず相努、大津より下り荷物・旅人等積乗、之を湖上浦々へも廻船にも差遣し、荷物・俵物積登り百艘船相続仕者也、

百艘船は滋賀・高嶋あるいは蒲生・野洲など湖北から湖西・湖東・湖南の各湊への自由な着船が許されており、湖上舟運の中核であった。但し「其浦々之船に准し順番之以御収納米・商売米、北国筋より登荷物・俵物等をも可積請段、御免許被成下」とあるように、着船と年貢米・商売米また北国筋からの諸荷物の積載は「勝手次第」とはあるが、その浦々の船に準じて順番に積請けすることが指示され、諸荷物の積載順は勝手次第ではなかった。積載はその浦・湊所属の荷積船に優先権が確保されていたのである。(10)

この諸荷物積載の認可状況から、「大津御奉行所」は百艘船以外の琵琶湖浦々に所属する荷船とその船持などをも支配・管理しており、その職務のうちに「湖上御奉行」と百艘船管理があった。さきの『由来』の記録によると、船奉行と「湖上船御奉行」とは役職として分けられていたが、それが確認できる。湖上船御奉行には船役所・船改役が代官(町奉行)所の役職・機構とは別に設置されており、大津代官の職務に大津百艘船管理の「湖上船御奉行」の管轄もあったというべきであろう。表3にみられる大津百艘船の管理は信長の代から観音寺氏の世襲で、徳川政権下でも湖上船御奉行は観音寺氏であった。その下に船役所と船改役が置かれている。

観音寺氏の世襲は、朝舜の代の貞享二年(一六八五)に御役召し上げ・閉門となって途切れることとなる。その理由は朝舜の代官所への「御勘定残」つまり勘定滞納であった。「観音寺歴代系図」によると、朝舜は同年五月二十九

日付けで老中から信楽の世襲代官多羅尾四郎左衛門光忠とともに江戸に召喚され、六月二十九日に評定所の裁定があり、御役召し上げ・閉門を命じられた。閉門は貞享三年五月八日に許されたが、百艘船の管理役職への復帰はなかった。朝舜は近江栗田郡蘆浦に帰り、観音寺住職となった。その滞納分は跡を継いだ住職智周が元禄五年（一六九二）八月に皆済している。(11)

観音寺氏の湖上船御奉行世襲は貞享二年に停止されたが、船役所・船改役の機構はそのまま継承されている。この後、湖上船奉行は近江国直轄領他を管理する在方代官に引き継がれることとなった。『由来』には、貞享二年一一月に山城横大路居住の辻弥五左衛門（守誠）が就き、「船改所」も観音寺町から川口町に移ったが、改役も明記され、百艘船の管理機構に変化はなかった。(12)

貞享乙丑二年十一月より
元禄四辛未年五月迄七ヶ年
辻弥五左衛門
山城横大路住居

船改所　大津　川口町
改　役
林　藤兵衛

『諸家譜』には、辻が貞享二年九月五日に代官となったことだけを記し、支配所は明記されていない。(13) この後辻は元禄四年まで、その跡役金丸又左衛門は宝永二年まで勤めている。金丸は辻と同じく貞享二年に代官となったが、元禄十六年の支配所は大和・摂津・河内・近江・播磨にあり、金丸の跡石原清左衛門正利も正徳元年まで勤めているが、その支配所は大和・河内・近江であった。(14)

辻の支配所地域は明確ではないが、その後の湖上船奉行はその支配所に必ず近江があることからすれば、観音寺世襲停止後はその職務は近江国在方直轄領支配の代官に職務が引き継がれたとみてよい。但し、「湖上船御奉行」の職務は大津代官に包摂されたが、その下にあった船役所・船改役は存続しているので、この段階では大津代官船奉行による十全な包摂とはいえない。

また表3に示したように、改役は代官の就任・職免と必ずしも同時ではない。『大津市史』の「附載」表には大久保・小野貞則以外にも町奉行・代官とされる者がいる。慶長八年から万治元年までの間に、小野惣（宗）左衛門・喜左衛門を除いて、鈴木彦兵衛・鈴木左馬之助、林三郎兵衛また小島喜兵衛・喜左衛門、堀藤兵衛ら一一人があげられている（表2参照）。

林藤兵衛や依田・鈴木・遠藤・須川・楢崎らは代官の配下ないし下役とも考えられるが、鈴木は金丸よりも長く、また楢崎は下役とともに、享保七年以後も改役として記されているので、代官や湖上船奉行との直接の主従関係はなかったとみられる。(15)

註

（1）『由来』、一七七頁。

（2）『諸家譜』第十、一一五頁。大津代官の同心配属は寛永四年という記録もあるが、これは配属の決定と着任年月の相違であろう。佐久間家文書『西山町字大濱一件留』参照。同心の配属は貞勝の大津市中での盗賊捕縛に対する褒賞となっているが、市中支配のための要員とみるべきであろう。この二〇人が徳川政権下の大津市中の治安維持・取締り、吟味を担当した。

（3）『諸家譜』第十、一一五頁、前掲『大津市史』中巻・『新修大津市史』第三巻、また一〇巻の「年表・便覧」参照。

（4）『由来』、一七八～一七九頁。『諸家譜』第十六、二九六頁。

（5）『大津百艘船萬留帳』（以下『留帳』）、『大津市史』下巻）、一八一～一八二頁。

（6）『諸家譜』第十、一一五頁。

（7）観音寺氏については、『新修大津市史』第三巻第二章第三節、「観音寺歴代系図」（『大津市史』下巻）を参照。

（8）『由来』、一七四～一八一頁。『新修大津市史』第三巻、第二章第三節。
（9）『由緒』、一九七頁。
（10）『新修大津市史』第三巻第二章参照。
（11）『大津市史』下巻所収、一七一～一七二頁。ちなみに多羅尾も京都で御勘定坂部三左衛門某に金子を貸したことを咎められ免職・閉門となったが、同じ貞享三年五月八日に許され、宝永三年二月一六日に代官職に復帰している。『諸家譜』第十五、一二三頁。また元禄期にかけて、中世以来の土豪的系譜をもつ代官も多く処分を受けている。たとえば平野郷出身の平野藤次郎は元禄二年に年貢滞納の理由で断絶となり、息子は遠島となっている。また末吉氏も代官から小普請組に配置替えされている。
（12）『由来』、一七八頁。
（13）『諸家譜』第二十二、二九六頁。
（14）『諸家譜』第十七、二四〇～二四一頁、第十五、三一八頁、『大坂御金蔵金銀納方御勘定帳』（大阪市史編纂所蔵）、前掲『京都御役所向大概覚書』上。
（15）これら一一人を『諸家譜』で検証すると、該当する人物はいない。少なくとも旗本・御家人という将軍直属の家臣団ではないようである。おそらくは代官の用人・手代等の舟役所担当の官吏か町方・船仲間の代表者であろう。

三　京都町奉行の大津支配と「湖上船御奉行」

（一）　京都町奉行の大津代官職務の改変

享保七年（一七二二）、享保改革期の上方支配機構の改編と関連した享保の国分けにともない大津は京都町奉行の支配に組み込まれ、安永元年（一七七二）石原氏の代に再度大津代官の支配・管轄へ戻るまで、町方は大津代官の支配を離れた。大久保長安・小野貞則以来古郡文右衛門まで大津代官が持っていた町奉行の役割が失われ、本来の代官職の側面だけが本務となったことになる。いわば大久保以来大津代官に付随していた国奉行ないし「遠国奉行」の機能が除外されたのである。

これにより上方八ヶ国が京都町奉行と大坂町奉行の支配国として四ヶ国ずつに分割され、京都町奉行は山城・大和・近江・丹波、大坂町奉行は摂津・河内・和泉・播磨を支配国とした。このとき、近江が改めて京都町奉行の支配国と再確認されたことで、大津町方の支配・管轄を京都町奉行が兼務することとなったとみられる。

大津代官には、代官だけでなく町奉行の職務・職質も持っていたからこそ与力・同心の配属があった。大津の与力は、さきに触れたように慶長五年（一六〇〇）に小野貞則が郡事を沙汰するために大津に配置されたときに三五騎が配属されている。貞則は大久保長安の没後、元和元年（一六一五）以降には市中の沙汰も兼帯し、寛永五年（一六二八）まで代官を勤めた。その間、与力三五騎は大津代官のもと、そのまま郡事・市中の沙汰両様の実務を担っていたとみてよい。

与力は貞則の代官職免とともに解職されたようで、代わりに貞勝が代官職を継いだときに、同心二〇人が市中の支配のために配属されている(1)。同心はこれ以後古郡文右衛門の代に至るまで維持されたようで、享保七年大津が京都町奉行支配になった際に、京都町奉行の配属として大津の市中を管理している(2)。

大津代官所同心であった佐久間氏の記録である文政十三年（天保元年、一八三〇）『西山町字大濱一件留』には、大津最初の同心配属は寛永四年としているが、享保七年以後は京都町奉行の配属となったことが記されている(3)。

記録は大津市中の字地大濱の拝借願に関する記録で、大津代官所同心の屋敷が破損した際に修復を願って差し出された「奉願口上書」であるが、その冒頭に「寛永四歹年大津同心初而被　仰付候節、拝領地無之、銘々町方ニ借宅住居仕、宿料者大津町中ゟ差出候処」とあり、同心配属と屋敷地拝領の経緯が述べられている。それに引き続いて「同（享保―引用者）七寅年御代官所替被　仰付、夫ゟ京都支配ニ相成、右拝領地ニ建家いたし候共御役所迠ハ手遠ニ付、同八歹年当時私共住居之地成共替地相成」とあり、享保七年から京都支配に代わったことを記している。

これによると、大津同心は寛永四年に大津代官に配属されたが、(4)その時点では拝領地つまり屋敷はなく町方の住居を借宅し、宿料は大津町中から賄われていたとある。同心屋敷は元禄十二年（一六九九）に大津蔵奉行が廃止された跡地に小屋立てが計画され、享保五年（一七二〇）に下げ渡し、延享三年（一七四六）に至って完成したという経緯も記されているが、支配替のために御役所（京都役所か）が遠くなるので、享保八年に当時の住居地も替え地になったとする。屋敷地の建設も大津が京都町奉行の支配となったことで急速に具体化したとみられる。

大津代官所同心が京都町奉行配下であったことが確かめられるが、当然、同心の管理は京都町奉行の与力が執行していた。宝暦九年（一七五九）版の『京都武鑑』は京都町奉行支配下の大津役所について「京都御兼帯」と記し、与力と同心の扶持・勤務を記している。(5)

大津御役所　京都御兼帯、同心十石
三人扶持、与力一騎ヅ、
御番十五日替り

京都町奉行所には東西に与力二〇騎と同心五〇人（総計で四〇騎一〇〇人）の配属であったが、形式上はこれ以外に大津に同心二〇人が出向する態勢となる。大津には与力の配属がなかったため、京都町奉行所の月番方平与力・非番方公事方与力がそれぞれ一騎が一ヶ月に一五日交代で派遣されている。(6)

大津での同心（与力）配置は大津代官が町奉行と国奉行的性格を持ち、その職務もあったためであるが、長安没後はその役割が貞則に集約され、「遠国奉行」に近い位置づけと役職になっていたといえる。その役割・性格は享保七年まで引き継がれ、支配替で京都町奉行に吸収されたのである。

（二）　京都町奉行と大津「湖上船御奉行」の職務変化

京都町奉行の大津支配は大津代官の職務兼帯にも影響を及ぼした。京都町奉行は大津代官の町奉行的職務を吸収したが、船奉行および船役所・船改役は存続した。みてきたように、大津代官が町奉行・船奉行を兼帯し、「湖上船御奉行」はその配下で大津百艘船の統制に限られていた。その実務は観音寺氏の世襲停止とともに船奉行の職務に含まれたが、実務を担当する船改役は従来のまま残されていた。京都町奉行支配のもと船奉行と湖上船奉行・船役所・船改役がどのように位置づけられていたのかを確かめておく。

『由来』には、京都町奉行支配下の大津では船奉行が京都町奉行の職務となり、旧来の「湖上船御奉行」の位置に近江国在方直轄領支配の代官が置かれ、代官が職務を引き継いだことが記されている。「大津町之義是より京都町奉行御支配に相成候事」と支配の変更を記し、享保七年（一七二二）から大津代官桜井孫兵衛の職務に「湖上船奉行」が含まれたとある。(7)

享保七壬寅年十月より　　　　　　　　船改役　大津中保町

桜井孫兵衛　　　　　　　　　　　　　　　　楢崎仲右衛門

居所　大津御陣屋　　　　　　　　　　　　　　　　下役

此時大津町は京都町奉行支配に相成申候、

湖上船奉行は孫兵衛支配に御座候、

湖上船支配は大津代官の職務となったが、大久保長安から古郡文右衛門まで兼帯した琵琶湖全域の舟運管理という船奉行の職務が京都町奉行という遠国奉行の管轄職務となったことを意味する。享保十三年二月に京都町奉行となった本多筑後守・長田越中守の職務は「大津御支配船高札御印紙頂戴」とあり、この文言は大久保長安以来の大津代官・町奉行・船奉行兼帯の職務表記と同文言である。また同時に、ここで確認しておきたいことは、京都町奉行支配下にあっても旧来の湖上船御奉行と船改役の機構は維持されていたことである（表3）。

この記録によると、湖上船奉行は享保七年以後大津陣屋に居住し、正徳四年（一七一四）には大和・美作を支配所とした桜井孫兵衛であったが、その下に置かれた船改役は楢崎仲右衛門とその下役であった。楢崎は京都町奉行の大津支配以前の正徳二年から船改役で、寛保三年（一七四三）まで役職を継承している。楢崎の記事では、正徳二年には船役所が大津川口町にあり、そこには須川平兵衛がおり、楢崎は大津陣屋に居住していること、それが享保七年以後は船役所の表記がなくなり、船役のみとなっている。(8)

さらに享保十二年の湖上船御奉行小野惣左衛門も大津陣屋居住であるが、その船改役も楢崎とその下役で、玉虫左兵衛のもとでも楢崎であるが、その肩書は「舟奉行預り　船改役」と変化している。玉虫左兵衛は京都代官で京都二条千本に居住し大津陣屋ではなかった。「舟奉行預り」の肩書は「湖上船御奉行」の職務が大津代官の職務に組み込まれ、大津代官が旧来の湖上船奉行となったことを示している。(9)

また鈴木小右衛門は大津陣屋居住であったが、船改役は楢崎と服部丈右衛門およびその下役北出利八であった。服部は「享保七壬子年九月より」とあるので、享保七年以来楢崎とともに船改役であったとみられる。(10)

このように、京都町奉行の支配下では代官が湖上船奉行となり、その配下に船改役が置かれていた。これは大津町奉行大久保長安、それを引き継いだ小野貞則の下に湖上船を管轄する「湖上船御奉行」が置かれた態勢から、享保七年以後は、表3のように在方代官が観音寺氏が果たしていた「湖上船御奉行」の役割・位置におかれ、その下に船改役が置かれる機構となった。旧来の船改所は職務上代官陣屋と一体化したといえよう。

この経緯を前提にして、京都町奉行の大津支配とともに船奉行の職務が京都町奉行の職務に包摂された。享保七年以後、大津において、いわゆる遠国奉行支配国内の管轄職務と代官支配所の職務が明確に区分されたことをも示している。[11]『由来』によれば、この態勢は安永元年（一七七二）に大津町支配が大津代官石原清左衛門正顕に移管された後も、安永七年まで維持・継続された。[12]

明和九辰年三月廿九日於京都に大津宿御支配之義石原清左衛門殿へ被仰付、同四月九日京都両御奉行様より御組与力様方御下り被成、大津御役所清左衛門殿え御国渡に相成、併百艘船御高札御印紙等は不相替京都御奉行より御渡に相成候旨被仰渡候御事、

石原正顕は寛保三年に大津代官となり大津陣屋に居住し、安永五年に没するが、明和九年（安永元年）には大津町支配を命じられる。大津御役所は京都町奉行から「御国渡」になり、代官・町方支配を担当することとなる。このとき大津代官が代官・町奉行職兼帯に復帰したが、「百艘船御高札御印紙等」の支配・管理は京都町奉行が保有していた。旧来の湖上船奉行の職務は、検証してきたように大津代官に引き継がれたが、琵琶湖舟運全般を支配・管理する船奉行は京都町奉行の職務のまま残されたのである。

註

（1）『諸家譜』第十、一一五頁。

（2）『由来』、一七九頁。『新修大津市史』第四巻、第一章第一節。

（3）文政十三年（天保元年、一八三〇）『西山町字大濱一件留』（大津代官所同心佐久間家文書）。

（4）同心の配属年次は寛永四年と五年があるが、これは任命年次と着任年次の違いであろう。

（5）『京都武鑑』叢書京都の史料7　宝暦九年「京都袖中武鑑」。京都市歴史資料館。
（6）『新修大津市史』第四巻、二六頁。
（7）『由来』、一七九頁。
（8）『由来』、一七九頁。
（9）『由来』、一七九頁。
（10）『由来』、一七九頁。
（11）大久保長安が代官・町奉行また国奉行的性格を持っていたとされるように、大津代官また町奉行は後の遠国奉行的な位置づけと職務の初発的な事例と見られる。大津の支配体制の形成過程は、その不分離な状態から遠国奉行の直轄都市の支配と支配国管轄という職務が確定されていく過程として見るべきであろう。
（12）『由来』、一八一頁。

おわりに―大津代官三職兼帯の成立―

近世前期の大津支配体制は、大久保長安と小野貞則・与力三五騎、長安没後の小野貞則と与力の体制から始まり、大津代官が大津市中と近江国ほかの畿内直轄領を支配し、代官・町奉行および船奉行の三職を兼帯する態勢であったと、とりあえずは言ってよいが、その役職形態の確立には大津の置かれた政治的・経済的・地理的要因が大きく影響している。徳川政権成立以前には大津は京都にかかわる軍事的な役割が強く、以後には京都への湖上舟運による北国地域の年貢米・商売米のほか諸荷物の流入拠点として、また東海道・中山道など交通の要衝として位置づけられていた。大津市中の安定的な統括は近江国も含めて、徳川政権にとって畿内・西国支配に重要な意味を持っていたのである。

近世初期大津の支配体制をみると、近江・大津を支配管轄する大久保長安と大津城で郡方を管理する小野貞則と配属与力によって、惣年寄・町年寄・町人および在方百姓らが統制されていた。近江国は大久保長安没後は小野貞則が大津代官となり、「かねて市中の事を沙汰す」る態勢となった。代官が代官と奉行職を兼帯し、代官に与力・同心の配属という大津町支配機構の端緒となったのである。

但し、大津代官の三職兼帯の船奉行は、元和三年（一六一七）から元禄十二年（一六九九）の世襲湖上船御奉行観音寺氏の停止までは湖上船御奉行を含まない船奉行であり、十二年以後から享保七年（一七二二）までが湖上船奉行の職務を含む船奉行の兼帯であった。それが享保七年の京都町奉行の大津支配によって、湖上船奉行は代官の職務、船奉行は京都町奉行の職務となり、元禄十二年以前の管理機構態勢に戻されている。

『由来』は京都町奉行の記事を安永七年（一七七八）まで記すが、「百艘船御高札御印紙等は不相替京都御奉行より御渡」とあるように、同年着任の赤井越前守・土屋伊豫守の職務として「船高札御印紙被下置候事」を付記している。大津代官は明和九年（安永元年、一七七二）に京都町奉行から「御国渡」となり、代官職と町方支配を回復した。(1)

さきに触れたように、明和九年の「御国渡」は石原清左衛門正顕に申し渡されたが、石原正顕はすでに寛保三年（一七四三）に湖上船御奉行となっていた。このとき大津陣屋に入り、船改役の服部丈右衛門・服部段冶およびその下役北出喜八を配下として湖上船御奉行の職務を勤めていた。(2) 石原氏は、安永五年に二男正範が職務を相続し、世襲代官として継続したが、『由来』の安永七年の記事では、依然として京都両町奉行に「船高札御印紙被下置候事」とある。琵琶湖舟運に関わる船奉行の職務は安永七年以後においても回復しなかったといえよう。

大津代官の三職兼帯の変化をみると、徳川政権の畿内・西国支配体制の確立過程、幕政の改変と関連している。慶長五年以後、慶長六年の京都所司代設置以後の幕府の畿内支配体制には、元和元年の豊臣氏滅亡以後の五味豊直・小堀正一の河内・近江などの代官任命、伏見城代の廃止と大坂城代・大坂町奉行の新設等の変化があるが、大津でも大久保長安の死後に小野貞則の代官と町奉行兼帯となり、貞享から元禄年間にかけての代官の年貢滞納などを理由にした粛正、堺奉行や伏見奉行の廃止による大坂町奉行・京都町奉行の増員と兼帯、また復活などがあった。(3) これに伴って、元禄十二年に大津代官小野氏の世襲や湖上船御奉行観音寺の世襲停止があった。さらに享保七年の国分け以後は京都町奉行の大津支配となり、大津代官の職務が在方管理に限定されることとなった。

明和九年（安永元年）には、再度大津代官が大津町方支配を回復したが、これも宝暦期の幕政改変と関連している。

註

（1）『由来』、一八一頁。「明和九辰年三月廿九日大津町支配被仰付、同四月九日京都町奉行より御国渡有之候事」とも記す。

（2）『由来』、一八一頁。

（3）幕府勘定所の改変と関連がある。

あとがき

本書は大津代官所同心佐久間家文書の翻刻史料集である。解題でも触れたように、同文書は一〇〇点ほどの文書群であるが、京都所司代と大坂・京都両町奉行を中核とする畿内・西国の支配統制体制を解明するための、新たな出発点となる文書群である。

大津代官は石原清左衛門以後同氏の世襲であった。明和九年（安永元年、一七七二）に京都町奉行の管轄からはずされ、以後は徳川政権の代官職が廃止されるまで継続された。佐久間氏は当初から同心として配属され、明治新政府になってもその大津県の役人として勤務した。

ここに翻刻した史料は、佐久間氏が代々書き残した大津代官所配下同心の記録のうち六点であるが、いずれも同心の勤務にかかわる記録である。『御組出役定書』はその中でも慣例も含めた勤務規定の記録である。大津同心の勤務実態はこれまでほとんど知られていないので、初めてそれが明るみに出たことになる。また実際の捕縛と吟味の記事は、天明五年の『町方御用留』に一年間分が書き残されており、吟味・裁許の実例を見ることができる。

これまで大津同心の記事は、『大津市史』『新修大津市史』にもほとんど触れられるところはない。触れられたとしても、大津代官所の手代・配下が大津町方も管理していたであろうという推測の域を出ない記述に止まっていた。これについても、大津代官配下の地方担当の吏員と町方担当の同心という職務の分担も明らかとなった。

本書には、地方支配のみならず町奉行として大津市中も支配していた大津代官の成立経緯について、若干の考察を試みた拙稿「近世大津支配体制の確立」も収載した。大津代官は代官・町奉行の職務とともに、湖上船支配も担当し、「三職兼帯」とも言われたが、この職務形態に至った過程も検証している。また大津代官所同心の勤務の一端については、拙稿「近世大津代官所同心の編成と勤務態勢の確立」（佛教大学歴史学部『歴史学部紀要』第六号）において、検証している。史料とともに参照されたい。

ともかく、これまで同種の史料は発見されていないので、三都とは異なった徳川氏直轄都市大津の支配・管理体制を知る絶好の史料であろう。佐久間家文書の発見経緯については、解題にも述べておいたので、多くは触れない。これによって、歴史的に不明な部分が解明される糸口になることは間違いないであろう。

本書は、幸運にも清文堂出版のお世話で刊行することができた。前田博雄社長と松田良弘氏には厳しい校正と的確な助言をいただいた。感謝と御礼を申しあげたい。

なお本書は佛教大学の学術図書出版助成を受けている。記して謝意を表する。

二〇一五年十二月朔日

宝塚にて　渡邊忠司

【編 著 者】

渡邊　忠司（わたなべ　ただし）

1947年愛媛県生。

大阪経済大学大学院経済学研究科博士課程単位取得退学

大阪経済大学博士（経済学）

日本近世史・日本経済史（近世）専攻

大阪市史料調査会主任調査員（大阪市史編纂所勤務）を経て

現在、佛教大学歴史学部教授

【編著書】

『町人の都大坂物語』（中公新書、1993）

『大阪の歴史力』（共編著、江戸時代人づくり風土記第27巻・49巻、
農山漁村文化協会、2000）

『近世「食い倒れ」考』（東方出版、2003）

『飛脚問屋井野口屋記録』全四巻（共編、思文閣出版、2001～2004）

『大坂町奉行と支配所・支配国』（東方出版、2005）

『大坂町奉行所異聞』（東方出版、2006）

『近世社会と百姓成立—構造論的研究—』
（佛教大学研究叢書1、思文閣出版、2007）

大津代官所同心記録

清文堂史料叢書　第132刊

平成28年5月14日　初版発行

編著者　渡邊忠司

発行者　前田博雄

〒542-0082
大阪市中央区島之内2-8-5
発行所　清文堂出版株式会社
電話06-6211-6265（代）FAX 06-6211-6492
ホームページ：www.seibundo-pb.co.jp
メール：seibundo@triton.ocn.ne.jp
振替00950-6-6238

印刷：亜細亜印刷　製本：渋谷文泉閣　装幀：森本良成

ISBN978-4-7924-1054-4　C3321